핏빛 조선 4대 사화 세 번째

己卯士禍

기묘사화

가온

핏빛 조선 4대 사화 세 번째 기묘사화

초판 1쇄 인쇄 | 2011년 2월 17일
초판 1쇄 발행 | 2011년 2월 23일

지 은 이 | 한국인물사연구원
펴 낸 이 | 최수자

주　　간 | 고수형
디 자 인 | 디자인곤지
인　　쇄 | 우성아트피아
제　　본 | 은정문화사

펴 낸 곳 | 도서출판 타오름
주　　소 | 서울시 은평구 녹번동 38-12 2층 (122-827)
전　　화 | 02) 383-4929
팩　　스 | 02) 3157-4929
전자우편 | taoreum@naver.com

값 17,000원
ISBN 978-89-94125-12-1 04900
　　　978-89-94125-09-1 (세트)

*이 책은 저작권법에 따라 보호 받는 저작물이므로 무단 전재와 무단 복제를 금합니다.

이 도서의 국립중앙도서관 출판시도서목록(CIP)은 e-CIP홈페이지(http://www.nl.go.kr/ecip)
와 국가자료공동목록시스템(http://www.nl.go.kr/kolisnet)에서 이용하실 수 있습니다.
(CIP제어번호: CIP2011000479)

핏빛조선 4대 사화 세 번째

己卯士禍
기 묘 사 화

조광조를 필두로 한 사림파의 급진적 왕도 정치 추구
왕권 위기를 느끼던 중종과 소외받던 훈구파의 폭발

| 한국인물사연구원 저 |

타오름

개혁을 추진한 사림파의 몰락

기묘사화는 첫째, 1515년(중종 10) 왕비를 책립할 당시 조신간의 대립과 알력, 둘째, 조광조趙光祖가 추구한 지치주의 정치를 위해 대량 등용된 신진 사류에 대한 불만, 셋째, 도의론을 앞세워 사장파를 도외시한 사림파의 배타적인 태도에 대한 훈구파의 증오가 밑바탕에 깔린 원인으로 잠재하고 있었다. 그러던 것이 반정공신 위훈 삭제 사건을 도화선으로 하여 폭발한 것이다.

이 사화는 무오사화와 같이 훈구파와 신진 사류 간의 반목과 배격에서 일어난 것이지만 정치적 음모가 도사린 정쟁이었다는 점과 갑자사화와 같이 정치적 투쟁 목적이나 이념이 없었다는 점에 있어서 특이하다고 하겠다.

또, 조광조의 왕도 정치 실패의 원인으로 정치이념의 진보성과 과격한 실현 방식에서 찾는 경우가 많으나 당시의 정치체제가 왕도 정치의 실현을 뒷받침해 줄 만큼 성숙하지 못했기 때문이라는 것이 더 타당한 이유라 하겠다.

조광조가 열성적으로 추진한 왕도 정치의 이상이 무산된 뒤 성리학이 학문적으로 발전하게 되었다는 사실이 그 점을 입증해 주고 있다.

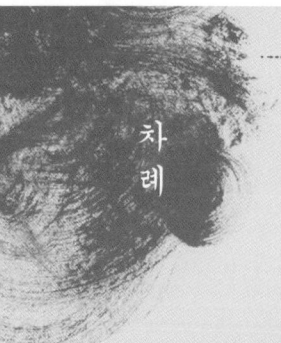

차례

작가의 말 ··· 11

| 조선 시대 4대 사화 | ·· 14

사림파의 정계 진출 기회를 연 기묘사화 | 급진적 이상주의의 폐단 | 개혁을 추진한 사림파의 몰락

| 기묘사화己卯士禍 | ·· 22

일본의 침입으로 참혹한 변을 당하는 조선인들 | 장경 왕후 윤씨의 해산과 그녀의 근심 | 평화로운 시절, 그리고 원자를 기원하는 장경 왕후 | 숨죽이고 있던 선비들이 올린 탄핵 사건 | 왕가의 비운과 상소문 | 누가 원자를 맡으리 | 폐비 신씨의 복위를 상소하는 유림 | 중종의 기쁨과 기대 | 정권을 잡고 있는 박원종 일파의 반대 | 좌절되는 폐비 신씨의 꿈 | 민족 역사의 좀 김안로의 술책 | 김안로와 손을 잡는 윤임 | 장경 왕후의 딸 효혜 공주와 김안로 아들의 혼인 | 중전으로 천거되는 윤지임의 딸 | 인왕산 밑에서 점을 보는 윤지임 | 궁으로 드는 윤지임의 딸 | 왕의 가례와 사람들의 치하를 받는 문정 왕후 | 왕도 정치를 추진하는 조광조 | 조광조를 절대적으로 신임하는 중종 | 형조판서 심정을 퇴출해 버리는 조광조 | 조광조를 몰아내기 위한 남곤과 심정의 모의 | 위훈으로 공신에 오른 자들의 삭직을 청하는 조광조 | 조趙씨가 왕이 된다 | 훈구 대신들에게 마음이 기우는 중종 | 조광조와 사림파를 살리려는 이장곤 | 전례 없던 성균관 유생들의 호곡 시위 | 모해 상소로 죽음을 맞이하는 조광조 | 남곤과 조광조, 갈등의 한 배경

| 현량과賢良科 급제자 | ·· 132

현량과賢良科 급제자 명단
급진적 이상주의자 기묘8현 김식 | 39세에 자결하기까지의 행적 | 김식 문인들의 몰락 | 스스로 백치가 되어 화를 면한 김식의 아들들 | 청풍 김씨 인맥

기묘 현량과 급제자로 겨우 현감에 오른 조우
재능을 실천해 인정받은 이연경
간신 송사련의 모해로 31세의 청춘을 넘겨준 안처근
후일 을사사화에 뛰어들어 악행을 일삼은 김명윤
화초를 즐긴 죽창竹窓 안정
소격서의 폐지를 주장한 안처겸
안처겸과 함께 사형당한 권전
기묘사화 뒤 서화에 몰두하던 신잠
시비를 분명히 가려 시귀蓍龜로 불린 정완
마지막까지 정도를 고집한 민회현
형들과 달리 죽음을 면한 안처함
13년간 귀양살이를 한 청렴한 관리 박훈
조광조의 문인 김익
사림파의 득세 뒤 복관된 신준미
김안국과 학문을 강론한 강은
효행이 지극해 천거된 방귀온
기묘사화로 파직당한 유정
박수량과 학문에 매진한 박공달
병을 칭하고 사직한 이부
현량과 파방 후 산속으로 들어간 김대유
출세에 관심 없이 학문을 닦은 도형
조광조를 구하려다 삭탈당한 송호지
현량과에 3등으로 합격한 민세정
세상과 인연을 끊고 농사를 지은 경세인
스승 조광조를 죽이려 했던 이령

| 기묘명현己卯名賢 | 178

기묘명현己卯名賢 명단
반상의 기준을 뛰어넘어 사람을 사귄 조광조 | 김굉필의 제자 조광조와 갖바치 | 갖바치가 조광조에게 벼슬에서 물러나라 말한 이유 | 여인의 유혹을 결국 물리치는 조광조 | 공자의 경문을 외며 마음을 다잡다 | 머리를 빗어주는 여각 안주인 | 대과에 급제하는 조광조 | 정암 조광조의 혈맥 | 북향으로 절을 하고 남향으로 곡을 한 조락 | 태종이 가장 아낀 신하 조영무 | 지치주의를 따른 혁명의 선구자 조광조 | 미친 척하며 자신을 지킨 조광보 | 햇볕을 비껴간 한양 조씨 인맥
귀양살이로 부모를 만나지 못한 김구

위사공신 3등에 오른 신광한
기묘사화에 사사당한 기준
중국어에 능통했던 심달원
중종의 사당에 모신 정광필
억울한 이들을 구하려다 처형된 안당
관직 삭탈로 궐에 들어가지 못한 이희민
중종의 신임으로 귀양을 가지 않은 이장곤
스승 김식의 자결을 애도한 신명인
양재역 벽서 사건으로 처형당한 이약빙
조광조와 유배 시절을 함께 보낸 양팽손 | 정치 활동 소외 뒤 서화에 몰두한 양팽손
중종의 특명으로 귀양에서 풀려난 이계맹
기묘사화에 낙향한 이윤검
남곤에 의해 살해된 한충
조광조를 옹호한 윤은필
기묘사화 후 재야로 은거한 이자
학문과 무예를 두루 닦은 윤자임
젊어서부터 조광조와 교유한 박세희
세종의 증손 이정숙
유배지를 이탈하는 대범함을 보인 유용근
이행을 탄핵해 면직시킨 정응
북두칠성의 광채를 받고 태어난 최산두
태종의 증손자 파릉군 이경
신진 사류의 신원을 상소하다 죽은 안찬
법의 집행이 공정했던 최숙생
은거하며 후학을 기른 김세필
유학 진흥에 공을 세운 김안국
선조 대에 좌의정으로 추증된 권벌
나라의 폐단을 없애기 위해 힘쓴 김정국
외유내강으로 존경을 받은 구수복
왕에게 거짓말을 해 유배된 윤구
호남의 삼걸 유성춘
어머니를 위해 높은 관직을 거절한 안처순
향약 정착의 실패로 파직된 이구
사림파의 처형 뒤 벼슬을 단념한 성수침
벼슬을 버리고 청빈하게 산 성수종
관작이 낮음에 불만을 품은 이과

바르지 못한 아전들이 두려워 한 최운
백비白碑를 하사받은 박수량
기묘사화 뒤 명산을 유랑한 최수성
폐비 윤씨의 복위를 반대한 이사균
세상을 개탄하다 과음으로 죽은 유운
기묘사화 뒤 요직에서 밀려난 신상
사림파와 훈구파의 중재를 위해 노력한 문근
모진 고문으로 죽은 이충건
하늘이 내린 완인完人 박상 │ 한 덩이 맑은 얼음
산중에 은거하며 학자를 길러낸 조욱
송사련의 무고로 혹독한 형장을 받은 조변
신사무옥에 누명으로 처형당한 신변
쇠 집게를 창안한 봉천상
음운학에 조예가 깊던 노우명
이기의 모함으로 유배를 떠난 성세창
소윤 윤원형의 탄핵으로 사사된 유인숙
사림파와 함께 처벌 받기를 원한 이성동
기묘사화 연루자의 무죄를 주장한 공서린
범 그림에 뛰어났던 고운
조광조를 동정하다 파면당한 윤세호
현량과 폐지를 반대하다 파직당한 이영부
이단의 혁파를 적극 주장한 임권
무서울 정도로 중립을 지켰던 홍언필
사람됨의 상반된 평을 얻었던 정충량
정치의 잘못을 개탄하던 서경덕
을사사화의 공범 윤개
엄격한 법의 집행을 실행한 김인손
사관의 직분을 수행하다 파직당한 채세영
직간으로 왕을 불쾌하게 만든 허자
대윤의 몰락으로 사사당한 정원
남곤을 두려워하지 않았던 충신 이홍간
살벌한 정치에 정신 이상을 가장한 김필
중종실록 편찬에 참여한 장옥
서장관으로 명나라에 다녀온 허백기
부당한 공신 책록을 바로잡도록 주청한 조광좌
기묘사화로 좌천당한 권색

파직 뒤 병으로 세상을 떠난 박소
김식에게 은신처를 제공한 이중
조카 조광조에게 염려의 편지를 보낸 조원기
의학에도 정통했던 박영
군직으로 내의원을 겸한 박세거

| 그외 기묘사화의 인물 | ·················· 322

한 베개 세 친구와 간신 남곤 이야기 | 의령 남씨 문중에서 나왔다는 『유자광전』
 | 연산군의 총신 남세주
흰 눈의 흰빛과 같았던 백인걸의 일생 | 수원 백씨 혈맥 | 모략 역사의 아픈 치부를 겪은 백인걸 일가
성리학의 실천자 김충갑
신묘삼간辛卯三奸 심정 집의 쥐구멍 | 반골反骨 개성에서 최초의 선정비를 받은 심수경
정막개가 고변한 박영문과 신윤무는 반역자가 아니었다
시詩를 싫어한 정여창 | 하동 정씨 혈맥 | 정여창과 대비를 이루던 짓궂은 익살가
 표연말 | 하동 정씨 무맥
조광조의 정치적 성장을 도운 김정
소쇄원을 지킨 조광조의 제자 양산보
기묘사화 뒤 고향으로 내려온 임계중
칭병하고 조정에 나가지 않은 정구
권신 김안로를 따르지 않고 외직을 선택한 임추
높은 학문으로 조광조 등 대신들을 가르친 윤탁
연산군의 총희 장녹수를 탄핵한 이맥
성질이 탐오했던 황희의 후손 황맹헌
청백리의 대표 양권

| 기묘사화를 기록한 책들 | ·················· 373

『기묘록보유己卯錄補遺』 | 『기묘유적己卯遺蹟』 | 『기묘제현전己卯諸賢傳』
 | 『기묘록별집己卯錄別集』 | 『기묘록속집己卯錄續集』

참고문헌 ·················· 381

| 작가의 말 |

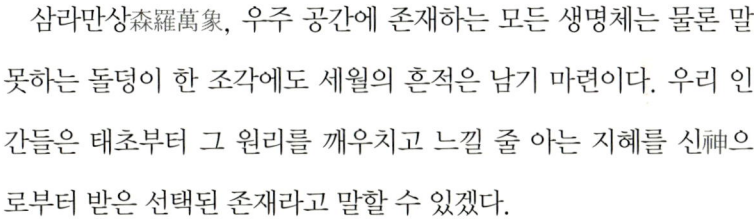

　삼라만상森羅萬象, 우주 공간에 존재하는 모든 생명체는 물론 말 못하는 돌덩이 한 조각에도 세월의 흔적은 남기 마련이다. 우리 인간들은 태초부터 그 원리를 깨우치고 느낄 줄 아는 지혜를 신神으로부터 받은 선택된 존재라고 말할 수 있겠다.
　우리들은 그 과정을 두고 역사歷史라는 이름을 지어 놓고 당시의 상황을 체계적으로 정리하여 문자文字로 남겼다. 그리고 그 처음을 가리켜 역사의 시원始原이라고 한다. 역사는 단절 없이 흘러 왔고 그 과정을 보고 익힌 뒤 오늘을 사는 우리는 내일의 역사를 맞이할 준비를 하고 있다. 역사는 크나큰 물줄기와 같아 그 누가 물길을 바꿔 놓을 수도 없고, 없앨 수도 없어 인간은 순수한 그 길을 바라보아야 했고, 또한 맞이할 뿐이었다. 그리고 우리들은 결코 역사를 거역할 수 없다는 것을 깨닫게 된다.
　그러나 역사는 이렇게 흐르는 세월과 함께 수레바퀴같이 돌고 돌아 지나간 그때를 평가만 하는 단순하고 무의미한 것도 아니었을 것이다. 그 당시 그 인물들의 치적과 행적을 분별하여 병든 역사와 진정으로 건강했던 역사를 바로 익히고 다듬어 오늘을 가치 있게 만들고 내일의 발전과 성장을 위해 살아 있어야 할 발판이라 하겠다.

그러한 뜻에서 필자는 이렇게 남기고 싶다. 조선조에서 큰 사건의 골격인 사대사화四大士禍를 펴내면서 한가하게 선인들의 병든 행위와 부정부패의 옛날이야기를 하려는 것만은 아니다. 다만 지난날의 악행과 부패가 단절되지 않고 더더욱 무성하여 오늘의 삶을 탈색시키고 내일의 성장과 행복을 생각지 않고 있는 것이나 아닐까 염려하며, 청명한 미래를 보장받기 위하여 감히 이 책을 남기는 바이다.

지금 우리들은 건전한 근대화와 민주화의 노래만 부를 때는 아니라고 보여진다. 부패와 악행을 근본적으로 해결하지 않고서는 결코 밝은 내일은 없을 것이다. 우리 민족의 대표 통치인으로 알려진 광개토대왕廣開土大王이 남긴 비문의 기록 중 〈이도흥치以道興治〉라는 한 줄을 볼 수 있다. 한 민족의 운명은 통치자의 '도道'에서부터 찾을 수 있다고 했다.

그렇지만 불행하게도 도道라는 국가 이념과 목표를 뿌리째 뒤흔들었던 사건의 하나가 바로, 세상을 핏빛으로 뒤덮은 '기묘사화己卯士禍'라 단정해도 무리는 아닐 것이다. 이미 흘러간 세월 493년 전의 일을 다시 한 번 밝혀 보는 본뜻은 당시 그들의 인성을 구별하여 악한 무리이니, 간신자이니 하며 쉬운 비판을 위해 나열하려는 것은 아니다.

다만 안타깝게도 반천년 전의 반칙과 무함의 역사를 깨끗이 청산하지 못하고 그 행위와 작태가 여전히 반복되는 듯하여 심히 걱정이 되는 바이다. 스스로 주인 의식을 갖고 과거의 얼룩진 역사를 표본으로 삼아, 앞으로 더욱 빛나는 민족정신이 살아나길 바란다.

2011년 2월
신선이 노닐던 동네 삼선동에서

이 같은 조광조의 개혁은 다방면에 걸쳐 성과를 거두었으나, 이상주의적인 왕도 정치를 구현하는 과정에서 현실과 괴리감이 들 정도의 저돌적이고 급진적인 면으로 인해 정적들의 증오와 질시를 사게 되었다. 또 철인哲人 군주의 이상과 이론을 왕에게 역설한 것이 도리어 역효과를 내어 중종도 조광조의 극단적인 도학적 언행에 대해 점차 혐오감을 갖게 되었다.

조선 시대 4대 사화

사화士禍는 '사림士林의 화'의 준말로서, 조선 중기에 신진 사류들이 훈신과 척신들로부터 받은 정치적인 탄압을 일컫는다. 1498년(연산 4)의 무오사화戊午士禍, 1504년(연산 10)의 갑자사화甲子士禍, 1519년(중종 14)의 기묘사화己卯士禍, 1545년(명종 즉위)의 을사사화乙巳士禍가 그 대표적인 예이다. 사화는 일으킨 쪽인 훈척勳戚 계열에서는 난으로 규정하였으나, 당한 쪽인 사림은 정인正人과 현사賢士들이 죄 없이 당한 화라고 주장하여 사림의 화라는 표현을 썼다. 그러던 끝에 사림파가 정치적으로 우세해진 선조宣祖 초반 무렵부터 사화라는 표현이 직접 쓰이기 시작했다.

근대 역사 인식의 초기 단계에서 사화는 대단히 부정적으로 평가

되는 경향이 있었다. 일제 강점기 일본인 학자들은 식민주의적인 역사 인식의 차원에서 한민족의 부정적인 민족성의 하나로 당파성을 거론하였고, 이후 사화는 당쟁의 전주에 불과한 것으로 설명되었다. 그러나 이는 조선왕조 정치에 대한 편협한 이해에 불과하다 할 것이다. 최근에는 조선에 대한 연구가 여러 측면에서 활발하게 이루어지면서 사화에 대한 좁은 소견이 불식되는 발판이 마련되어 가고 있으나 사화를 당쟁으로 연결 짓는 경우는 여전히 많다. 그러나 사화는 단순한 권력 싸움에만 그쳤던 것이 아니라 당시의 사회, 경제적인 변동과 깊은 관련을 가지는 정치 현상이라 하겠다.

사림파의 정계 진출 기회를 연 기묘사화

기묘사화는 1515년(중종 10) 왕비 책립 때 조신간의 대립과 알력을 시초로 하여 1519년(중종 14) 11월 남곤南袞, 심정沈貞, 홍경주洪景舟 등의 훈구 재상에 의해 조광조, 김정金淨, 김식金湜 등 신진 사류가 화를 입은 사건이다.

연산군燕山君의 폭정은 1504년(연산 10)의 갑자사화가 일어난 지 2년 뒤 중종반정中宗反正으로 종식되었다. 중종반정으로 연산군을 폐하고 왕위에 오른 중종中宗은 연산군의 악정을 개혁함과 동시에 쫓겨난 신진 사류를 등용하여 파괴된 유교적 정치 질서의 회복과 성리학의 장려에 힘썼다. 대의명분과 오륜을 존중하는 새로운 기운 속에서 점차 조정에 두각을 나타내기 시작한 것이 조광조 등 신진 사류였다. 신진 사류의 대표적 존재는 김종직金宗直의 문인이자 성리학에 조예가 매우 깊었던 김굉필金宏弼의 제자 조광조로서, 그는 당시 유숭조柳崇祖의 도학道學 정치론에 감화된 성리학의 정통을 이어받은 신예 학자였다.

조광조는 1515년 성균관 유생 2백 명의 추천으로 관직에 올라 중종의 신임을 받았다. 사림파의 중앙 진출은 1515년 무렵 조광조의 특채를 계기로 더욱 활발해져 1517년(중종 12) 무렵부터 이미 혁신적인 정책을 펼쳤다. 중종반정 초기에는 이과李顆의 옥과 같은 시련도 있었으나, 연산군의 악정에 대한 개혁이 진취적으로 진행되었으며 중종의 신임을 받은 조광조는 성리학을 근본으로 삼고 고대 중국의 하夏, 은殷, 주周 시대의 왕도 정치王道政治를 이상으로 하는 이른바 지치주의至治主義 정치를 실현하려 했다.

조광조는 그 첫 사업으로 시험에 의해 인재를 천거하고 등용하는 제도인 현량과賢良科를 설치하고 많은 신진 사류를 등용하여 유교 정치를 구현하기 위한 터전을 마련했다. 이는 과거제의 폐단을 혁신하기 위한 목적이었다. 또, 도교의 제사를 맡아보는 소격서昭格署를 폐지하여 미신 타파에 힘쓰고, 향촌 사회에 안정을 가져올 수 있는 향약鄕約을 시행하며, 훈신들의 수탈 기반이던 경재소와 유향소 체제를 없애기 위해 주력했다. 특히 향약은 영남이나 기호畿湖 등지뿐만 아니라 서울의 5부 방리에서까지 시행될 정도로 열기가 대단했다.

한편, 교화에 필요한 『이륜행실二倫行實』과 『언해여씨향약諺解呂

氏鄕約』 등의 서적을 인쇄하여 반포하기도 했다.

급진적 이상주의의 폐단

이 같은 조광조의 개혁은 다방면에 걸쳐 성과를 거두었으나, 이상주의적인 왕도 정치를 구현하는 과정에서 현실과 괴리감이 들 정도의 저돌적이고 급진적인 면으로 인해 정적들의 증오와 질시를 사게 되었다. 또 철인哲人 군주의 이상과 이론을 왕에게 역설한 것이 도리어 역효과를 내어 중종도 조광조의 극단적인 도학적 언행에 대해 점차 혐오감을 갖게 되었다.

남곤 묘비. 경기도 양주시.
「조선국 대광보국숭록대부 의정부 영의정 시 문경의령남공곤지묘. 배 정경부인 연안이씨 합폄」

조광조는 성리학을 지나치게 숭상한 나머지 고려 이래로 계속해서 장려된 사장詞章을 배척했기 때문에 남곤, 이행李荇 등의 사장파와 서로 대립하게 되었다. 또한 청렴결백과 원리, 원칙에 매달리는 도학적인 사림파들의 태도는 보수적인 기성세력을 소외시키려 하면서 훈구 재상들의 미움을 샀다.

당시 중종반정에 참여한 중신으로서 조광조 등의 탄핵을 받지 않은 자가 없었으므로, 조광조 일파에 대한 기성 훈구 세력의 불평불만은 결국 1519년(중종 14)에 있었던 '반정공신 위훈僞勳 삭제 사건'

을 계기로 폭발하고 만다. 이 사건은 중종반정의 공신 가운데 자격이 없는 사람이 많으므로 이들의 공신호功臣號를 박탈해야 한다고 건의해, 공신의 4분의 3에 해당하는 76명의 공신호를 삭탈하고 그들의 토지와 노비를 환수한 사건이었다.

이러한 조처는 훈구 세력들이 부당하게 취한 재원을 없애고 사대부의 기강을 바로잡기 위한 것이었으나, 훈구 대신에 대한 도전이기도 했다. 이때 사림파에게 지목된 남곤과 훈적勳籍에서 삭제당한 심정 등은 조광조의 탄핵을 받은 일이 있는 희빈熙嬪 홍洪씨의 아버지 남양군 홍경주와 손을 잡고 조광조 일파를 몰아낼 계략을 꾸몄다. 이들은 희빈 홍씨를 이용하여 중종이

"온 나라의 인심이 모두 조광조에게 돌아갔다."

고 믿도록 만들었고, 안 그래도 조광조를 비롯한 사림파에 대한 반감이 커져가던 중종의 마음을 더욱 흔들어 놓았다.

이후 그들은 궁중의 나뭇잎에 꿀로 '주초위왕走肖爲王'이라고 써서 벌레가 갉아먹게 한 뒤에 그 문자의 흔적을 왕에게 보여 주었다. 주초走肖는 조趙의 파자破字를 뜻하는 것으로 이는 조광조가 실제로 왕을 반역할 마음까지도 있을지 모른다는 불안감을 중종에게 심어 주었다.

이때를 절호의 기회라고 생각한 홍경주, 김전金銓, 남곤, 고형산高荊山, 심정 등은 조용히 논의를 거듭한 끝에 1519년 11월 홍경주를 필두로 하여 상계를 올리기에 이른다.

〈조광조 등 일파가 붕당朋黨을 만들어 중요한 자리를 독차지하여 임

금을 속이고 국정을 어지럽혔으니 그 죄를 밝혀 바로잡아 주시기 바랍니다.〉

위와 같은 내용을 골자로 하는 상계를 받은 중종은 자신 역시도 조광조 일파의 도학적 언동에 염증을 느끼고 있던 터였기에 유사有司에 명하여 조광조 일파를 치죄하도록 명하였다.

조광조 일파가 투옥되자 홍경주, 남곤, 심정 등은 이들을 당장에 처벌하게 하려 했으나 이장곤李長坤, 안당安瑭, 정광필鄭光弼 등은 이에 반대하였다. 그리고 성균관 유생 1천여 명은 광화문에 모여 조광조 등의 무죄를 호소했다.

그러나 치죄 결과 조광조는 능주綾州로 귀양 가서 곧 사사되었고 김정, 기준奇遵, 한충韓忠, 김식 등은 귀양 갔다가 사형당하거나 자결하였다. 그밖에 김구金絿, 박세희朴世熹, 박훈朴薰, 홍언필洪彦弼, 이자李耔, 유인숙柳仁淑 등 수십 명이 귀양을 떠났으며 이들을 두둔한 안당과 김안국金安國, 김정국金正國 형제 등은 파직되었다. 이 사화에 희생된 조신들을 기묘명현己卯名賢이라고 한다. 이 옥사 이후 김전은 영의정, 남곤은 좌의정, 박유청朴維淸은 우의정이 되었으며 향약 시행의 성과 등은 모두 철폐되고 말았다.

박원종의 벼슬을 내리라 하나 이것은 자신들의 생명을 뺏는 것이나 마찬가지였고, 폐비 신씨를 다시 궁중으로 모셔 왕후를 삼으라는 것은 장경 왕후 윤씨의 소생인 원자를 폐비 신씨의 아들로 만들어 원자의 지위를 튼튼하게 보호하자는 계책이었다.

그렇게 된다면 앞으로 경빈 박씨나 희빈 홍씨 등 공신의 딸인 후궁들은 영영 왕후가 될 가망이 없을 뿐더러, 앞으로의 정치 세력은 온통 김정과 박상 등의 유림들한테로 돌아가게 될 것은 명약관화明若觀火했다.

기묘사화 己卯士禍

일본의 침입으로 참혹한 변을 당하는 조선인들

중종반정 이후 세도를 누리던 박원종 朴元宗이 죽은 해는 1510년 (중종 5)이다. 그리고 그해 6월 삼포 三浦 중의 하나인 내이포 乃而浦 (현 울산 蔚山)에 일본군이 밀려와 삽시간에 내이포와 이웃인 부산포 釜山浦 일대에 있는 주민들은 참혹히 목숨을 잃어야 했다.

세종 世宗 때에 삼포를 개방한 이후 삼도에 거주하기 시작한 일본 인들의 수는 날로 늘어났다. 그리하여 간혹 그들과 우리 주민 사이에 충돌이 있기는 했지만 대수로운 것은 아니었다.

그랬던 것이 삼포에 거주하던 일본인들이 부산포 동래 東萊 첨사 이우회 李友會에게 사소하지만 불평을 갖게 됐고, 그들이 대마도 對

馬島에 있는 일본인들에게 도움을 청하며 큰 변란으로 진행되기 시작했다.

대마 도주島主 종성홍宗盛弘이 무려 250척의 군선軍船을 거느리고 와서 내이포와 부산포의 주민들을 짓밟기 시작한 것이었다. 게다가 사고의 원인 제공자인 부산포 첨사 이우회는 사람 됨됨이도 부족하고 겁까지 많은 사람이어서 별로 대항해 보지도 않은 채 그대로 성문을 열어 주고 말았다.

이우회는 적군이 벌떼처럼 달려드는 뒷전에 숨어 병사들에게 어서 나가 싸우라고 호통을 쳤다.

군령을 어기는 자는 가차 없이 참할 것이니 어서 성문을 열고 나가 싸우라며 을러대는 통에 병사들은 사기가 제대로 서지도 않은 상태에서 성문을 열고 적진으로 향했다.

부산포의 군사들이 일본군과 싸우기 위해 성문 밖으로 나가자 첨사 이우회는 개구멍으로 빠져나가 민가로 도망가 숨어 버렸다. 그러나 결국 그는 일본군들에게 붙들리고 말았고, 붙들린 이후 이우회의 행실은 더욱 가관이었다.

일본의 장수가 명색이 장수란 놈이 부하를 버리고 혼자 민가에 가 숨어 있다니 참으로 비겁한 인물이라며 한심해 하자 이우회는 여든이 된 노모가 계시니 제발 목숨만은 살려 달라며 애원하였다.

전쟁이라는 것이 개인의 신세를 한탄하면 안쓰럽다고 목숨을 살려주는 현장인가. 이우회는 일본 장수의 명령으로 곧 목이 잘렸고 목은 창 끝에 매달려 일본인들이 사는 마을 한복판에 높이 효시되었다. 그로부터 일본군들은 닥치는 대로 민가로 달려들어 재물을 약탈하고, 남자는 칼로 쳐서 죽이고 여자들은 두세 명이 번갈아 가며 능욕하는 등 일대를 마구 짓밟기 시작했다. 한편 약탈한 모든 물건은 자신들이 타고 온 250척의 군선에 갖다 실었다.

일본군들은 비단 내이포와 부산포뿐만 아니라 울산의 염포鹽浦까지 삼포를 모두 짓밟았다. 이와 같이 처참한 일본군의 급습을 알리는 경상우도 절제사 유담년柳聃年이 보낸 파발사가 서울에 닿은 건 난이 일어난 지 한 주일이 넘어서였다.

병조판서를 비롯한 각 정승과 판서가 긴급 소집된 어전 회의에서 경상우도 절도사 유담년이 보낸 장계가 읽혀졌다.

원체 급히 아뢰는 문서였기에 난이 일어난 날짜와 적의 병력 개황과 그동안의 전황, 원군을 청하는 내용 등으로 요약되는 그다지 길지 않은 문서였음에도 그중의 피해 상황을 전반적으로 파악할 수 있는 것이었다.

〈… 고을 안에는 이미 닭이며 개까지도 한 마리 남지 않았으며 백성이 흘린 피로 개천은 핏물이요, 거리마다 시체들이 즐비하게 누워 있습니다. 민가는 왜병이 모두 불을 질러 무인지경을 이루고 더러 살아남은 백성들이라 하여도 들어갈 데가 없어 산야로 흩어져 피난하고 있는 형편입니다….〉

조정에서는 곧 방어청防御廳을 설치하여 병조판서 정광필로 하여금 그를 관장하도록 하는 한편 그날로 우선 원군 5백 명을 편성해 경상우도 절제사 휘하로 급파하였다.

장경 왕후 윤씨의 해산과 그녀의 근심

바로 그날 저녁 무렵 왕비 윤尹씨에게서 산고産苦의 기미가 보였다. 아직도 전각 대청에서 대신들과 장차 왜구 토벌에 대한 방안을 강구 중이던 중종은 왕비가 땀을 뻘뻘 흘리며 힘들어 한다는 급보를 들었다. 진통 끝에 드디어 왕비는 공주를 순산하였다.

나중에 양시론兩是論으로 왕의 총애를 받은 홍문관직제학 김안로金安老의 아들 김희金禧에게로 시집을 간 효혜孝惠 공주가 바로 이때 태어났다.

궁중 법도에 따라 첫이레가 지난 뒤 효혜 공주를 대면한 중종은 웃음꽃을 피우는데 왕비는 웬일인지 시무룩해 있을 뿐이었다. 세자를 복성군福城君에게 빼앗기지나 않을까 하는 불안감 때문이었다.

복성군은 후궁 경빈敬嬪 박朴씨의 소생으로, 경빈 박씨는 제일 먼저 후궁으로 들어왔을 뿐만 아니라 그동안 중종이 제일 가까이 했기에 경빈 박씨는 벌써 아들 복성군을 두게 된 것이었다.

중종과 대비는 왕비 윤씨의 불안감을 알고 있었고, 곁에 있던 대비가 중종에게 엄히 말했다.

"세자란 장차 나라의 임금이 되어 억조창생의 어버이가 되는 몸이요, 종묘사직을 이어 나가는 지중하기 이를 데 없는 몸이거늘 어찌 서자가 그런 자리에 오를 수 있겠소. 그러니 그런 말씀은 입 밖에 내질 마십시오."

"어마마마. 그 문제로 혹 중전이 공주를 낳았다 하여 근심일지면 아예 근심을 마십시오. 중전이 이제야 첫아기를 낳았는데 앞으로

안골포. 경남 창원시 진해구.

10년을 못 기다리겠습니까, 20년을 못 기다리겠습니까?"

중종은 이와 같은 말로 왕비 윤씨를 안심시켰다.

한편 경상도의 삼포에서는 경상우도 절도사 유담년은 한양에서 보낸 구원병 5백 명과 아울러 수하 군졸 3천 명을 이끌고 안골포安骨浦 포구에 정박하고 있는 왜선들과 이미 상륙해 난동을 부리는 무리들을 맞아 수륙 양면 작전을 폈다.

원래 유담년은 육·해전을 막론하고 용병用兵에 능해 경상우도 절도사가 된 인물이었다. 이날도 그는 깊은 안개를 틈타서 병선에 기름통을 가득 싣고 왜적들의 선단을 찾아다니며 불을 지르는 작전을 감행하였다. 그의 작전은 적중하여 이날 하루 새벽에 적의 군선 250척 중 절반이 넘는 무려 140척을 불살라 배와 함께 새벽잠에 취해 있는 일본 병사들을 수중고혼으로 만드는 전과를 거두었다.

그로써 적은 패색이 완연하여 남은 군선 중 일부는 삼십육계 줄행랑을 치고, 일부는 아군 선단에 잡혀 끌려오고 혹은 박살나 수몰됐다.

이날 평시라平時羅라는 일본의 장수와 포로 120명을 잡아 항복을 받는 것으로 난이 일어난 지 8일 만에 삼포왜란은 완전히 평정이 되었다. 장수급 5명은 목을 베어 효시하고 나머지는 중앙의 명에 따라 창원昌原과 김해金海로 나누어 가두었다.

평화로운 시절, 그리고 원자를 기원하는 장경 왕후 윤씨

나라는 다시 태평성대가 이어졌고 왕과 왕비는 번갈아 대궐 후원에 크게 잔치를 벌이며 만조백관과 내외 명부命婦들과 함께 즐기는 날이 많았다. 그런가 하면 농사철에는 중종이 대신들과 함께 친경親耕을 하여 백성들에게 모범을 보였으며 왕비 윤씨는 정경부인들과 함께 친잠親蠶을 하며 누에를 치는 아낙들에게 시범을 보이는 일도 해마다 빠뜨리지 않았다.

바로 왕비가 친잠을 하는 날 아침 일찍부터 정승 대신들의 부인인 정경부인들이 울긋불긋 오색이 찬란한 의상들을 갖추고, 비단 장막에 금 구슬과 진주 구슬을 늘인 사인교四人轎(가마)를 타고 열두 하인이 앞뒤를 옹위하며 궁 안으로 들어왔다. 친잠을 하는 중전을 모시고 함께 뽕을 따러 가기 위해서였다.

그런데 이날 아침에서야 중전은 아무래도 몸이 이상한 것이 느껴졌다. 아침부터 자꾸 구역질이 나고 몸이 나른한 것이 아무래도 심상치가 않았다. 지난날에 있어야 할 그것을 그냥 거르고 말았어도 원체 몸이 허약한 편이기에 이따금 한 달씩 거르는 일이 있어도 그런가 보다 한 것인데 이번에는 달랐다. 왕비는 아직 확실한 것도 아니면서 제발 이번만은 원자元子를 낳게 되길 마음속으로 간절히 빌었다.

왕비는 비록 몸은 괴로웠으나 기쁜 징조였기에 좋지 않은 몸 상태를 숨기며 가기를 재촉하였다. 왕비의 행차에는 33명의 교군들이 옥련玉輦을 메고 앞뒤로 70명의 상궁 나인들이 호위하였다. 이윽고 한강나루를 건너 잠실의 너른 뽕나무 밭머리에서 행차는 멎었다. 가마 속에서 쏟아져 나온 호화찬란한 옷차림의 귀부인들이 뽕나무 밭에 들어서자 뽕나무 밭은 그대로 오색 꽃밭으로 변하였다.

왕비는 태기 인지도 모른다는 기쁨에 못 이겨 연신 웃으며 뽕나무 가지 하나를 휘어잡고 뽕잎을 땄고 그것을 곁에 서 있는 윤 상궁이 받아 바구니에 담았다. 윤 상궁은 전에 폐비 신씨의 봉서 건으로 죽게 된 것을 왕비 윤씨의 특별 사은을 받아 살게 된 이후 오로지 왕비 윤씨를 받들었다.

그런 윤 상궁이 이번에도 중전의 건강을 진심으로 염려하며 조심할 것을 아뢰자 왕비는 말하였다.

"상감께서 농사꾼이 되신다면 나도 그분의 아내가 되어 누구 못지않게 이런 일을 하지 않았겠는가."

"마마, 〈금리선생錦里先生이요, 산처발회山妻撥灰로다. 초당일장草堂日長에 우율복향芋栗馥香이라〉 하는 말이 있지 않습니까?"

"산간 거사가 한가로이 누웠는데 취부炊婦는 뜰을 쓰는구나. 봄날도 한가할 사 밤꽃 향기 그윽하구나 하는 뜻의 얘기이지. 그러나 그거야 어찌 농사짓는 얘기인가?"

"농사짓는 얘기는 아니옵니다만 그런 생활도 한때쯤은 좋을까 하옵니다."

"하지만 그런 사상은 좋지 않은 사상입니다. 백성은 생산을 해야 백성이나 나라가 부귀해지는 것이지요. 그래서 백성에게 보이기 위하여 상감께서는 친경을 하시고 우리는 이렇게 뽕을 따 보이는 게 아니겠소?"

담소를 나누며 중전은 웃었고 옆에서 이들의 이야기를 듣던 한 좌상의 정경부인이 말하였다.

"뽕을 따는 좌상 댁 정경부인이 중전마마께 헌시獻詩 한 수 읊어 올려도 무방하겠나이까?"

원래 이 좌상 댁 정경부인은 학문이 높고 게다가 문장文章에서는 궐내와 조정 안까지 널리 알려진 여인이었다. 은쟁반에 옥을 굴리는 듯한 음성의 좌상 댁 정경부인은 좋은 목청을 더욱 가다듬어 즉흥시 한수를 읊었다.

좋으실사, 마마님의 환히 밝은 착하신 덕이시여.
무릇 백성이란 관인 외명부들을 흐뭇하게 하시네.

복록을 하느님께 받으셨나니
하나님 보우保佑하사 명命하시고
끊임없이 돌보시네.

시를 들은 왕비 윤씨는 자신한테는 과분한 시 같다 말하면서도 진정 기뻐하였고 친잠을 하는 여인들의 분위기는 더욱 활기차졌다.

친잠에서 돌아온 중전에게서 잉태했다는 소식을 알고 누구보다 기뻐한 것은 중종이었다. 왕은 기뻐 어쩔 줄 모르며 물었다.

"이번엔 덩실한 원자를 하나 낳구려. 혹 무슨 태몽이라도 꾸었소?"

이 물음에 왕비는 부끄러운 듯 얼굴을 붉히며 말하였다.

"꽃은 음陰이요, 나무는 양陽이 아니오니까? 뽕나무 밭에 가는 날 입덧 증후가 있었으니 상감이 원하는 바와 같지 않을까 그렇게 생각이 되옵니다."

중종은 이날 밤늦도록 술을 마시며 중전과 함께 즐겼다.

그러나 왕비의 잉태에 대한 왕의 기쁨은 잠시 동안의 일이었고 며칠 후부터는 뜻하지 않은 일이 조정 내에 벌어져 중종은 머리를 앓아야만 했다.

숨죽이고 있던 선비들이 올린 탄핵 사건

사헌부 대사헌 손중돈孫仲暾 등을 비롯한 진간鎭箮들은 영의정 송질宋軼을 비롯해 형조판서 윤순尹珣, 예조판서 강징姜澂 등을 탄핵해 올렸다.

이는 박원종, 성희안成希顔, 유자광柳子光 등 중종반정의 일등공신들이 병들거나 늙어 죽고 하는 동안 공신들의 위세에 눌려야 했

송질 묘소. 경기도 양주시.

던 왕권이 차츰 회복되며 가능해진 일이었다. 그러자 그동안 말 한 마디 못하고 눌려 지내야만 했던 중학中學의 선비들이 풍파를 일으키기 시작한 것이다.

그 탄핵의 내용이란 다음과 같았다.

첫째, 영의정 송질이 아버지의 친상 중에 상제로서 흥덕동興德洞에 새로 큰 집을 짓는 역사를 벌이고 스스로 그 감독을 하고 있다. 영의정이란 임금의 다음 가는 사람으로서, 백성의 본보기를 보여야 할 사람임에도 오히려 백성에게 못된 본을 보이니 영의정 자격이 없으며 또한 그는 정승의 자리를 이용해 평안도에 수십 만 평의 땅을 뇌물로 얻었다.

둘째, 형조판서 윤순은 전날 연산군에게 자신의 아내를 바친 대가로 자헌대부의 벼슬을 받았다가 연산군이 쫓겨나자 다시 아내로서 대우하고 있다. 이는 너무도 추악한 일로써 그런 자에게 형조판서를 맡기는 것은 천부당만부당한 일이다.

셋째, 예조참판 강징은 애첩의 어머니가 아프자 스스로 약을 처방하여 직접 다려 봉양하였는데 이는 선비로서 있을 수 없는 일이며 그런 자에게 예조참판의 직을 맡겨서는 안 된다.

그러므로 이상의 세 사람을 모조리 극형으로 치죄하고 그 자리에 적합한 다른 사람으로 바꾸어 맑은 조정을 꾸려 달라는 것이 사헌부 대관들이 올린 탄핵의 요지였다.

중종은 본시 원만한 성품으로, 이제 다시는 시끄러운 일이 생기는 것이 싫었다. 사실 지난 죄상을 샅샅이 들추자면 죄를 안 진 사람은 찾아볼 수 없을 것이었고, 그런 사람들을 모두 강경하게 치죄한다면 조정에 남아 날 사람은 하나도 없을 것이기 때문이었다. 중종은 탄핵을 올린 대간들에게 개인적인 일, 과거의 일들을 하나하나 들추게 되면 다시 사화의 우려까지도 있으니 가만히 덮어 두는 것이 좋지 않겠느냐는 뜻을 보이며 적당히 얼버무리려 했다.

그러나 대관들은 완강했다. 오히려 그런 자들을 그대로 눈감아 줄 때 또다시 사화가 일어나 큰 난으로 번질 우려가 있으므로, 사화의 요인을 제거하는 길은 곧 그자들을 극형으로 치죄하는 길이라며 강력하게 자신들의 주장을 피력하였다.

대신들이 강경하게 나왔고, 탄핵을 당한 이들의 행동은 정치를 하는 자들이 할 만한 행동은 분명 아니었기에 중종은 할 수 없이 그들을 불러 사실 여부를 알아보기로 했다.

먼저 영의정 송질을 부른 중종이 물었다.

"영상은 친상을 당하고 있을 때에 흥덕동에 새집을 지으면서 스스로 그 감독까지 하였다는 말이 사실이오? 영상으로서 그게 될 말이냐는 상소가 들어왔소."

이에 송질이 차근차근 답하였다.

"보는 사람에 따라 그렇게 말할 수도 있겠습니다만 경위가 그렇지 않사옵니다. 가친家親의 상을 당한 때는 장마철로 천둥, 번개가 몹시 치던 날이었습니다. 출상 전이어서 신은 굴건屈巾을 쓰고 상복을 입은 채 제청에 엎드려 있었습니다. 그런데 갑자기 비복 하나가 기겁을 하며 밖에서 뛰어들며 흥덕동 새집에 홍수가 밀어닥쳤다 하는 것입니다."

송질이 이어 말한 사정은 다음과 같았다. 산비탈에서 흘러내린 큰비로 새집이 무너지고 그 연목椽木(서까래)이 모두 떠내려가자 송질은 하인들에게 우선 물줄기를 돌려놓고 떠내려간 서까래를 찾아다 놓도록 일렀다. 그러나 집안의 하인들만으로는 역부족으로 마을 사람들까지 동원해야 만했다. 그러나 하인들이 마을 사람들이 자신들의 말은 듣지 않는다고 하기에 할 수 없이 흥덕동 새집 터에 가게 된 것이다. 송질이 가서 보니 수삼 일 전에 겨우 상량上樑을 해놓은 집이 무너져 버린 것은 물론 그 재목들도 모두 떠내려가는 등 차마 그대로 두고 볼 수가 없는 지경이었다는 것이다.

송질의 사정을 들은 중종은 어떻게 비답批答을 내려야 할지 난감했다. 송질 본인의 말마따나 빈청賓廳을 떠난 것은 효자라 할 수 없는 일이지만 효자 아닌 것이 곧 불효라 할 수는 없었고, 장마에 발생한 피치 못할 일이었기 때문이다. 중종은 위엄을 갖추어 말하였다.

"한 나라의 영상은 만백성 위에 있는 지중한 자리로, 일거수 투족을 중히 하여야 함은 내가 말하지 않아도 알 것이오. 상주는 의당 빈청을 지켜야지 새집 터에 간 것은 잘못이었소. 또한 한 마을 사람들이 그처럼 협조를 않는다는 것도 영상으로서는 깊이 반성해야 될 줄로 아오."

이어 중종은 평안도의 토지 수 만 평을 뇌물로 받았다는 탄핵은 무슨 말인지를 물었다.

"전하. 그것은 뇌물이 아니옵고 엄연히 돈을 주고 산 것이옵니다. 매매 문서까지 가지고 있사옵니다. 시가에 비해 다소 헐하게 샀는지는 모르지만 산 것만은 틀림없사옵니다."

"그렇다 하더라도 자리가 자리인 사람이 그 많은 땅을 샀다 하는 것도 그리 잘한 일은 아닌 것 같소."

영상 송질을 내보낸 다음 중종은 형조판서 윤순을 불러 아내를 전왕에게 진상하여 벼슬을 얻었다는 이야기에 대해 기휘忌諱함 없이 이실직고할 것을 명하였다.

그것은 연산군 대의 일로 한밤중에 윤순의 집 대문 밖에서 갑자기 어명을 외치는 소리가 들려왔다. 막 잠자리에 들려던 윤순 내외가 소스라쳐 놀란 건 두말할 것도 없었다. 집에 없다는 핑계를 댈까도 생각해 봤으나 만약 후일에 윤손이 집에 있었다는 사실이 탄로난다면 더욱 큰일이었다. 윤손은 할 수 없이 문을 열기로 결정했다. 자신이 지은 죄가 없다면 지체할 이유가 없다고 생각한 것이다.

정말 아닌 밤중의 행차로 승지 하나가 별감 둘을 데리고 윤손의 집으로 들어서며 말하였다.

"오늘밤 상감마마의 침수 수발을 부인으로 거행케 하라는 어명이 내렸소. 지존의 분부시니 속히 거행토록 하시오. 지체할 시각이 없소."

순간 윤손은 천지가 아뜩하여 말문이 꽉 막혀 버렸다. 윤순이 기가 막혀 승지를 올려다보자 승지는 벌써 갈 차비를 서두르기 시작했다. 하얗게 질린 윤순은 부인에게 알리기 위해 안방으로 넘어왔고 바깥의 이야기를 들은 아내는 벌써 몸치장을 하고 있었다. 그 모습을 본 윤순이 말을 잃자 아내가 말하였다.

"분부 받들어야 할 수 밖에 더 있겠습니까? 잠자코 계십시오. 제가 자결을 할 수도 있지만 그럴 경우에는 그 화가 제 일신으로 끝나지는 않을 것입니다. 영감 또한 무사하시지 못할 것이며, 어린 자식들과 선영들의 봉제사는 어찌합니까?"

"이렇게 하여 자식은 길러 무엇하며 봉제사는 받들어 무얼 하겠소. 차라리 일가 어린 것들까지 한자리에서 죽고 맙시다."

눈물을 흘리며 말하는 윤손을 오히려 아내가 침착하게 타일렀다.

"여보, 진정하시고 제 말씀을 들으세요. 입궁이라 하여 반드시 몸이 더러워진다 할 수는 없습니다. 십중팔구는 더러워지기가 쉽지만 그 십 중 하나나 둘까지 버리고 미리 온 가족이 자살로써 포기할 수는 없는 것이 아니옵니까? 만약의 경우 몸이 더렵혀졌을 때 저는 이 집에는 다시 돌아오지 않을 것입니다. 세상에 여자는 저 하나뿐이 아니니 그때는 새 장가를 드시어 어린 것들을 잘 길러 주십시오. 매사는 상책을 따라야 되옵니다."

말을 마친 윤손의 아내가 입궁하자 저녁 술상이 등대되었고 연산군은 먼저 윤손의 아내에게 술시중을 들도록 하였다. 윤손의 아내는 갖은 교태로써 연산군에게 술을 마구 권하여 대취하게 만들었다. 그러한 뒤에 용변을 핑계로 잠시 혼자가 되자 지니고 있던 장도로 하문을 저미어 월경 중임을 가장하여 옆 온돌에 있는 장녹수에게 그 피를 보였다.

윤손의 이야기를 들은 중종은 그렇다면 그것은 대간의 탄핵을 당할 일이 아니라 열녀로 대해야 할 것이라며 탄복하였다.

다음은 예조참판 강징의 차례로 강징도 역시 부복하고 나서 차근차근 그날의 일을 아뢰었다. 강징에게는 오래 전부터 애첩 금란金蘭이 있었다. 금란은 뛰어난 미모를 지녔을 뿐만 아니라 효성이 지극하였기에 더욱 강징의 마음을 끈 애첩이었다.

금란에게는 홀어머니 한 분이 있었는데 노령에 접어들어 도저히 기력을 회복할 수 없는 상태에 이르렀고, 좋은 약이란 약은 다 지어 먹어도 효험이 없어 마지막 임종을 지켜 볼 수밖에 없게 되었다. 이에 금란은 급히 강징을 찾아와 말했다.

"나리, 소첩의 마지막 청을 들어 주옵소서. 소첩 역시 나리의 크나큰 은덕을 입사옵고 더 이상 아무것도 바랄 것이 없사옵지만 꼭 한 가지 부탁을 들어 주옵소서."

평소 차분한 성격으로 경거망동하지 않던 금란이었기에 애첩이 흘리는 눈물에 강징은 더욱 당황하였다. 무슨 일인지를 묻는 강징에게 금란은 계속 흘러내리는 눈물을 흰 무명천으로 거두며 말을 이었다.

"저의 어머니는 이제 며칠을 넘기기가 어렵사옵니다. 소첩의 부탁이란 다름 아니옵고 이제 임종을 얼마 앞두지 않은 노모에게 나리를 한번 뵙게 하는 일이옵니다. 경박한 말씀을 올리는 줄은 알지만 이제 자식이라고는 소첩뿐으로, 평생을 궁색과 지병으로 지내신 어머님께 마지막으로 나리를 뵙게 하는 것이 소첩의 마지막 청이옵니다."

오래 전부터 금란의 지극한 효성을 잘 알고 있던 강징 역시 한번쯤은 병중인 금란의 어미를 찾아보려 하던 차였다. 강징은 바쁜 국사 중에도 이제 마지막을 앞둔 금란의 어머니를 찾는 일을 마다하지 않았다.

강징은 육경六卿의 높은 지위에 있으면서도 한낱 소첩의 친정집으로 거동했다는 사실에 대해 대수롭지 않게 생각했던 것이다. 그날 중으로 강징은 손수 약까지 조제해 금란의 친정집에 이르렀다.

마지막 임종이 가까워 오는 순간 그 노인의 생명을 위해서 자신이 할 수 있는 일을 해주고 픈 강징의 마음이었다. 힘겹게 산 노인의 꺼져 가는 생명과 최후가 하도 안타까워 자신의 신분까지 잊고 행한 일이었다.

"전하, 비록 인명은 재천이라 하옵지만 죽음 앞에서는 누구나 숙연해지는 법이옵니다. 죽음에 어찌 귀천이 있고 노소가 있겠습니까?"

 강징 역시 앞의 두 사람처럼 그와 같은 일을 행한 충분한 이유를 갖고 있었다.

 이튿날 중종은 탄핵 상소를 올린 대간들을 입시케 하여 자신이 들은 얘기를 전하며 별 죄가 안 되는 일이니 그리들 알라 일렀다. 그러나 대간들은 펄펄 뛰며 원론적인 이야기를 되풀이하였다.

 "전하, 그러하시다면 나라의 기강을 바로하기 위해 있는 예절과 법도가 무슨 소용이 있겠사옵니까? 황차 나라의 막중한 책임의 자리에 있는 그들의 일언일행은 곧 백성의 본이 되는 것입니다. 이 나라 백성이 모두 그들처럼 예의 기강이 문란해서야 어찌 이 나라 장래를 조심하지 않을 수 있겠사옵니까? 전하, 만 백 년 면면히 뻗어가며 후손들이 살아 갈 이 삼천리강토를 금수禽獸의 강토가 되지 않도록 과감히 바로잡으시어 명실공히 동방의 예의지국이 되게 하옵소서."

 대간들이 어찌나 강경하게 나오는지 중종은 할 수 없이 송질과 윤순, 강징에게 직을 철회하는 벌을 가해 대간들의 비위를 맞춰 주었다.

왕가의 비운과 상소문

 왕비 윤씨가 임신한 지도 어느덧 열 달이 되어 공주에 이어 두 번째로 원자元子가 탄생하였다.

중궁의 몸에서 원자가 태어난 것은 10년 만의 일로, 오래간만에 임금의 뒤를 이을 원자가 탄생한 것은 임금 내외는 말할 것도 없고 온 나라의 큰 기쁨이었다. 왕궁을 비롯한 온 조정과 백성들은 융숭한 복덕을 축원하였다.

중종은 원자의 이름을 구構라 짓고 장차 자신의 뒤를 이을 원자라 생각했다. 그러나 이 기쁨은 아직은 완전한 기쁨이 되지 못하였다. 왕비가 아기를 겨우 낳고 산후가 심상치 않았기 때문이었다. 아기를 낳은 지 사흘이 지나도록 심한 하혈이 멎지 않고 계속되었다.

궁중의 법도를 따르면 왕후가 해산한 뒤 7일이 지나야 왕이 산청에 들어갈 수 있으나 중종은 그것을 무시하고 그 안에 왕비를 만나 보지 않을 수가 없었다. 중종은 파리하게 여위어 누워 있는 왕비의 한 손을 잡았다. 왕비는 주르륵 눈물을 흘리며 자신의 죽음을 예감했다.

"병은 마음에서부터인 것이니 마음을 굳게 먹어야 하오. 이번의 원자 탄생은 오직 당신의 정성으로 된 것이오. 내가 당신을 중전으로서 사랑하게 된 것도 당신의 지성이었고 이번 원자의 탄생 역시 당신의 지성으로였소. 지성이면 감천이라 하늘이 당신을 도운 게요. 당신을 돕는 하느님이 정녕 계실 텐데 원자를 겨우 낳아 놓은 당신을 죽게야 하겠소."

중종의 위로를 듣던 왕비의 마음은 아파 와 눈물이 멈추지 않았다.

"마마께서는 신첩을 가엾게 보시지만 신첩은 언제나 마마의 훈훈한 사랑 속에서 기꺼이 살다가 오늘에 이르렀다 생각하옵니다. 마마의 아내로서 중전을 지킨 지 햇수로 8년이옵니다. 처음에는 마마께서 다소 오해도 계시었지만 그 후로는 하해 같으신 마마의 은총이 언제나 신첩의 일신을 감싸 주셨습니다. 그 덕으로 공주와 원자가 이 세상에 탄생되었으니 신첩이 이제 더 바랄 것이 뭐가 있겠습니까?"

마지막이 가까워 옴을 느낀 왕비는 중종에게 유언과도 같은 마지막 부탁을 하였다. 자신이 죽은 후라도 공주와 원자를 잘 보호해 달라는 것이 그것이었다. 자신이 세상을 떠난 뒤 세자를 놓고 벌일 궁중의 알력에서 원자와 공주가 무사할지 모른다는 걱정에 당부를 간곡히 한 것이다.

1515년(중종 10) 2월 25일, 원자를 낳은 왕비 윤씨는 28일 임금을 만나 뵙고 그 다음날 29일에는 공신 노공필의 사저로 전지하였다가 3월 2일 아기를 낳은 지 꼭 한이레 만에 결국 세상을 뜨고 말았다.

원자의 탄생에 기뻐하던 나라에 생긴 돌연한 왕비의 국상國喪은 백성들의 마음을 어둡게 만들었다. 중종은 참으로 아내 복이 없는 왕이었다. 첫 아내 단경端敬 왕후 신씨는 반정을 찬성하지 않았던 신수근愼守勤의 딸이라는 이유로 공신들의 등살에 쫓겨 생이별을 해야 했고, 두 번째 왕비로 삼은 윤씨는 생각지도 않은 산후병으로 인해 죽었으니 말이다.

중종의 슬퍼하는 모습은 차마 눈 뜨고 볼 수 없을 정도였으나, 아무리 운들 소용이 없었다. 한번 눈을 감고 가 버린 왕비가 다시 돌아

올 리 만무했다. 윤씨의 시호는 장경章敬 왕후로 봉해졌고 장지는 경기도 광주廣州 헌릉獻陵(현 서울시 강남구 정릉靖陵 자리) 바른편 언덕에 정하고 칭호는 희릉禧陵이라 하기로 했다.

이 국상으로 궁중과 조정의 유림儒林은 말할 것도 없고 온 나라 전체의 마음이 어두워졌으니 그것은 비단 국모를 잃은 슬픔 때문만은 아니었다. 어린 원자의 미래에 대한 걱정이 국모를 잃은 슬픔보다 실상 더 큰 걱정이었다. 어머니를 잃은 어린 원자의 운명은 실로 바람 앞의 등불과도 같은 존재가 되었다. 왕자에게 아버지 중종이 있다고 하더라도 왕의 후궁들은 모두 원자를 시샘하는 적이었기 때문이다.

후궁 경빈 박씨에게는 중종의 첫아들 복성군이 있었고, 후궁 숙의 홍洪씨에게는 해안군海安君이라는 아들이, 홍경주의 딸 희빈 홍씨에게는 금원군錦原君이란 아들이 있었다. 뿐만 아니라 후궁 창빈

서삼릉의 하나인 희릉. 중종의 계비 장경 왕후 능.

昌嬪 안安씨에게는 영양군永陽君이라는 아들이, 숙의 이李씨에게는 아들 덕양군德陽君이 있었다. 아들을 낳은 후궁들은 모두 원자의 대적인 셈이었다.

궁 안팎에서는 장경 왕후를 이어 누가 왕후가 될 것이냐에 대해서 각기 의견들이 구구했다. 사람들은 후궁 중의 하나가 왕후가 될 것으로 예상하면서, 중종의 예쁨을 가장 받고 있는 복성군의 어머니 경빈 박씨가 왕후에 오를 것이라는 예측에서부터 다른 이들도 만만치 않다는 갖가지 추측을 해 댔다.

후궁이 중전의 자리에 오르면 그 아들이 중종의 뒤를 잇는 세자가 되기 쉬운 일로 뜻이 있는 사람들은 모두 장차 어지럽게 될 나라에 대한 걱정으로 탄식을 하였다.

숙의 홍씨 아들 해안군 묘비.
경기도 고양시 선유동.
「왕자 해안군 정희공지묘.
군부인 거창신씨 부좌
진산군 부인류씨 부좌」

중종 후궁 창빈 안씨 묘소.
서울시 동작동 국립현충원 내.

누가 원자를 맡으리

 이런 소문을 들으면서 주먹으로 땅을 치며 우는 사람이 있었으니 그것은 세상을 떠난 장경 왕후의 오빠 윤임尹任이었다. 이때 장경 황후의 아버지 윤여필尹汝弼은 이미 죽고 없었다. 윤임은 10년 공부가 나무아미타불이라더니 자기를 두고 이른 말처럼 생각되었다. 여동생이 정비가 되어 임금이 자신의 매부이니 그만하면 이제 자기네 가운도 필 모양이라 흡족해 하던 그였다.

 게다가 이번엔 누이가 아들을 낳았으니 앞으로 제왕이 되면 윤임은 장차 임금의 외삼촌이 되는 것이었다. 그런데 그 꿈이 실로 난데없이 하루아침에 깨져 버렸으니 어쩔 수 없는 실망감은 이루 말할 수 없었고, 원자의 운명 역시 장차 어떻게 될지 알 수가 없었다.

 윤임은 실로 부모의 친상을 당했다 하더라도 이렇게 슬프지는 않을 것이라 생각하며 통곡하였다.

 윤임의 처지야 어떻든 후궁들에게 있어서는 실로 마음이 사뭇 설레고 꿈이 벅차오르는 기회였다. 뜻밖에 왕비 윤씨가 핏덩이 왕자를 낳고 산후병으로 돌연히 세상을 떠나자 가엾다는 생각은 잠시뿐, 다음 순간부터 후궁들의 마음속에는 제각기 야욕이 움트기 시작했다. 8년 전 왕후의 자리를 장경 왕후한테 빼앗긴 한을 풀지도 모르겠구나 하는 생각에 제각기 마음들이 들떠 있었다.

 주인을 잃고 비어 있는 왕후의 황금 보좌가 모두들 자기를 기다리고 있는 성싶었다. 경빈 박씨, 희빈 홍씨, 창빈 안씨는 제각기 왕족이었을 뿐만 아니라 제각기 용모, 육체, 아양 등으로 왕을 꾐에는 자신이 만만한 후궁들이었다. 이들은 왕후의 부음을 받자 서로 다투듯 대전으로 올라가 슬픔에 잠긴 왕을 위로하였다.

그들은 왕 곁에서 중종의 손을 꼭 붙잡고 온갖 말로 위로하였으며 희빈 홍씨는 얼른 자신의 시녀를 약방으로 보내 보신제 한탕을 급히 끓여 오도록 했다. 그것을 은 다반에 받쳐 들고 어전으로 들어간 홍씨는 옥체를 보중하시라 올렸다.

후궁들은 죽은 중전은 안중에도 없이 서로 왕의 마음을 사로잡기 위한 갖은 노력을 하였다.

장경 왕후 윤씨의 장사를 치르고 나니 조정과 왕실에서는 이제 정식으로 비어 있는 왕후 자리를 놓고 갑론을박 으르렁거렸다. 왕비와 세자라는 어전을 둘러싸고 앞으로의 권세를 잡기 위한 쟁탈전을 하기 시작한 것이다. 그리하여 그들은 각기 자기편에 유리한 여론을 형성하려고 안간힘을 썼다.

박원종, 성희안 등 공신의 후계 정치인들은 또다시 처녀 간택을 해서 왕비를 봉하는 것보다 지금 중종이 총애하고 있는 경빈 박씨, 희빈 홍씨, 창빈 안씨 중에서 왕비를 고르는 것이 낫다는 여론을 조성했다. 공신들이 추대한 후궁들 중의 한 사람이 왕후가 되고 그 아들이 세자가 되어야만 자신들의 권력이 유지될 것이기 때문이었다.

세상을 떠난 장경 왕후의 오빠 윤임은 전날에는 왕의 처남으로 권력이 누구 못지않았지만, 누이가 죽자 이제 그 권세는 땅에 떨어져 무력한 존재일 뿐이었다. 이제는 윤임 자신도 어느 편이든 후궁 중의 한 편에 서야 하는 운명이 되었다.

폐비 신씨의 복위를 상소하는 유림

한편 조정 안에는 공신의 배경이 없어서 비록 벼슬이 높지는 않지만 만만치 않은 실력을 가진 이들이 있었다. 그들은 과거로 등과해 벼슬을 한 유림의 일파였다. 연산군 대에 무오사화와 갑자사화 등에 얽혀 결단이 난 유림들은 이곳저곳 숨어 있다가 새로이 등극한 중종이 밝은 정치를 한다 하여 기대를 걸고 조정에 나타났다. 그러나 왕조가 바뀌어도 세상에 떠도는 말과 같이 밝은 정치를 하는 세상은 도래하지 않았다.

중종반정의 공신 박원종, 성희안 등이 전횡하는 조정은 임금의 권력을 넘어섰고, 유림들은 다시 산촌으로 들어가 버리거나 혹은 글방을 내어 후진을 양성하곤 했다. 그들이 길러 낸 인물들이 조정에서 보는 과거에 등과하며 점점 공신 일당에 반대하는 파를 형성하기 시작해, 이제 그 힘이 만만치 않게 된 것이었다. 이들은 진심으로 나라의 장래를 걱정하는 사람들이었다.

장경왕후가 돌연 승하하였으니 까딱하면 왕비의 자리는 다시 공신들의 딸인 경빈 박씨나 희빈 홍씨, 그렇지 않으면 창빈 안씨에게로 돌아가게 되기 쉬웠다. 그럴 경우 원자의 장래란 빤한 것이었다. 그들은 원자보다도 그들 자신이 낳은 아들로 세자를 삼고자 할 것이기 때문이었다.

유림들은 이 기회에 대의명분을 내세워 어린 왕자를 보호하리라 결심했다. 그들은 유림의 대표로 담양潭陽 부사 박상朴祥과 순창淳昌 군수 김정을 뽑아서 그 일을 처리하도록 맡겼고, 그리하여 두 사람은 막중한 책임을 지고 그 문제에 대해 서로 논의하였다.

박상과 김정은 우선 적자와 서자의 분별은 엄하게 가린다는 원칙을 세웠다. 조선은 유교의 대의명분을 가진 삼강오륜三綱五倫을 엄연한 정도로 여겼기에 그들의 원칙은 문제될 것이 전혀 없었다.

그러던 어느 날 충암沖庵 김정이 갑자기 눌제訥齊 박상을 찾아와서는 싱글거리며 다음과 같은 이야기를 꺼냈다.

"여보게, 우리 말이네. 죽동궁竹洞宮에 계시는 폐비 신씨의 복위를 한번 주장해 보세. 신씨야말로 참으로 억울하게 쫓겨나지 않았나? 공신들은 신수근을 죽여 놓고 앞일이 두려워서 그분을 쫓아 낸 것이 아닌가? 게다가 전하께서는 폐비 신씨를 지금 돌아가신 장경왕후 이상으로 중하게 여기셨네. 폐비로 쫓겨난 후에도 두 분은 저 인왕산과 경복궁 전궁 사이에서 서로 바라보며 못 잊어 할 정도였으니 말이네. 그러니 이번 기회에 신비를 복위시켜서 철천지한을 우리 손으로 풀어 드리세. 그리고 원자는 왕비 신씨의 아드님으로 만들어서 뒷날 세자로 봉한다면 얼마나 좋은 일이겠나. 이거야말로 폐비된 신씨의 한을 풀어 드리는 동시에 원자를 보호할 수 있는 일석이조의 효과가 아니겠나?"

폐비 신씨에서는 소생이 없었으므로 그들의 계획은 성사되기만 한다면 완벽한 것이었다. 그 자리에서 의견이 일치한 김정과 박상은 바로 상소문의 기초를 작성하기 시작했다.

〈미신微臣* 순창 군수 김정과 담양 부사 박상은 삼가 성상 전하의 어질고 밝으신 치정 아래 아뢰나이다. 사람의 만 가지 사업은 부부의 길에서부터 비롯되는 것으로, 부부란 사람이 살아가는 그 첫 기초이옵니다. 부부의 길이 밝고 융합하고 바르면 만 가지 일이 화평한 것이니 부부의 길은 마치 수레의 두 바퀴와도 같고 그 내용과 형체와도 같은 것이라고 생각하옵니다. 미신들이 그윽이 살펴보니 전 왕후 신씨께서 아무런 까닭도 없이 참으로 억울하게 폐비되신 지 어언 10년이 되어, 그동안 심지어 조석의 식량마저도 여의치 못하신 갖은 고생 속에서 살아오신 것으로 아옵니다. 도대체 신씨께서는 무슨 죄로 폐비가 되셨습니까? 폐비는 전하께서 왕위에 오르시기 이전에 전하께로 출가하시어 전하를 내조하여 도우신 공이 클 뿐 아니라 반정 당시 신씨가 없었던들 하마터면 전하께서는 반정 모의가 누설된 것으로 착각하여 자결까지 하실 뻔한 것으로 아옵니다. 만약에 그때에 신씨가 없었던들 오늘날 전하께서 이런 밝으신 정치를 펴는 태평성대는 없었을지도 모르옵니다. 그리하여 전하께서 왕좌에 오르신 뒤에도 신하와 백성들의 경축하옵는 축하를 받으시어 왕후 자리에 나가셨으니 이 나라 수천만 백성의 어머니이옵니다. 자식으로서 어머님을 아무 죄도 없이 내쫓는 일이 천하 어디에 또 있겠습니까? 공자께서는 부모가 설령 죄가 있더라도 그것을 숨기는 것이 자식의 도리라 하였습니다. 그랬거늘 하물며 무죄한 어머니를 내쫓는 자식이라니 이것은 언어도단이며 불충불효이옵니다. 국모를 그렇게 내쫓은 박원종 무리도 대의명분이 그럴 수 없다는 것을 잘 알았을 것입

*미신微臣 : 신하가 임금을 상대하며 본인을 낮추어 지칭하는 말.

니다. 그러나 그들은 사사로운 자신들 몸에 혹시나 해가 미칠까 하는 걱정으로 상감을 협박하여 그 큰 죄를 저지르고 만 것입니다. 상감을 협박하고 국모를 내쫓은 그들은 그대로 역적이 아닐 수 없습니다.

이즈음 세상 되어 가는 것이 실로 암담합니다. 난데없는 여름철의 푸른 하늘에서 우박이 쏟아지는가 하면 겨울에는 날이 또 지나치게 따뜻하여 지난겨울에는 밭에 심은 보리들이 물이 올라 그 다음 한파로 다 얼어 죽어 버렸습니다. 그러더니 평시에 옥체 강녕하시던 국모 마마께서는 돌연히 승하를 하시니 온 백성들은 실로 놀람과 근심에 빠져 있습니다. 이것은 한 여자가 원한을 품으면 오뉴월에도 서리가 내린다는 옛말을 하늘이 그대로 실현한 것이 아니라고 누가 말할 수 있겠습니까?〉

두 사람이 쓴 글은 날이 선 칼끝이 되어 일세를 쩌렁쩌렁 울리던 박원종의 무리들을 역적으로 몰고 갔다. 김정과 박상은 일기불순과 국모의 돌연한 승하가 모두 노한 하늘의 일로 여기도록 하며 마음이 섬뜩하도록 써 내려갔다. 상소문은 끝으로 갈수록 더욱 구구절절해졌다.

〈전하, 하늘도 싫어하고 천지신명도 싫어하는 이 원통한 일을 장차 어찌 처리하시렵니까? 이제 돌아간 분을 목메어 불러 본들 소용이 없습니다. 그러나 폐비께서는 엄연히 살아 계십니다. 그리고 이 세상 어느 누구보다 그분은 상감을 경애하며 흠모하고 계십니다. 지금도 죄인이라 하여 한때도 무색옷을 입지 않으시고 소복단장으로서 죄 없는 죄인 노릇을 하고 계십니다. 지금 비어 있는 곤전坤殿(중전)의 자리는 불가불 어느 분이라도 차지하게 될 것입니다. 어머니 없는 자식이란 없는 것이기 때문입니다. 전하께서 이때를 당하시어 우리 국민들에게 옛날 억울하게 잃었던 어머니를 다시 찾아 주시어 정도正道를 결성시키옵소서. 전하께서 국모를 잃은 백성을 긍휼히 여기시어 감연히 지금 죽동궁에 나가 계신 그 어머니를 도로 맞아 주신다면 백성들은 화할 것이요, 천지신명이 바라는 바일 것이옵니다. 이 억조창생이 한결같이 원하옵는 바를 살펴 가장 바른 길을 찾아 주옵소서.〉

그들은 이 상소문을 제자들을 시켜 정원에 올리도록 하고 다시 상의하였다. 폐비를 복위시키는 것만으로는 조정의 분위기를 일신할 수 없으므로 정계를 새롭게 일갈하기로 한 것이다. 무식한 호반虎班(무반武班)과 안하무인격인 공신 무리들을 모두 쓸어 내고, 이 기회에 박원종 일파의 죄상을 폭로해 그들의 세력을 뽑아 버리기로 하였다.

그들은 다시 박원종 패들의 위훈을 삭감하고 바로잡아 줄 것을 청하는 상소문 하나를 더 만들었다.

〈미신 박상과 김정은 다시 성상 폐하의 밝으신 치성 하에 아뢰옵니다. 박원종의 무리는 비록 반정을 일으켜 어두운 임금 연산을 내쫓고 왕실을 바로잡은 큰 공이 있사오나 성상 폐하를 협박하여 국모를 추방한 자들이옵니다. 이들의 죄상은 고금 천하에 그 유례가 없으며 대역부도한 강상綱常의 죄인입니다. 박원종과 성희안은 비록 죽었지만 마땅히 그 죄를 밝혀 이 나라의 앞날에 두 번 다시 이런 죄인이 나타나지 않도록 하여야 하옵니다. 박원종과 성희안의 벼슬을 삭탈하시고 또 반정의 일등공신이란 위훈을 삭제하여 왕법의 밝음이 하늘아래 있음을 밝혀야 할 것입니다.〉

김정과 박상은 아직 혈기 방장한 때였다. 비록 공신 박원종과 성희안이 죽었다 해도 조정은 여전히 그들의 부하들이 판을 치고 있는 상태였다.

상소를 정원政院에 제출한 두 사람은 하회를 기다렸다.

중종의 기쁨과 기대

이 상소를 접한 중종은 내심으로 기뻐했다. 장경 왕후를 잃은 슬픔이 아직 가시지 않기는 했지만, 대신 세상에 태어나 최초로 정이 들었다가 신하들 등살에 할 수 없이 폐서인이 되게 한 아내를 다시금 맞을 수 있게 됐기 때문이었다. 그것은 죽었던 사람과 다시 만나는 기쁨과도 같은 것이었고, 또한 무엇보다 원자를 진실로 자기 자식처럼 여기면서 길러 줄 사람은 신씨 밖에 없을 것 같았다.

중종은 10년 전 신씨가 폐서인이 되어 가마를 타고 궁을 나가던 모습이 눈앞에 보이는 듯싶었다. 그 전날 밤 다홍색 치마를 입은 신씨는

"마마, 저를 내보낸다고 하교하십시오. 그렇지 않을 경우 공신들이 상감마마를 위태롭게 할 것입니다. 그 대신 언제든 때가 되면 저

를 다시 환궁토록 불러 주십시오. 그날을 기다리고 살겠습니다."
말하였다. 눈물로 얼룩진 신씨의 목소리가 어제 일처럼 중종의 귀에 쟁쟁 울렸다.

"전하, 생각해 보십시오. 저들(박원종 무리)에게는 무기가 있습니다. 저들에게는 말 한마디면 단박에 행동을 취할 수 있는 심복 군사들이 있습니다. 저들에게는 전하보다 훨씬 무서운 권력이 있습니다. 진실로 전하께서 소비小妃를 아끼신다면 소비를 저들의 희망대로 오늘 밤 안으로 궁 밖으로 나가게 해주십시오. 잘못하면 전하의 신상도 위태롭습니다."

그렇게 말하는 신씨의 그 해사하고 맑은 눈에서는 눈물이 하염없이 흘러 내렸다. 중종은 그녀의 아름다운 얼굴도 이제는 많이 변했겠지 하며 잠시 옛일을 생각해 보았다.

중국 사신을 영접하는 길에 들렀다가 만난 소복단장한 신씨의 모습도 그대로 보이는 듯했다. 새하얘진 얼굴로 놀라 왕을 쳐다보던 신씨는 말없이 주루룩 눈물을 흘리며 섬돌 아래로 내려와 땅에 부복하며 엎드렸다. 그때 중종은 보고 싶어서 왔다는 말이 목 끝까지 차올랐으나 차마 입 밖에 낼 수는 없었다. 공신들의 귀에 그 말이 들어갔다가는 큰일이 날 것이 분명할 테니 말이다.

중종은 대신 말이 배가 고파서 가지를 아니하니, 죽을 좀 쑤어 달라고 청하였다. 시녀와 함께 부엌으로 나가서 죽을 쑤던 신씨의 모습이 떠오르자 중종은 다시 눈시울이 붉어졌다.

그 신씨가 다시 궁 안에 들어와 국모가 되고 원자의 어머니가 되는 것이다. 중종 자신은 물론으로 신씨 역시 얼마나 심장이 두근거릴 것이며, 만백성은 얼마나 기뻐할 것인가. 중종은 온 나라가 자애로운 국모의 사랑 속에서 단박에 태평성대가 될 것만 같은 착각이 들었다.

중종은 다음날 당장 조정대신들과 상의해, 진정 박상과 김정의 말대로 신씨를 다시 환궁시킬 전교를 내리리라 마음먹었다.

정권을 잡고 있는 박원종 일파의 반대

그러나 모든 일이 그렇게 왕의 뜻대로만 되는 것은 아니었다. 정권을 잡은 사람들은 모두 박원종 일파였다. 박원종의 벼슬을 내리라 하나 이것은 자신들의 생명을 뺏는 것이나 마찬가지였고, 폐비 신씨를 다시 궁중으로 모셔 왕후를 삼으라는 것은 장경 왕후 윤씨의 소생인 원자를 폐비 신씨의 아들로 만들어 원자의 지위를 튼튼하게 보호하자는 계책이었다.

그렇게 된다면 앞으로 경빈 박씨나 희빈 홍씨 등 공신의 딸인 후궁들은 영영 왕후가 될 가망이 없을 뿐더러, 앞으로의 정치 세력은 온통 김정과 박상 등의 유림들한테로 돌아가게 될 것은 명약관화明若觀火했다. 그렇게 되는 날에는 참으로 자신들의 앞날은 예상할 수 없었다.

박원종 일파는 박상 등이 왕에게 상소를 올린 그날 밤, 밤을 새워 회의를 한 끝에 그들 역시 박상 등이 올린 상소를 반박하는 상소를 올리기로 결정을 내렸다.

그런데, 그 반박 상소를 누구의 이름으로 올릴 것인지가 문제였다. 그들은 공신들에게 아첨하고 후궁들에게 아첨하며 벼슬 줄을 붙잡고 있었기 때문에 세상에서 볼 때 상소를 올릴 만한 그럴 듯한 선비가 없다는 것이 문제였다.

누군가의 입에서 본시 상소를 올리는 것은 사헌부에서 하는 일이니 그곳에서 하는 것이 낫지 않겠느냐는 의견이 나왔다. 또 일부는 임금에게 어떤 의견을 내거나 잘못을 간하는 곳이 사간원이니 그곳이 더 낫지 않겠느냐는 의견도 나왔다. 그러자 이번에는 저편에서 상소를 올린 김정이나 박상은 글 잘하는 선비로 알려진 이들이니까 이쪽 역시도 경연經筵을 맡아 보는 홍문관 사람이 낫겠다는 의견이 나왔고, 의견은 중구난방으로 갈렸다.

마침내 그들은 그 삼사三司의 장으로 하여금 공동의 이름으로 상소하게 함이 가장 좋을 듯하다는 의견을 만장일치로 좇았다. 일단 결정되자 그들은 곧 박상 등의 상소문을 반박하는 상소문을 기초하기 시작했다.

〈사헌부의 대사헌, 사간원의 대사간, 홍문관의 대제학 삼사는 공동으로 밝고 밝으신 성상께 상소를 올리나이다. 영명하신 전하께서 박상 등의 상소를 적의 처리하신 줄 아옵니다만 혹 그들의 상소에 대해 모르시고 계신 점이나 없으실까 하여 신 등 노파심으로 이 상소를 올리는 바이옵니다. 아시옵겠지만 도대체 박상 등의 상소는 사론邪論이옵니다. 도대체 그들은 정신 상태부터가 불순합니다. 전날 신씨를 폐위할 때 얼마든지 말할 기회가 있었음에도 불구하고 꼼짝 못하고 잠자코 있다가 박원종과 성희안이 죽자, 이제 와서야 폐위된 신씨를 다시 복위하라느니 박원종과 성희안의 공로를 없는 것으로 하라며 떠들고 나오니 도대체 어불성설이옵니다. 만약 박원종 등 반정공신의 공을 깎는다면 그때의 그 빛나는 반정 자체가 아무것도 아니라는 뜻이 되옵니다. 연산 군주의 폭정을 보다 못해 그를 몰아내어 전하로서 다시 왕을 삼고 나라를 바로잡아 오늘의 이 나라가 된 것이 아니옵니까? 그런데 그 반정공신들의 업적을 오히려 역적이라 규정한다면 안 될 말로써, 딱한 사람들의 어리석고 분별없는 억설이옵니다. 신씨의 폐위만 해도 그때 만약에 왕비 신씨를 폐위하지 않았던들 그 아비가 반정을 반대해 죽음을 당한 그 딸로서, 후일 중전의 자리를 이용하여 무슨 짓을 꾸몄을지 그 누가 아는 일이옵니까? 박상과 김정의 상소는 그 근본 뜻이 다른데 있는 것이오며 나라의 민심을 현혹시켜 세상을 소란케 하려는 간특한 잔꾀의 상소이옵니다. 그들이 장차 더 큰 어떤 일을 저지를지 모르오니 한시 바삐 그들을 잡아다가 엄히 다스려 벌을 내려야 할 줄로 아옵니다.〉

박원종 일파는 일단 이와 같은 상소를 올리고 그것만으로는 아무래도 부족할 것 같아 이번에는 조정의 재상들을 동원해 다시 상소를 올렸다.

〈신씨를 폐위하신 일은 전하께옵서 나라를 반정하신 후에 나라의 먼 앞날을 위하여 사사로운 부부의 정을 희생하신 대영단의 일이었습니다. 그리하여 다시 장경 왕후를 저희들 신민臣民의 어머니로서 맞아들이시어 왕자님의 탄생까지 보시었습니다. 요망한 박상, 김정 등이 신민의 어머니이신 장경 왕후께서 승하하신 지 얼마 되지도 않았는데 이러한 간특한 꾀로 농락하려 하니 이는 국모를 무시한 불충불효한 일이옵니다. 오늘 왕후의 자리가 비어 있고 원로 공신들이 세상을 떠난 틈을 타서 그러한 해괴망측한 상소를 올리는 것은 장차 저들이 신씨를 복위시켜 그 공로로써 권세를 잡아 이 나라와 조정을 어지럽히려는 잔꾀에서 나온 것이옵니다. 만약에 그들의 말대로 신씨가 다시 복위되어 중전이 될 경우 신씨는 전하의 초취의 분이옵고 장경 왕후는 다음으로 가례를 올린 분이오라 신씨가 만약에 아들이라도 낳게 된다면 지금의 원자는 서자가 될 수밖에 없사옵니다. 그때에 장차 원자는 어느 곳에 계시게 되며, 버젓이 먼저 탄생을 하신 원자로서 차마 보지 못할 처지가 되오며 세자 문제로 필경 나라 안에 큰 환란이 일지 않는다고 누가 보증하겠습니까? 여염 사가에서도 한번 내쫓은 아내를 다시 맞지 않거늘 하물며 쫓겨난 분으로 다시 국모를 삼는다 함은 있을 수가 없는 일이옵니다. 요망한 소리를 하여 나라를 어지럽히려는 무리들을 하루 속히 잡아들여 목 베어 효시하소서.〉

반대가 거세자 박상과 김정도 가만히 있을 수가 없었다.

〈삼사의 상소와 정승들의 상소는 도대체 말도 안 되는 것이옵니다. 더구나 영의정 송질이라는 위인은 감히 이 문제로 상소할 자격도 없는 원래가 불효한 자입니다. 제 아비의 상중에 상복 차림으로 새집을 짓고 그 인부를 감독하고 거기에 수십 만 평의 땅을 뇌물로 먹은 그런 자가 어찌 아직 영의정으로서 이 나라의 일인지하와 만인지상인 자리에 앉아 있을 수가 있습니까. 그런 자로서 나라의 국모에 대한 의논에 참석하도록 해서는 안 될 것입니다. 송질 같은 자는 이 일이 아니더라도 엄히 처벌하여 신민들에게 그 본을 보이셔야 합니다. 더욱이 그들의 상소 자체도 전연 어불성설이옵니다. 폐비도 정궁이요, 돌아가신 장경 왕후도 계비인 정궁이옵니다. 정궁으로서의 자격은 두 분 중 어느 한 분이 위고 어느 한 분이 아래고가 없이 똑같으십니다. 설혹 정궁의 아들인 원자를 다시 신비의 아들로 삼는다 해도 적자이기는 마찬가지이옵니다. 만약에 신씨께서 아들을 낳으신다 해도 어찌 그들이 지금의 원자를 제쳐 놓고 적자라 하시겠습니까? 저들의 적서론嫡庶論은 도대체 말도 안 되는 견강부회牽强附會의 억지 사론이오니 그 점 밝게 살피시어, 소신들의 의견에 좇아 만백성의 기쁨을 하루바삐 보게 하옵소서.〉

그러나 역시 공신 편에서도 또다시 박상 등을 반박하는 상소가 올라갔다.

〈신씨가 다시 왕비가 되시어 대궐에 들어오신 뒤에 아들을 낳는 경우 지금의 원자가 서자가 되는 것은 아니라 하더라도 지금의 원자께서는 어마마마가 안 계신 분이고 신씨의 아들 되는 분은 어마마마가 계신 분이 됩니다. 그럴 경우 자신의 아들을 제쳐 놓고 남의 아들로서 세자를 삼겠다 하는 사람은 아마 이 세상에 없을 것입니다. 이 점 통촉하시어 박상과 김정을 목 베시고 인신을 잠시나마 어지럽힌 죄를 밝히시옵소서. 만약에 이자들을 그대로 두었다가는 후일 큰 변괴

가 나라 안에 일어날 것 같아 두렵사옵니다.〉

집권자들은 자신들의 생사가 백척간두百尺竿頭에 달리게 되자 목숨을 내걸고 박상과 김정을 궁지로 몰아넣어 버렸다. 언제든 사태는 집권을 하고 있는 벼슬이 높은 무리 쪽이 유리한 법이었다.

중종은 대신들의 힘에 못 이겨 박상과 김정을 귀양 보낼 것을 검토하지 않을 수 없게 되었다.

좌절되는 폐비 신씨의 꿈

조정 안이 신씨 복위로 하여 어수선할 무렵 죽동궁에 있는 폐비 신씨에게는 그제야 장경 왕후의 국상 소식이 전해졌다.

어느 날 신씨의 시비 난蘭이 밖에 나갔다가 턱까지 찬 숨을 몰아쉬며 달려와서는

"곤전 마마, 국상이 났다 하옵니다. 새 왕후 마마께옵서 원자를 탄생하신 후 산후증으로 돌아가셨다 하옵니다."

하는 것이었다. 신씨를 모시는 시녀들은 신씨가 폐비된 지 10년이 되었건만 아직도 그녀를 곤전 마마라 불렀다. 신씨는 깜짝 놀랐다. 이제 스물 댓밖에 안 된 왕비 윤씨가 세상을 떠난 데 안타까워하던 신씨는 곧, 엄마가 없는 원자의 미래가 걱정되었다.

나라에서 한참 국상의 처리와 신씨의 복위에 대한 논의로 법석이었으나, 신씨의 집은 여전히 쓸쓸한 바람이 불었다.

그러던 어느 날이었다. 뜻밖에 30대 중반이나 되었을 듯싶은 사

나이가 찾아와서는 자신은 신씨의 먼 친척뻘 되는 신사민慎思民이라고 인사를 하는 것이었다. 중종반정 때 신씨의 아버지 신수근을 비롯해 삼촌이며 조카들까지 모두 죽고 나머지 일가들도 모두 풍비박산으로 흩어진 신씨 일가였다. 혈연 없이 외로이 지내던 신씨는 일가라 하니 반가운 마음이 우선 들었다. 신사민이 싱긋 웃으며 말하였다.

"이제 우리 신씨네도 운이 좀 열리려나 보옵니다."

그 말이 무슨 뜻인지 이해하지 못하는 신씨에게 신사민은 박상과 김정이 상소를 올려 신씨를 다시 중전으로 맞이하려 한다는 소식을 전했다. 신사민은 박상과 김정은 비록 시골에서 고을살이를 하는 미미한 선비이지만 그 뒤에는 상감의 지극한 사랑을 받고 있는 조광조가 있으니 믿고 기다려 보라는 이야기를 전했다.

이 이야기를 듣고 누구보다 기뻐한 것은 10년 동안 폐비 신씨를 모시고 있는 시비들이었다. 시녀들은 그저 어디라 할 것도 없이 손을 모으고 발원하였다.

곁에서 조카 신사민의 얘기를 조용히 듣고만 있던 신씨의 눈에 뽀얀 안개가 서리기 시작했다. 지내 놓고 보니 벌써 10년의 세월이 흐른 것이다. 궁에서 상감과 울음으로 작별하고 가마를 타고 나온 지가 바로 엊그제 같은데, 참말이지 꿈에나마 두 번 다시 뵐까 싶은 남편이었다. 목숨이 모질어 차마 죽지 못하고 참아 온 신씨였다. 그런데 이제 조정 안에 그런 여론이라도 일고 있다니 이야말로 하늘이 굽어 살피신 덕이라 생각되었다.

이날 이후 신씨는 좀체 잠을 이루지 못하였다. 지난 생각, 그리고 앞으로 왕의 부름을 받고 궁에 들어가게 되면 어떻게 해야겠다는 생각들 때문에 영영 잠이 오지 않는 것이었다.

시녀들도 그날 이후로는 공연히 마음이 들떠 일이 손에 잡히지 않았고 대문 밖만 내다보고는 했다.

이렇게 조바심치는 나날이 계속되는 중 조카 신사민이 또 찾아왔다. 이번의 소식은 좋지가 않았다. 공신들 때문에 일이 더뎌진다는 소식이었다.

그런 며칠 뒤 신사민은 선비의 영수 조광조가 직접 상소를 올려 박상과 김정의 말이 옳다는 뜻을 폈으나, 김안로가 공신들의 앞잡이 노릇을 해 일을 모두 그르친 사실을 전했다.

얘기를 마친 신사민이 한숨을 내쉬자 폐비 신씨는 말하였다.

"이 사람아, 내가 언제 왕후가 되어 궁중으로 들어가겠다고 하던

중종 원비 단경 왕후 신씨의 온릉. 경기도 양주시 일영리.

가? 공연히 나를 중간에 놓고 이러니저러니 시끄럽게 하지 말라 이르게. 세상만사가 다 귀찮으니 그저 이대로 조용히 살다가 갈 길로 가면 그만 아닌가? 친정아버지나 그 형제들 소생이라고는 나 하나뿐일세. 살아 있는 동안 원통하게 돌아가신 부모님의 향화香化나 받들다가 죽겠네."

분함을 못 이겨 씨근거리는 신사민을 오히려 위로해 보낸 신씨는 돌연 불안해지며 마음이 어수선해졌다.

민족 역사의 좀 김안로의 술책

중종은 조광조를 비롯한 유림 일파와 남곤 등 공신 일파의 두 틈바구니에 끼어 실로 어찌할 바를 몰랐다. 노심초사하고 있는 임금을 보며 이때, 기회를 엿보는 한 선비가 있었다. 바로 홍문관직제학으로 있는 김안로로서 그는 1506년(연산 12) 문과에 장원급제를 해 벼슬이 직제학에 이르렀다. 낌새를 보며 출세의 기회를 잡는 위인으로 이름이 높은 김안로가 이 기회에 상소를 올린 것이었다.

〈홍문관직제학 김안로는 삼가 성상께 상소를 올리나이다. 지금 조정의 두 갈래로 나뉜 여론을 들어 보오니 두 편의 말이 다 옳습니다. 바른말하는 신하를 아끼라는 조광조의 말도 옳고, 신씨를 다시 복위시킬 수 없다는 이행과 권민수의 말도 옳습니다. 그러니 박상, 김정을 귀양 보내고 권민수, 이행의 벼슬을 갈아 버림으로써 조정 안에 갈린 두 갈래 여론을 무마하소서.〉

상소를 접한 중종은 무릎을 탁 쳤다. 김안로의 꾀가 마음에 들었기 때문이었다. 이럴 수도 저럴 수도 없어 고심하는 참에 십상 좋은 방안을 김안로가 제시해 준 것이었다. 두 파의 말이 다 옳다고 해 놓고 벼슬을 슬쩍 바꾸면 떠들어 대지 않을 것이 확실하였다. 중종은 당장 내시에게 정원에 있는 도승지를 불러들이도록 일렀다.

이윽고 명을 받든 도승지가 들어와 부복하자 왕이 말하였다.

"담양 부사 박상과 순창 군수 김정을 전라도 남원南原과 충청도 보은報恩으로 각각 귀양 보낸다 전교를 써라. 그리고 이어 사간 이행과 대사헌 권민수의 벼슬을 뗀다는 전교를 쓰도록 하라. 또 병조판서 이장곤을 대사헌으로 임명하고 직제학 김안로에게 대사간을 임명할 터이니 그 임명장도 쓰도록 할 것이며, 다음으로 정언 조광조는 직제학을 제수할 것이니 그 역시 쓰도록 하라."

한편 두 편이 다 옳다고 주장해서 대사간과 대사헌을 해임시켜 버린 김안로는 곧 조광조를 찾았다.

"어떻소, 영감. 내가 했던 주장이 옳지 않소? 바른말하는 사람을 눌러 버려서야 이 조정 안에 바른말하는 사람이 하나나 있겠소? 선비들의 말하는 길을 터 줘야지."

김안로는 선비의

이장곤은 벽진 이씨로 「벽진이씨 세장지」 표석이다. 경기도 포천시.

영수인 조광조에게 긴한 체 한마디를 붙이며 그를 올려다보았다. 조광조는 김안로의 요사스런 눈매를 바라보자 불쾌했으나 그 얼굴을 외면하며 답하였다.

"선비들의 바른말하는 길을 터 준다고 박상과 김정의 말이 옳다 하면서, 신씨의 복위는 불가하다고 주장한 것은 도대체 무슨 논법이오? 그른 건 그른 거고 옳은 건 옳은 것이지, 다 옳은 법이 세상에 어디 있단 말이오?"

김안로는 새로 일어나는 신흥 세력인 조광조에게 아첨하며 붙어 보려 알랑거리다가 단번에 퇴짜를 맞은 채 무색해져 돌아갔다.

그러나 김안로는 단순한 사람이 아니었다. 이번에는 벼슬에서 떨어진 대사헌 권민수와 사간 이행을 찾았다.

"영감들, 내 말을 원망들 마시오. 우선 이렇게 해 놓아야 딱따구리 같은 조광조 일파의 여론을 막을 것이 아닙니까? 두 분의 벼슬이 잠시 떨어졌지만 뒷길이 얼마든지 있지 않소. 이래 놓아야만 신씨가 다시 복위되기 어렵게 된단 말씀이오. 신씨가 다시 복위되는 날에는 영감들의 장래가 여지없게 되는 게 뻔하지 않소."

간에 붙었다 쓸개에 붙었다 하는 김안로는 얼굴을 노려보는 권민수에게 김안로는

"정치란 그런 게 아니겠소. 또다시 뒷날이 있겠지요."
하며 싱긋 웃고는 돌아갔다.

이렇게 하여 김안로는 양측 모두의 눈 밖에는 났지만 임금한테는 총애를 받게 되었다. 중종이 김안로를 불러 보니 올린 상소문과도

같이 얼굴도 잘 생기고 행동거지나 옷매무새도 선인같이 단정하여 더욱 마음에 들었다.

"경이 이번에 양시론兩是論의 상소를 올려서 난마亂麻같이 흩어진 조정이 무마되었으니 경의 공이 매우 크오"

중종이 김안로를 칭찬하자 그는 성상을 올려다보며 말하였다.

"모두 다 성상께서 밝으시고 어지신 덕이옵니다. 소신이 아무리 그런 상소를 올렸다 해도 성상께서 이를 받아들이지 않으셨다면 무슨 소용이 있었겠사옵니까."

김안로의 말에 중종은 흡족하였고 이후로도 나라를 위해 더욱 힘써 줄 것을 당부하였다. 김안로는 기다렸다는 듯이 백골이 진토가 되도록 성상을 위해 신명을 다할 것을 다짐하며 대전 마루에 눈물을 뚝뚝 떨어뜨렸다.

중종은 곧 도승지를 불러 참의 자리 중에 공석이 있는지를 확인하였다. 그중 이조참의 자리가 비어있자, 왕은 직제학 김안로를 그 자리로 전보하고 제수할 것을 명하였다.

중종 입장에서는 여태껏 이러한 신하를 만나 본 적이 없었다. 중종은 김안로에게 벼슬을 더 높여 주고 싶었고 이튿날 승지를 어전에 불러 김안로를 이조참판으로 제수할 것을 명하였다. 기막힌 영광이었다. 이조참판은 판서 다음 가는 자리로, 바로 어제 이조참의 옥관자玉貫子를 붙였는데 하룻밤을 자고 나니 이조참판의 금金관자를 붙이게 된 것이었다.

이는 김안로 집안의 경사임은 물론, 이로써 김안로는 일약 벼슬아치들의 부러움의 대상이 되었다.

김안로와 손을 잡는 윤임

　김안로가 별안간 상감의 사랑을 받고 벼슬이 마구 뛰어 오르자 이를 심상치 않게 지켜보는 이가 하나 있었다. 그것은 하세한 장경왕후의 오빠 윤임이었다. 바로 어제까지만 해도 그 앞에서는 머리조차 제대로 들지 못하던 자들이 누이인 왕후가 죽으니까 태도가 싹 달라졌다. 세상인심이란 참으로 야박하여, 윤임은 마치 끈 떨어진 뒤웅박 같은 신세가 되어 버린 것이었다. 이제 또 누구든 왕후가 되는 그 척신이 자신을 대신해 세도를 쓸 것이라고 생각하니 참으로 기가 막혔다.

　윤임은 자신이 사는 길은 어떻게든지 원자를 잘 보호하여 그 원자로 하여금 지금 왕의 대통을 잇게 하는 길뿐이라고 생각했다. 폐비 신씨를 다시 복위시키자고 주장하는 일파가 있었으나 그것은 자신과는 뜻이 다른 사람들의 주장이었다. 그런가 하면 폐비 신씨를 복위시켜서는 안 된다는 공신들의 주장은 더더욱 자신과는 인연이 먼 주장이었다. 그들의 주장인즉 후궁 중의 하나를 중전으로 천거하자는 것인데 그럴 경우 지금의 후궁들이 낳은 아들들이 있으니 원자의 지위가 위험할 것은 십상팔구였다.

　도대체 이를 어찌해야 할지를 노심초사하던 윤임은 조정의 귀추에 귀를 기울이며 하루하루 세상 돌아가는 분위기를 살피고 있었다.

그러던 차에 김안로가 별안간 이조참판이 되고 상감의 지극한 신임을 받게 되었다는 소식이 들렸다. 이 소식을 알게 된 윤임의 머리에 떠오르는 생각은 바로 윤임의 아들이었다. 윤임은 곧 상노床奴를 불러 김안로를 부르도록 명을 내렸다.

상노가 뛰어 다녀온 지 반 시감쯤 되었을 무렵 김안로가 도착했다. 윤임은 마루까지 나와 김안로를 친히 맞으며 말했다.

"내가 가야 할 일을 영감에게 와 주십사 하여 미안하오. 승진을 축하하오."

전 같으면 판돈령부사로서 이조참판쯤을 그렇게 맞아들일 생각은 하지도 않았을 것이다. 곧 이들이 마주 앉은 윤임의 사랑에는 주안상이 크게 차려져 나왔다. 김안로는 윤임이 웬일로 자신을 불렀을까 궁금해 곁눈질로 그의 눈치를 살피며 술잔을 받았다. 그가 마시고 난 술잔을 윤임에게 건네어 주자 윤임은 술을 받으며 참으로 천하의 실재實才라는 등 칭찬을 늘어놓았다.

속을 알 수 없는 웃음을 얼굴에 띠우며 김안로가 바라보자 별안간 윤임은 김안로의 손을 덥석 잡으며 말했다.

"나라 일을 장차 어찌해야 좋을지 참으로 걱정이오."

"무슨 걱정이옵니까? 위로는 밝으신 상감마마가 계시고 아래로는 대감 같으신 신하가 계시온데……."

말하며 김안로는 간사한 웃음을 보였다.

"그야 지금은 영특하신 상감이 계시니 별문제라 하겠지만 원자께서 핏덩이로 계신 채 모후께서는 돌아가고 안계시니 어찌 걱정이 아니오?"

　간특한 김안로는 벌써 윤임이 자기를 부른 뜻을 알아차렸다. 김안로는 모후께서 승하하셨다 하나 원자는 어디까지나 원자이니, 당연히 앞으로 세자로 봉하고 또 다음에는 왕위에 오르셔야 할 것이라 대답했지만 누구보다 현실의 위태로움을 잘 아는 이가 김안로일 터였다.

　김안로의 말은 정석일지는 몰라도 공신들은 죽은 왕후를 대신해 후궁 중 누군가를 중전으로 모시고 싶어 했고, 그렇게 되면 그들 소생으로 세자를 삼자 할 것은 당연한 이치였다. 윤임의 근심을 들은 김안로는 '과연 그 말이로구나' 했으나 윤임이 원하는 바를 말하기 전까지 그는 자신이 해야 할 말을 잘 알고 있었다.

　"그건 안 될 말씀이지요. 우리나라의 법률에는 적서嫡庶의 구별이 엄연합니다. 아무리 후궁 중에서 정비로 승차하는 후궁이 있다 하더라도 후궁으로 있을 때 탄생한 아들은 적자가 되지 못합니다. 어디까지나 서자이지요. 막중한 상감의 자리에 앉을 분이 서자래서야 되겠습니까? 또한 만약에 새 왕비가 아들을 낳을 경우에는 엄연히 형제의 서열이 있으니 역시 지금의 원자께서 세자가 됨은 당연하지 않겠습니까?"

　김안로가 차근차근 말하자, 그 소리를 듣는 윤임은 참배를 먹는 듯 속이 시원했다. 서서히 본론을 꺼내도 되겠다고 판단한 윤임은 만일 왕비로 후궁을 택하지 않고, 여염 재상의 집에서 간택한다면 어떻겠는지를 넌지시 물었다. 김안로의 대답은 역시 윤임이 원하는 그것이었다. 늦게 태어난 사람이 형님이 될 수 없으니 원자가 세자가 되는 것은 매일반이라는 것이 김안로의 대답이었다.

윤임의 기분은 실로 오래간만에 좋아져 김안로에게 칭찬을 늘어놓으며 넌지시 다음 질문을 던졌다.

"영감에게 자제가 있다는 말은 들었는데 올해 몇 살이라 했는가."

별안간 윤임이 자신의 아들 얘기를 꺼내는 것이 이상하다 생각하던 김안로는 윤임에게 딸이 있다는 사실이 떠올랐다. 이 말은 필경 사돈을 맺자는 뜻이 아닌가. 얼른 그 뜻을 짚은 김안로는 일이 그렇게 된다면 괜찮은 일이라는 판단이 섰다. 김안로 자신은 참판이고, 장경 왕후의 오빠 윤임은 판부사가 아닌가? 현재의 지체로 보아도 윤임이 높을 뿐 아니라 비록 그 누이가 세상을 떠났다고는 하지만 엄연히 원자의 외삼촌이 되는 사람이었다. 후일 원자가 등극하게 되면 자신의 며느리가 바로 임금과 내외종內外從 간이 되는 것이었다. 김안로는 속으로 모조리 계산해 보고는, 답하였다.

"이제 겨우 열두 살이옵니다."

그의 눈치를 살피는 김안로에게 윤임이 이어 말했다.

"내가 한번 봤으면 싶은데 볼 수 있겠소?"

하고 물었다. 김안로는 별안간 제 자식은 왜 보자고 하는 건지 도통 이유가 떠오르지 않았다. 그러나 김안로는 쾌히 대감이 아들 얼굴 한번 보는 것이 무어 문제 되겠느냐며 미소지었다. 윤임은 좋은 일이니 걱정 말고 돌아가 있으라며 느지막이 김안로의 집으로 직접 가 자제를 만나 보겠다는 뜻을 보였다. 윤임의 그 말에 김안로는 더욱 궁금증이 일었다.

 김안로가 생각하기에 필경 윤임이 자기 아들을 보자 함은 혼사 얘기가 아니고는 다른 것이 없을 것 같았다. 그러나 아들을 가진 사람 집에서 아무리 대감의 자식과 혼인하게 된다 하더라도 아들을 내다보이면서까지 혼인하는 경우는 없을 것이었다. 그러나 김안로는 나라의 판부사가 자기네 집을 들르겠다는 것이 과히 싫지는 않은 일이기도 해 그만 슬그머니 승낙하고 말았다.

장경 왕후의 딸 효혜 공주와 김안로 아들의 혼인

 김안로가 집으로 돌아간 뒤 두 시간 쯤 지날 무렵 윤임은 구종 별배驅從別陪에게 사인교를 준비하게 해 김안로의 집으로 향했다. 별배들의 벽제辟除 소리에 김안로는 윤임이 온 것을 알고 집 밖에까지 손수 나가 윤임을 맞았다.

 김안로의 집은 조그마한 기와집이었다. 이제까지 직제학이라는 작은 벼슬에 있었으니 집도 작은 집일 수밖에 없었다. 김안로는 윤임을 대문 옆 울안 사랑의 일각대문一角大門 안으로 인도했다. 방으로 들어간 윤임에게 김안로가 개잘량을 권했고 윤임은 자리에 앉자마자 지금 자제가 집에 있는지를 물었다.

 김안로는 지금 글방에서 글을 읽고 있는 중이라며, 문밖에 대령하고 있던 상노를 불러 아들을 부르도록 했다.

 이윽고 김안로의 아들이 환한 차림을 하고 들어왔다. 붉은 의복에 남색 띠를 두르고 치렁거리게 땋머리에 검은 갑사댕기를 드리고는 높직이 모시 행전을 치고 삼승三升 버선을 신은 아들의 모습은 나이에 비해 훨씬 숙성했다.

김안로는 아들에게 윤 판부사 대감으로, 장경 왕후 마마의 오라버니고, 원자 마마의 외삼촌이라고 소개하며 절을 시켰다. 김안로의 아들은 아버지의 영을 받들어 윤임에게 공손히 절을 올리고 다시 일어나 두 손을 마주 잡아 단정히 모으고 섰다.

진사립眞絲笠을 번쩍거리면서 한동안 김안로의 아들을 바라보던 윤임은 귀여운 생각이 들었다. 그가 이름을 물으니

"복희禧자, 희라 하옵니다."

하는 김희의 대답에 이어 윤임은 김희에게 지금 하고 있는 공부는 무엇인지를 물었다.

"사서四書를 다 마치고 지금 『시전詩傳』을 배우고 있습니다."

김희의 대답에 윤임은 깜짝 놀랐다. 열두 살에 『시전』을 읽는다면 신동이 분명했기 때문이었다. 그런 윤임 곁에서 김안로는 만족스러운 듯 벙싯벙싯 웃었다.

김안로의 아들이 물러가자 윤임은 비로소 본뜻을 내비치며 말하였다.

"내 생질녀가 하나 있소."

김안로는 의외였다. 김안로는 윤임이 그 딸과 자신의 아들을 혼인시키고 싶어 한다고 생각했기 때문이었다. 누구의 딸을 말하는 것이냐고 의아해 하며 묻는 김안로에게 윤임이 말했다.

"내 누이는 장경 왕후 한 분밖에는 안 계시오. 그 따님 효혜 공주 애기요."

김안로는 그만 숨이 다 막히는 듯했다. 금시발복今時發福도 유분수지 이럴 수가 있을까 싶었다. 하루아침에 자신의 벼슬자리가 오른 것 하며, 이제 자신이 임금과 사돈이 되고 자신의 아들은 부마駙馬가 되어 왕가의 외척이 된다는 것을 생각하자 눈앞이 아찔하지 않을 수 없었다. 얼떨떨해진 김안로는 잠시 대답을 잇지 못하다가, 이는 현기증을 겨우 수습하고는 넌지시 수염을 쓰다듬었다. 그리고는 아무렇지 않다는 듯 말을 이었다.

"글쎄올시다, 원래 우리나라 맑은 선비의 기풍은 부귀영화를 탐내 국혼國婚하는 것을 과히 긴하게 생각 않았지 않습니까?"

김안로는 보통 사람이 아니었다. 그는 기다린 일이었다는 듯 대답하지 않았다. 세상에서는 자신을 두고 임금의 비위를 맞추며 벼락감투를 썼다고 손가락질하는 무리들이 많았지만, 국혼 앞에서도 감지덕지하지 않는 선비의 기풍이 있음을 판부사 윤임한테 보이고 싶은 김안로였다.

그러니 이번에는 윤임이 당황하였다. 그러나 윤임 역시도 만만치 않아, 김안로를 추어올려 주며 그가 어떤 판단을 내릴지 저울질해 보았다.

"물론 그런 기풍이 있지만 이조참판 같은 훌륭한 선비의 집에서 공주한테 혼인을 꺼리면 세상 천지에 공주란 사람은 어디 시집을 가고 살겠소. 안 그렇소?"

김안로는 자칫 더 버티다가는 모처럼 덩굴째 떨어진 호박을 발로 차 던지는 격이 될지도 모른다는 두려운 생각에 얼른 대답하였다.

"하오나 너무 황송쩍고 자식이 원체 부족해서 그러하옵니다. 그러면 판부사 대감 말씀에 따르겠습니다. 알아서 처분하십시오."

김안로의 대답을 들은 윤임은 곧 대궐에 입시해 중종을 만났다. 윤임은 현재 중종이 김안로를 얼마나 총애하고 있는지 잘 알면서도 이조참판 김안로를 아는지를 여쭈었다. 중종은 골치 아픈 사건을 바로잡게 해준 그 사람을 왜 모르겠느냐며 김안로의 공을 치켜 주었다. 그제야 윤임은 자신이 왕을 찾아 온 목적을 말하였다.

"그렇지 않아도 신 역시 김안로를 직접 만나 보았습니다. 그에게 희라 하는 당년 열두 살난 아들이 있습니다. 효혜 공주 아기씨 생각이 나서 그 아들을 신이 직접 만나 본 것입니다. 벌써 사서를 떼고 『시전』을 읽고 있는데 제 아비를 닮아서 매우 총명하고 영특하였습니다. 이번에 아주 그리로 대혼을 함이 어떠할까 하여 전하께 그 상의를 드리러 들어왔습니다."

김안로에 대한 신뢰가 대단한 중종으로서는 거절할 이유가 없었다. 왕은 윤임이 나서서 혼례를 주선하도록 하였고 그 며칠 후, 중종은 효혜 공주의 대혼을 김안로의 아들에게로 내릴 것을 정식으로 결정했다.

김안로의 집으로는 칙사가 나오고 김안로의 아들 김희는 일약 공주한테 장가 들 부마도위駙馬都尉가 되었다. 김안로는 들뜨는 기분을 가라앉히기가 힘들어 안팎으로 드나들었고, 그의 집으로는 국혼을 치하하는 공경대부公卿大夫의 사인교가 끊이질 않았다. 김안로는 일약 나라의 사돈인 대세력가가 된 것이었다.

호화로운 가례를 치른 며칠 뒤, 김안로의 벼슬은 판서로 뛰어 올랐다. 윤임은 다시 김안로를 찾아 축하의 말을 건네고는 넌지시 말하였다.

"대감도 이제 국혼을 하셨으니 궁 안의 일에 각별히 신경을 써 주셔야 겠소이다. 그동안이야 나 혼자 걱정을 하고 했지만 혼자 일이 어디 성과가 제대로 나와야 말지지요. 이제 김 대감과 모든 일을 상의하겠소. 앞으로 뭣보다 중한 일은 부마의 처남 되는 원자를 보호하는 일입니다. 효혜 공주와 원자만이 내 돌아가신 누이의 소생 아니겠소."

이렇게 해서 윤임은 돌아간 누이 장경 왕후의 소생 효혜 공주를 김안로의 아들에게 하가下嫁시키며 하나의 안정된 정치 세력을 이루었다.

중전으로 천거되는 윤지임의 딸

이로써 조정의 정치 세력은 세 갈래로 갈리게 되었다. 한 갈래는 곧고 바른 선비들로 구성된 조광조를 주축으로 한 일파이며, 다음은 이를 견제해 신씨의 복위를 반대하고 후궁 중의 하나를 중전으로 책봉케 하려는 남곤과 심정을 주축으로 한 수구 세력, 그리고 세 번째가 바로 윤임과 김안로 일파였다.

그들은 각기 다른 복안을 갖고 나라의 장래 혹은 개인의 부귀영화를 위해 자신들 파가 유리한 위치를 점령하도록 가진 권모술수를 쓰고 있었다. 이에 맞서 윤임과 김안로도 어느 파 못지않게 다른 세력을 견제하고 일신의 이익을 위한 의견을 모의하기에 힘을 다했다. 특히 새로 임금의 사돈이 되고 일약 벼슬이 홍문관직제학에서 이조판서의 자리에 올라 신흥 세도가가 된 김안로는 권력의 맛을 알게 되면서 자신의 안보에 안간힘을 다하였다.

어느 날 김안로는 윤임의 사저를 찾아 왕비 천거 문제에 대해 논의하였다.

"판부사 대감, 시생은 이제 국은을 두텁게 받고 있는 척신의 집안이 되었으니 더욱 나라 일에 관심을 안 가질 수 없게 되었습니다. 지금 대감의 누이 되시는 장경 왕후께서 하세하신 후 상감께서는 아직 홀로 계시고 원자께서도 어마마마를 잃은 채 고아처럼 계시옵니다. 이런 터에 조광조 일파에서는 아직도 폐비 신씨의 복위를 위한 집념을 버리지 않고 있는 듯하고 그런가 하면 남곤, 심정 등은 여전히 후궁 중 하나를 왕비로 천거하려 하고 있습니다. 그러니 그대로 방치해 두었다가는 필경 어느 한 파의 계획대로 되고 말지 않겠습니까?"

윤임 역시도 걱정스러운 얼굴빛으로 말하였다.

"신씨가 다시 복위된다면 우리로선 안 될 일이지요. 신씨가 만일 입궁하여 곧 아들이라도 하나 낳아 보십시오. 아무리 지금의 원자가 형님이 된다고는 하지만 어머니 밑에 있는 아들만은 못하지요.

윤지임 묘소. 문정 왕후와 소윤 윤원형의 아버지. 경기도 파주시 당하리.

후궁들 역시도 마찬가지고 말입니다."

김안로는 먼저 자신들 편에서 누군가를 중전 감으로 천거해야 할 것 같다는 뜻을 보였다. 그러나 윤임에게는 어떤 여염의 처녀라도 궁으로 들어가 아들을 낳게 되면 역시 원자의 적이 되는 일이니 걱정이었다. 윤임은 그렇게 할 수만 있다면 중종에게 왕비를 들이고 싶지 않은 마음이었다. 그러나 그럴 수가 없으니 문제였다. 누구의 딸을 중전으로 삼는 것이 좋을지 고민을 하는 윤임에게 김안로는 무언가를 생각하듯 눈을 한번 지그시 감았다 뜨며 말하였다.

"저, 대감네 일가에 윤지임尹之任이란 사람이 있습니까? 그 사람에게 올해 열일곱 살 난 딸이 있다는데 아주 절색에 학문도 많이 닦고 있다는 말이 있습니다. 제가 집에서 그런 걱정을 하였더니 집사람이 어디서 소문을 듣고 와서는 저에게 말하기에 알았습니다. 어떻습니까, 판부사 대감. 그쪽을 한 번 알아보시지 않겠습니까?"

윤지임에게 그런 딸이 있다면 윤임에게는 그야말로 좋은 일이었다. 이렇게 의견의 일치를 본 그날 밤 윤임은 일가 윤지임을 자기 집으로 불렀다. 윤임은 윤지임이 들어오자 다짜고짜 그에게 딸이 있는지부터 물었다. 윤지임은 얼떨떨한 채로 딸이 하나 있다고 대답하였다.

윤지임은 구차하게 사는 호반으로, 그는 일가 어른인 윤임이 별안간 부르자 혹 아들들이라도 어디 천거해 주려 하는 것 아닐까 내심 생각하고 온 차였다. 그런데 윤임이 아들 얘기는 꺼내지도 않고 딸 이야기만 하니 윤지임은 윤임이 왜 그러는지 영문을 알 수 없어 그 기색만 살필 뿐이었다. 그런데 잠시 뒤 윤임이

"자네 딸을 위에 말하여 간택해 본 뒤에, 왕후로 모시려는 데 의향이 어떤가?"

하는 것이었다. 그 말에 윤지임은 그만 경풍에 걸린 듯 벌벌 떨려 말도 제대로 못하고 제정신을 차리지 못하며 앉아 있기만 했다. 윤지임은 너무 황송한 말씀이라 뭐라 여쭈어야 할지 모르겠다는 말만이 겨우 생각날 뿐 어떻게 대처해야 할지 알 수 없었다. 그런 윤지임을 바라보며 미소를 보이던 윤임이 말했다.

"원 사람도, 딸을 잘 두면 부원군도 되는 것이지 황송하긴 뭐가 황송하단 말인가? 내 딸과 진배없이 알고 자네 딸을 들여보내려는 것이고 또 뒤에는 내가 있으니 그렇게 생각할 것 없네. 내일이라도 우리 집사람을 자네 집으로 보내 딸에게 모든 궁중 예법을 가르치게 할 터이니 아이한테도 미리 일러 놓게."

상처하고 홀로 자식들을 키우며 아이들의 장래를 걱정하던 윤지임에게는 정말이지 뜻밖의 일이라 경황이 없었다. 윤임은 그런 윤지임에게, 하인을 시켜 그의 집으로 쌀 서너 섬과 피륙 두어 필을 보낼 테니 쌀은 옷감으로 바꿔 아이의 옷을 짓고 남은 것은 당분간 식량에 보태도록 하라고 일렀다. 윤지임은 그저 감격해 무릎을 꿇고 눈물을 흘렸다.

이렇게 해 윤지임의 딸을 왕후로 추진할 것을 조용히 회동한 뒤에, 김안로가 임금을 직접 만나 이를 권하기로 하였다. 윤임이 임금을 못 만날 바는 아니지만 세상의 이목이 있으니, 아무래도 그런 문제라면 김안로 쪽이 나을 것이라 판단한 것이다.

이조판서 김안로는 단독으로 대궐에 들어가 임금과의 독대를 청했다. 전 같으면 어림도 없는 소리지만 이제는 당당한 이조판서이자 임금과는 사돈 간이었다. 중종은 정중히 사돈 김안로를 맞았다.

"소신 김안로, 전하께 아뢰옵니다. 그동안 나라 안에 오랫동안 왕비 전하의 곤위가 비었으니 신민이 모두 의지할 데가 없사옵니다. 하루 속히 왕비 마마를 정하시어 신민의 의지할 데 없는 마음을 화락하게 하소서."

김안로의 안상한 모습과 어조는 진실로 왕실을 걱정하고 왕비가 없어 쓸쓸해하는 기색이 역력한 듯하였다. 중종은 이 사람이야말로 참으로 나라와 왕실을 염려해 주는 사람이구나 다시 한 번 생각지 않을 수 없었다.

하지만 유림에서는 폐비 신씨를 복위시키라 주장하고 공신 일파는 후궁들 중 하나로서 왕비를 삼으라고 하며 입장 차를 좁히지 않으니 문제였다. 중종이 그에 대해 난감함을 표하며 김안로에게 좋은 방안이 없는지를 물었다. 중종은 김안로가 전에도 의견을 내어 분분하게 흩어진 조정 여론을 무마한 때부터 그를 매우 신임하며 여러 조언을 얻기 원하였다.

"그것은 소신이 전에 말씀드린 바와 같사옵니다. 즉 폐비 신씨를 모셔도 안 되고 후궁을 정비로 모셔도 안 됩니다. 그 양측 중에 하나로 하신다면 주장이 실현되지 못한 세력들이 또 가만히 있지 않을 것이옵니다. 이제 전하께서 용단을 내리시고 사대부 집의 규수를 간택하시어 왕비로 삼으소서. 그 방법이 소신의 의견으로는 가장 중도적이며 좋은 방법으로 사료되나이다."

과연 김안로의 말대로 전혀 의외의 인물을 간택한다면 유림과 공신 일파 모두의 주장을 피하면서 조정의 미묘한 분위기도 상쇄하게 될 것 같았다. 중종은 김안로의 말이 옳다고 생각하였다.

한편 윤임은 자신의 부인을 윤지임의 집으로 보내 그의 딸에게 간택 때 거행할 여러 궁중 법도와 풍속을 교습하는데 여념이 없었다. 윤임의 아내 정부인은 윤지임의 딸이 첫눈에 마음에 들었다. 비록 가난하고 어머니가 없어 의복은 남루했지만 그 몸은 마치 베주머니 속의 구슬처럼 맑고 아름다웠다.

처음에는 구차한 살림에 어미마저 없이 자라 온 아이를 어떻게 가르쳐서 간택을 보이나 하고 대단히 걱정을 하였으나 실제 아이의 모습을 보니, 범사가 훌륭해 오히려 정부인 자신이 무색할 지경이었다. 게다가 얼굴까지 아침 이슬을 머금은 장미꽃같이 아름답고 몸매도 학처럼 날씬하고 고왔다. 굳이 흠을 잡자면 몸이 약한 것 정도였다. 머리 또한 총혜해서 궁중 풍속과 법도에 대해 한번 가르쳐 주면 한마디 더할 것이 없었다.

절을 할 때는 정배正拜로 드리지 않고 곡배曲拜로 드려야 한다는 것과 어법에 있어 잡수신다를 젓수신다로, 진지를 수라로, 의복을 의대로, 걸을 때는 이렇게, 앉을 때는 이렇게 등 한번 가르치면 두 번 고쳐 할 것 없게 척척 해내었다. 정부인은 윤지임 여식의 말씨와 모습이 이미 궁중에 익숙한 사람처럼 잘하는 것에 참으로 감탄하였다.

"과연 왕후가 될 사람은 다른 점이 있나 보네. 전에 장경 왕후께서도 간택을 받기 전, 자네처럼 그렇게 모든 범절이 다르더니 자네가 그렇구먼."

게다가 정부인이 또 감탄해 마지않은 것은 윤지임의 딸이 직접 손으로 만들었다는 아버지의 의복과 그녀 자신이 입고 있는 옷차림이었다. 정부인이 감탄스러워 어머니도 안 계신데 어떻게 이런 바느질을 배웠는지를 물었더니 아이의 대답이 또한 어여뻤다.

"홀로 계시는 아버님을 모시고 두 오빠들을 뒷바라지하려니 제가 모든 것을 알아야 하겠기에 이웃에 다니면서 어른들을 졸라 배웠습니다."

한편 그날 아침 윤임은 윤임대로 대비전에 입시해 대비를 설득하기 시작했다. 대비 역시 윤임이나 윤지임과 같이 파평坡平 윤씨임을 이용한 것이다. 친족들이 튼튼해야 원자의 신변이 든든할 것이니 윤지임의 딸로써 왕비를 삼도록 대비께서 좀 주선해 달라며 대비를 회유한 것이었다.

　대비 역시 윤임의 의견이 싫지 않았다. 윤임의 말마따나 같은 값이면 다홍치마라고 자신의 친정인 파평 윤씨 속에서 왕비가 나오는 것이 든든하고 친정 집안 쪽 일이라 속사정도 알아보기 쉬울 거라 판단한 것이다. 그러나 이 소문이 다른 중신들 귀에 먼저 들어갔다가는 일이 틀어지기 십상이니 대비는 내시와 상궁들에게도 비밀에 붙인 채 저녁에 왕을 불러 중전 자리에 새로운 사람을 간택하는 것이 어떤지를 물었다.

　중종 역시 낮에 한 신하가 그와 같은 이야기를 꺼내 어마마마와 상의하려던 참이라고 말을 꺼내자 대비가 말하였다.

　"그래요, 나도 조정 안의 공론도 있고 상감의 심정도 짐작해서 여태껏 말을 하지 않았으나 그렇다고 언제까지나 그대로 두고 있을 수만은 없는 것 아니오. 신씨의 복위는 공신들이 그토록 반대한다니 괜히 긁어 부스럼을 만들 필요가 없겠고, 후궁들 중 하나를 승차시켜도 무방하겠지만 역시 원자에게는 좋지 않을 것 같고 하니 아주 새로이 처녀를 간택해 왕비를 봉하는 것이 좋을 것 같습니다."

　중종은 김안로의 말을 듣고 이미 그렇게 마음을 잡고 있었기에 십상 잘된 일이라 싶었다.

인왕산 밑에서 점을 보는 윤지임

　다음날 대비는 곧 제조상궁을 윤임의 집으로 보내 윤지임의 딸을 데려오도록 분부하였다. 그런데 그만 뜻하지 않은 일이 일어나고 말았다. 간택에 들어갈 윤지임의 딸이 별안간 그 전날 먹은 저녁밥에 관격關格이 되어 토사곽란吐瀉癨亂으로 쩔쩔매기 시작한 것이었다. 시집 갈 달에 하필이면 등창이 났다는 것보다도 더 급하고 기가 막힌 일이었다.

　그 딸을 데리러 갔다가 윤지임으로부터 이 소식을 들은 윤임의 아내는 어이가 없었다. 윤지임은 배를 움켜쥔 채 괴로워하는 딸을 보며 상노를 시켜 구해 온 약을 먹였는데도 차도가 없다며 한숨을 내쉬었다. 딸이 아픈 것도 아픈 것이지만 일이 일이니 만큼 윤지임은 면목이 없었다. 윤임의 아내는 교군을 불러 급히 집에 가서 대감마님께 사유를 말씀드리고 청심환을 구해 올 것을 명하였다. 부리나케 다녀 온 교군에게서 받은 약을 그 딸에게 먹였으나 여전히 차도는 없었다.

　윤임의 아내는 이제 일은 다 틀려 버린 것이라 생각하고 윤지임에게 조섭爪攝이나 잘 시켜 보라 이르고는 돌아오는 수밖에 없었다. 그때까지 기다리고 있던 상궁은 홀로 궁으로 돌아가 윤지임의 딸이 병탈이 난 것을 알리는 것 외에 다른 도리가 없었다. 다행히 이날 밤 윤지임의 딸은 차츰 차도가 있기 시작했으나 윤지임은 대사가 틀어져 버린 데 괴로워 밤새 잠을 이루지 못하고 날을 밝혔다.

　이때 인왕산 밑에는 강姜 도사라고 불리는 점술가 한 사람이 있었다. 그는 명복名卜으로 장안에 소문이 자자하게 난 사람으로 한번 점을 쳐서 안 맞는 사람이 없을 정도였다. 강 도사는 평시에 문복問卜하러 오는 이들에게,

"만약에 내가 친 점이 안 맞거든 복채는 그만 두고, 나에게 죽어라 하면 죽어 보일테요."

라고 말할 정도로 자신만만했다. 강 도사는 아침에 일어나면 남의 점을 보기 전에 자신의 점부터 보는 버릇이 있었다. 이날 아침 자신의 점을 본 강 도사는 별안간 무릎을 치며 혼잣소리를 하고는 마루를 쓸고 있던 사동에게 분부를 내렸다.

"허, 오늘은 참 귀인이 우리 집에 오겠는걸. 맨 첫 번째 오는 손님이 아주 귀한 손님이시니 예의에 벗어나지 않게 잘 모셔 드려라."

얼마 뒤 이리 오너라 하며 주인을 찾는 소리가 들렸다. 그런데 급히 대문 밖으로 뛰어 나간 사동은 실망하지 않을 수가 없었다. 주인의 말대로 기가 막힌 귀인의 대행차가 오는 줄 알고 기대를 했더니 웬 꾀죄죄한 옷차림의 사람이 서 있었기 때문이었다.

사동은 주인이 자신을 놀리느라고 거짓말을 한 것인지, 아니면 주인의 아침 점이 틀린 것인지 의아해 하며 안으로 들어와,

"손님이 한 분 오셨는데 귀인이 아닙니다."

하였다. 그러나 강 도사는

"예끼 이놈, 사인교를 타고 의복만 잘 입으면 귀인이라더냐? 잔말 말고 어서 모셔 들여라."

말하고는 자신도 급히 댓돌로 내려와 손님을 맞아들였다.

"이런 누지에 귀한 어른이 오시니 무한한 영광이옵니다."

강 도사의 말을 들은 나그네는 무슨 소린지 이해하지 못하겠다는 표정으로 강 도사를 잠시 바라보더니 사주 하나를 풀어 달라 청하였다.

"사주 하나 풀어 주십사 하고 왔습니다. 3월 스무하루 신시辛時 생이옵니다."

사주를 풀던 강 도사는 갑자기 붓과 종이를 내던지고 벌떡 일어나더니 나그네에게 넙죽이 큰절을 하고는 말하였다.

"참 사주 좋습니다. 대감 한턱 단단히 내셔야겠습니다."

얼른 일어나 강 도사의 절을 마주 받은 나그네는 얼떨떨해 하며 자신은 호반으로 겨우 별좌의 직함밖에 갖지 못한 사람이라 말하였다. 강 도사는 그 말은 신경 쓰지 않고

"다른 말씀 마십시오. 대감은 보통 대감이 아니라 왕후의 아버지인 부원군 대감이십니다."

하는 것이었다. 나그네는 더욱 기가 차서 자신의 몰골을 보고 그런 말을 하라고 말하였으나 강 도사는 여전히 확고했다.

"두 말씀 마십시오. 오늘까지는 별좌로 계실는지 모르지만 앞으로 열흘 안에 대감은 부원군이 되십니다."

나그네는 그제야 입을 벌리고 웃음을 띠며 자신의 여식이 왕후가 될 사주가 분명한 것이냐며 재차 확인하였다. 강 도사의 대답은 한결같았다.

"그러십니다. 왕후가 되어도 이만저만한 왕후가 아니라 그야말로

제왕의 기상입니다. 치마는 둘렀을 망정 천하를 직접 쥐었다 폈다 할 왕후입니다."

그야말로 제왕의 사주라는 데 나그네는 또 한 번 놀라지 않을 수 없었다. 나그네는 바로 윤지임이었다.

금시발복으로 대궐에서는 상궁이 딸을 데리러 나오고 판부사 댁에서 직접 와 함께 궁에 들어가려는 판에 그만 딸이 앓아버리자 윤지임은 기가 막혔다. 뜻하지 않게 딸이 중전으로 간택을 받게 되며 이제야 일이 풀리려는가 큰 기대를 가졌는데 그 일이 틀어지게 되었으니 윤지임으로서는 상심이 이만저만이 아니었다. 그는 밤새 뜬눈으로 날을 밝히면서 일이 정녕 영영 틀렸단 말인가, 아니면 상감께서 다시 내 딸을 부르실 것인가 등 이 생각 저 생각 끝에 아침을 맞이했고 답답한 마음에 이름이 높다는 강 도사를 찾은 것이었다. 자신 쪽에서 전연 기색을 보이지 않았는데 강 도사가 먼저 알아보니 윤지임은 아마 이 사주는 틀림없을 것이라는 생각에 그제야 마음이 놓였다. 그는 비로소 입을 열며 솔직하게 실토하였다.

"나는 윤지임이란 사람인데 기실은 내 딸에게 국혼 말이 있어서 어제 대궐에서 상궁이 나오고 우리 딸은 간택에 뽑혀 들어가려 하는 참에 그만 토사곽란이 나서 못 들어가고 말았소. 그래, 하도 심로하여 강 도사께서 고명하다는 선성을 익히 들은 바라 이 일이 영영 틀린 일인지 아니면 아직 여망이 있는 일인지 한번 물어 보러 온 것이오."

"그게 오히려 잘된 일입니다. 어제 들어가셨으면 일진이 맞지를 않아 틀릴 뻔하였습니다. 참 운수의 조화란 인력으로는 안 되는 것입니다. 미구에 다시 소식이 있으실 테니 어서 돌아가 따님의 병 수발이나 잘 하고 계십시오. 금명간 반가운 소식이 있으실 겁니다."

윤지임은 태어나 이렇듯 기분이 좋은 적은 없었던 것만 같았다. 그는 이왕 온 김에 아들들의 사주도 함께 봐 줄 것을 부탁하였다. 강 도사는 윤지임의 큰아들 윤원로尹元老와 둘째

윤원로 묘비. 경기도 파주시.
「통정대부 행 돈령부도정 파평윤공 휘 원로지묘.
배 숙 부인 평창이씨 부좌」

아들 윤원형尹元衡의 사주를 한번 쓱 눈으로 훑어보았다.

"누이가 왕후가 되셨는데 부귀공명이 더할 나위가 있겠습니까? 둘째 분은 재상까지 되시겠습니다."

하고 입을 다물었다.

낙망 속에 빠졌던 윤지임의 집에는 다시 봄빛이 돌았다. 윤지임이 반가운 기별을 들은 것은 바로 그 다음날이었다. 궁에서 윤지임의 딸이 앓는다는 소식을 듣고 낫기를 기다리고 있다는 것이었다.

한편 윤지임의 딸은 완전히 병이 나아 앓기 전보다도 더 태깔 좋은 모습이 되었고, 궁에서는 상궁이 날마다 나와 윤임의 아내와 함께 궁중 법도를 가르쳤다.

궁으로 드는 윤지임의 딸

이윽고 길한 날을 잡아 윤지임의 딸을 궁 안에 들도록 하라는 대비와 임금의 칙령이 내렸다. 그날 윤임의 아내는 윤지임의 딸을 꾸미는데 온갖 정력을 기울였다. 칠보화관을 머리에 얹고 울긋불긋 오색이 찬란한 당의唐衣에 쌍학을 수놓고 금박을 한 다홍색의 넓은 띠를 뒤로 매어 늘어뜨렸다. 칠흑같이 땋아 내린 채 좋은 머리꼬리하며 한 길이 넘는 도투락댕기에 값 비싼 석웅황石雄黃을 멋지게 달았다.

윤지임 딸의 영리하고 이슬을 머금은 듯한 얼굴에 초롱거리는 눈매와 함께 화려한 의상과 의장은 잘 어울려 문자 그대로 하늘에서 하강한 선녀의 모습이었다. 이렇게 꾸미고 궁 안에 들어온 윤지임의 딸을 맨 먼저 대비가 보았다. 대비는 첫눈에 마음에 들었다. 대비는 흡족해 윤지임의 딸이 중전의 자리에 오르는 것이 참으로 합당하다는 생각이 들었으나 우선 대전에서 보고 결정을 내리도록 했다. 상궁은 곧 윤지임의 딸을 어전으로 인도하였다.

윤지임의 딸은 그동안 배운 대로 중종에게 곡배를 올렸다. 중종이 절을 받고 그 딸을 일견하니 마치 암흑에서 동이 열리는 태양과 같이 눈이 부신 자태였다. 장미꽃같이 희고 보송보송한 얼굴에는 총명한 기운이 밝은 창처럼 흘렀다.

중종은 대번에 이 신선하고 아름다운 여인에게 반해 마치 5월의 석류꽃을 바라보는 듯 정신이 번쩍 들었다. 이렇게 간택이 끝나고 윤지임의 딸이 궁전에서 물러나자 대비와 중종은 한자리에 앉아 의견을 나누었다.

대비와 중종은 의논할 것도 없이 서로의 뜻이 완전히 일치하였고 이윽고 승지가 어전으로 불려 들어왔다.

"별좌 윤지임의 딸로써 대혼을 정하기로 했노라. 곧 윤지임의 집에 알려 기별하고 가례도감嘉禮都監을 설치하도록 하라."

승지는 영을 받들고는 윤지임에게 말을 달려갔고, 별좌 윤지임은 황망히 대문을 열고 왕의 칙령을 받았다. 왕후에 오르게 된 윤지임의 딸이 바로 문정文定 왕후이다.

이 소식은 단번에 판부사 윤임과 김안로에게도 알려졌다. 이윽고 윤지임의 딸은 궁녀들에 의해 태평관太平館으로 옮겨졌다. 장차 왕비가 될 사람으로 간택이 되면 더 이상 여염집에 머물지 않고 왕실에서 마련한 별궁에 거처하도록 했기 때문이다.

윤지임의 딸로서 중전을 삼는다는 중종의 칙서가 내리자 판부사 윤임과 이조판서 김안로는 윤임의 집에서 술상을 마주하고 상대의 공로를 치하하며 찬란한 앞날을 펼쳐 가기 시작했다.

"이제는 원자 아기에 대해서는 걱정 놓으셔도 되겠습니다."

"아주 걱정을 놓아서는 안 되지요. 항상 우리가 뒤에서 보호해 드려야지요."

왕의 가례와 사람들의 치하를 받는 문정 왕후

국혼이 정해지자 조정 안에서는 장차 왕이 중전을 맞는 가례를 어떤 형식으로 할 것인가 하는 문제로 또 한바탕 왈가왈부하며 시끄러워졌다. 왕이 직접 윤지임의 집으로 가서 맞느냐, 아니면 윤지임의 딸이 궁 안에 들어와 가례를 올리느냐의 문제였다.

조선의 옛 풍속에는 남자가 아내를 맞아들이는 것이 아니라 신랑이 신부의 집에 장가를 들러 가는 풍속이 있었다. 이는 삼국과 고려 시대의 풍습이었으나 조선 초에 들어와서도 그 풍습은 여전히 남아 남자가 여자의 집으로 장가를 들러 가는 예가 많았다.

세종은 친영례親迎禮의 법도를 만들어 신랑이 신부의 집을 찾아 아내를 맞아들이라는 교서를 내린 뒤부터 신부가 신랑의 집으로 향하게 된 것이었다. 세종은 그냥 교서만 내려서는 오랜 습관이 쉽게 고쳐지지 않을 것이므로 왕자와 왕세자의 혼인부터 그렇게 해 백성들에게 모범을 보이라 하였다.

그리하여 그 법대로 이번 중종의 국혼도 왕이 직접 윤지임의 집에 가서 친영례로써 그 딸을 맞는 것이 옳다고 주장하는 이들이 있었는데, 바로 삼강오륜으로 기강을 세우려는 유림들이었다. 그런가 하면 남곤과 심정 일당은 기어이 친영례를 못하도록 우겨댔다.

그러나 훈구파들의 주장을 조용히 참고 묵인할 사람들이 아니었고 사림파의 대표 조광조가 중종에게 말하였다.

"누추한 여염집이라니 당치 않은 말입니다. 일단 왕비가 되면 어디까지나 왕비요 국모이지 그를 어찌 여염의 처녀라 업신여길 수 있겠습니까. 그래서 무릇 인류의 혼사를 이성지합二姓之合 만복지원萬福之源이라 하는 것입니다. '이성지합'이란 단지 성姓씨를 달리한 둘이 합한다는 말이 아니라 남녀의 정신과 육체가 같은 위치에서 하나로 합함으로써 한 몸이 된다는 의미이옵니다. 일찍이 애공哀公(노나라 왕)이 왕비를 맞을 때 공자께서 면복冕服을 갖추고 비를 맞으라 하니 애공이 너무 과하다 하여 그를 거절하려 하였습니다. 그러나 공자께서 〈배필이 소중함을 신민들에게 친히 보이십시오〉하고 말씀하여 애공이 그대로 하였다는 말이 있습니다. 전하의 경우도 그와 같은 것입니다. 그리고 주자朱子께서도 이렇게 말하였습니다. 천자는 반드시 왕후의 집으로 친림親臨할 것이 아니라 왕후의 집 옆에 한곳을 정해 놓고 이곳에서 친영례를 행하는 것도 옳다 했으니, 지금 전하께서 태평관으로 납시어 왕후를 맞아들이는 것은 공자의 배필을 소중하게 하시는 뜻에도 맞고 주자의 말씀에도 맞으니 그대로 하옵소서."

중종이 생각할 때 조광조의 말은 여러 가지로 이치에 부합되는 말 같았고, 또한 조광조의 말대로 함으로써 세종께서 교서를 내리신데 대한 뜻에도 맞을 뿐만 아니라 이왕이면 화려한 행차로 왕비를 맞는 것도 좋을 듯했다.

"조종조朝宗朝 예법에 있는 일을 과인이 안한다면 선조에 대해 죄가 되지만 정례를 과인이 새로이 행해 신민에게 모범을 보인다면 좋은 일이 아닌가? 조광조의 말대로 친영례로 중전을 맞는 것으로 하라."

중종은 단호한 칙령을 내렸다. 임금이 태평관에 닿으니 그곳에는 눈이 부시게 꾸민 예복을 갖춰 입은 윤지임의 딸이 임금을 기다리고 있었다. 수백 궁녀와 만조백관들이 줄줄이 행렬을 지어 그야말로 일대 장관이었다.

이 소란스런 거리의 소음은 죽동궁 안방에서 단정히 앉아 불경을 외고 있던 폐비 신씨의 귀에도 들렸다. 신씨가 무엇 때문에 행길이 저토록 소란스러운지를 묻자 시녀가 대답했다.

"오늘은 상감께서 새 왕비를 맞아들이는 가례 날이랍니다. 전에 없던 친영례를 지내시느라고 상감이 태평관까지 행차를 하시어 새로운 비를 맞아 대궐로 돌아가신다 하옵니다. 이 구경을 하려고 사람들이 새벽부터 거리로 쏟아져 나와 저리 야단입니다. 소녀도 아침에야 이웃에서 전해 듣고 곧 마마께 말씀 사뢰려다가, 혹 상심이라도 되시지 않을까 하여 말씀 못 드렸습니다."

신씨는 읽던 독경을 잠시 멈추고 눈을 크게 떴다가 스르르 감았다. 감았던 눈을 다시 뜬 신씨의 얼굴에는 오히려 미소가 어렸다.

"모든 일이 마음먹기에 달린 것이다. 마음을 작게 가지면 작은 일에도 샘이 나고 마음을 크게 가지면 큰일에도 움직이지 않는 법이다. 오늘이 상감마마의 가례 날이냐? 난 까마득히 몰랐구나. 이제 상심은 무슨 상심이냐? 그저 좀 서운할 뿐이지."

첫날밤을 보낸 다음날 문정 왕후는 여러 상궁들에 옹위되어 대비에게 조현례朝見禮를 마친 다음 임금이 내리는 음식인 사찬賜饌을 받았다. 이어 선정전으로 나온 문정 왕후는 용상에 앉아 1품 이하 후궁과 나인들 수백 명 그리고 정승 대신의 부인들인 외명부의 치하를 받았다. 속으로 아무리 투기가 일더라도 그들은 새 왕비 앞에서 4번 절을 하며 근하謹賀를 올려야만 했다. 월대月臺 위에서 제조상궁의 군호에 맞춰 경빈 박씨, 희빈 홍씨 등 후궁들이 차례로 조하를 올리고, 이어 영의정 이하 정승들의 아내인 정경부인들, 그리고 대신들의 아내인 정부인들이 차례로 조하를 올렸다.

이렇게 엄숙한 의식이 끝나자 왕과 왕비는 대비를 모시고 큰 잔치를 베풀어 만조백관과 내외 명부에 산해진미의 사찬상을 내렸다.

왕도 정치를 추진하는 조광조

새로운 왕비인 문정 왕후가 중전의 자리에 올랐다고 조정의 안정이 찾아오는 것은 아니었다. 남곤, 심정 등은 후궁 중에서 중전을 삼지 못한 불만을 갖고 있었으며 조광조 일파의 선비들은 폐비 신씨의 복위를 끝내 못 이루고 만 것이 한이었다.

그러나 조광조는 왕의 가례를 친영례로 할 것을 상소로써 관철한 바 있어 일단은 남곤, 심정 등 공신파를 누른 셈이기는 했다. 조광조는 이 기회에 평소의 이상인 보다 밝은 왕도 정치를 펴보기 위해 여러 궁리가 많았다.

그런데 중종은 가례를 치른 뒤 근 한 달이 되도록 경연을 폐지하고 신하들을 만나려 하지 않았다. 떠도는 말로는 왕이 새 왕비를 맞아들인 뒤 경빈 박씨며 희빈 홍씨 등 후궁들이 너무 시샘을 많이 해 그들을 무마하느라 경연에 나오지 못한다는 소문이었다. 그것은 소문뿐 아니라 사실이었다.

이 기미를 눈치챈 조광조는 왕이 여색으로만 기울어지게 되면 나라의 앞날이 큰일이다 싶어 감연히 상소를 올렸다.

〈전하께서는 한 가지라도 나라를 바로 해 보시려고 옛 법을 받들어 친영례로써 중전 마마를 모시니 그 광경을 목도한 백성들은 쌍수를 돌고 기뻐하지 않은 사람이 없었사옵니다. 하오나 대례를 마친 지 어언 수십 일이 지났건만 아직도 경연에 나오시지 않으시옵고 사실상 경연을 폐하시고 계시니 신하들로서도 전하를 만나 뵈올 길이 없사옵니다. 듣자옵건대 간사한 내시들과 음탕한 후궁들만 가까이 하신다니 참으로 딱한 일이옵니다. 하루 빨리 경연을 다시 열어 신들을 대해 주옵기 바라옵니다.〉

이 상소를 접한 중종은 그제야 깜짝 놀라 자신을 돌아보았다. 다음날부터 경연을 다시 열어 신하들을 접하던 중종이 지난날을 뒤돌아보니 자신이 왕위에 오른 지도 벌써 10년이 넘었다. 또한 보령도 서른이나 되었다.

왕이 된 초기에는 공신들의 손아귀에 꽉 쥐어 임금 노릇도 제대로 못하고 사실상 공신들이 주도해 자신은 이름뿐인 임금이었지만 이제는 소신껏 임금 노릇을 해 보고 싶었다. 소신 있는 임금 노릇을 하려면 궐문 세가들에게 귀를 기울여서는 안 된다는 생각이 들었다. 중종은 그보다는 평상시 권세와 사리를 멀리하고 오직 나라와 임금만을 위해 헌신하려는 신예의 선비들을 좀 더 가까이 해 그들의 참 우국지정의 말과 그들의 경륜에 귀를 기울여야 되겠다는 생각을 했다. 그리하여 중종은 조광조를 경연관으로 선정하고 나라를 슬기롭게 다스릴 강론을 하도록 했다.

어느덧 장경 왕후가 세상을 떠난 지 1년이 가까워져 나라에서는 전 왕후의 대상大喪을 맞게 되었다. 이날은 전례에 따라 궁 안에 많은 승려들을 불러 그들로 하여금 기신재忌辰齋를 올리게 하는 것이 나라의 관례였다.

조광조는 기신재 역시 낡은 관습이라 판단하고 장차 조선을 오로지 유교의 도학 정치로 다스려 안정시켜 나가는데 있어 일대 개혁을 단행해야 되겠다고 생각하였다. 조광조는 강론을 마친 뒤 어전에 아뢰었다.

"지금 대왕께서는 뜻을 요순堯舜의 지치至治에 두시고 가례도 친영례로써 치러 이 나라의 문교를 밝혀 나가고 계십니다. 듣자옵건데 돌아가신 장경 왕후의 기일에 왕후의 천도를 위하여 나라에서 수백의 중들을 궁 안으로 끌어들여 재를 올리고 불사佛事를 거행한다 하오니 이는 요순의 지치에 뜻을 두신 전하의 왕도 정치에 위배되는 일이옵니다. 오직 유교 법식에 따르는 것만이 가례를 친영례로써 치른 것과도 부합될 뿐 아니라 대왕의 치정 방향에도 맞는 것이 옳습니다. 전하께서는 빨리 그 불사의 일을 금지시키시어 바른 도를 밝히시기 바랍니다."

아닌 게 아니라 이날 중종은 팔도강산의 수도 승려들을 모두 불러 내탕금內帑金에서 수만금을 내어 경국傾國의 대불사를 일으키도록 영을 내린 바 있었다. 조광조의 말을 들은 중종은 즉시 칙령으로 나라에서 승려들로 하여금 고인의 천도를 빈다는 명목으로 재를 올리는 불사를 거행하는 것을 국법으로써 금지하고, 대신 오직 유교 법식에 따라 제사를 지내도록 명하였다.

중종은 한 달에 두세 번 열던 경연을 거의 날마다 열었으며 또한 매번 조광조로 하여금 역대 제왕들이 잘 다스린 세상과 어지러웠던 세상을 비교해 흥망성쇠의 자취를 강론케 하였으며 아울러 나라의 경륜을 강론토록 해 여러 신하들과 함께 들었다.

조광조는 불교, 선교 등은 일체 사교邪敎라 보고 고려조 이후 정몽주鄭夢周와 문성공文成公 안유安裕가 제창한 유학儒學만을 왕도라 생각했다. 그리하여 그는 이 유학의 왕도 정치로써 조선을 옛날의 주나라와 같은 문명국으로 만들고 성상을 그때의 문왕文王, 무왕武王과 같은 성군으로 만드는 것이 포부이자 이상이었다.

그러한 훌륭한 임금이 되어 나라를 자기 손으로 만들어 본다는 것은 생각만으로도 가슴 벅찬 일이었다. 그리하여 중종은 조광조를 날마다 어전에 불러 그의 강론을 들었다. 조광조는 그런 자리에서 항상 왕께 아뢰어 조선조 창업 당시 제일의 반대자였던 포은圃隱 정몽주를 성균관 분묘에 함께 모시게 하고 특히 미풍양속을 위해 미신 타파의 일환으로 삼청동三淸洞에 있는 신선을 위하는 소격서를 폐지하도록 했다. 소격서가 있던 곳의 현재 동명은 서울시 종로구 소격동으로 청와대 입구 오른편에 있다.

이 소격서는 이태조가 한양에 조선을 도읍한 뒤에 신선에게 제사를 지내기 위해 세웠던 것으로 나라에서 공공연히 이런 미신을 따르므로 일반 백성들도 이곳에 와 재를 올리고 복을 비는 등 미신 행위가 많았다. 조광조는 이것을 중종에게 아뢰어 폐지시킨 것이었다.

"백성들을 교화시키는 것은 그 나라 문명의 수준을 올리며 그들을 착하고 바른길로 인도하려는 데 목적이 있는 것입니다. 고려의 운명이 기울어진 것은 불교도의 가르침이 그릇되어서였습니다. 그리하여 태조께서는 국가 창업을 하실 때에 불교 아닌 유교로서 나라를 다스리는 기본으로 삼으신 것입니다. 그런데 삼청동에 있는 소격서는 이 유교에 배치될 뿐만 아니라 미신으로써 백성들을 현혹시키는 것이니 이를 즉각 폐지해야 되옵니다."

성균관에 정몽주를 모시는 것과 소격서의 폐지로 중종은 일약 팔도에 그 이름을 크게 드날리고 아울러 조광조도 무릇 선비들이 추앙하는 대상이 되었다. 조광조는 곧 정언으로부터 부제학으로 벼슬이 올랐다.

그밖에도 조광조는 동료 김안국과 함께 『이륜행실도二倫行實圖』, 『여씨향약呂氏鄕約』 등을 비롯한 백성의 정신과 물질생활에 유익한 여러 가지 서적을 인쇄해 널리 백성들에게 퍼뜨려 교화에 힘썼다.

조광조의 개혁은 거기에서 멈추지 않았다. 그는 조정 안에 옳고 곧고 바른 훌륭한 인재가 모자란다고 생각하였다. 그런 인재들이야말로 조정 안의 벼슬아치들 사이에 숨어 있는 것이 아니라 전날에 그가 만났던 갓바치처럼 산간벽촌 등에 묻혀 있는 것이었다. 그들은 양반이 못 되고 소위 상놈이라 능력이 있어도 벼슬을 할 수 없었다. 조광조는 그 계급을 타파하여 중인이건 상인이건 간에 경학經學

에 밝고 덕행이 높은 인재라면 등용시켜 국정에 참여시키고 싶었다.

조광조는 경연 자리에서 왕께 아뢰었다.

"전하께 아뢰옵니다. 무릇 일은 사람이 하는 것으로 큰일은 큰 인물, 작은 일은 작은 인물이 하는 것이옵니다. 지금 전하께서는 뜻을 요순의 지치에 두시고 이 나라를 동방의 성국으로 만들려 하시옵니다. 그러자면 훌륭한 인재들이 많아야 일의 진척이 빠른 법이옵니다. 지금 조정 안에도 물론 인재가 없는 것은 아니옵니다만 조선 팔도강산 곳곳에는 경학에 밝고 덕행이 높으면서도 길이 없어 벼슬을 못하는 인재들이 얼마든지 있사옵니다. 전하께서는 지금 밝은 정치를 시작하시는 길에 현량과를 새로이 설치하시어 초야에 묻혀 썩고 있는 인재들을 널리 구하시옵소서."

조광조는 중종보다 6살 위로 젊은 중종은 늙은 신하들보다 이렇게 연령대가 비슷한 신하들을 더 좋아했다. 거기에 조광조의 높은 학문과 강한 기재, 바른 행실이 왕의 마음을 더욱 끌었다.

중종은 곧 전교를 내렸다.

〈보통·소과·대과 이외에 현량과를 특설하노니, 초야에 묻혀 세월을 허송하는 덕망 높은 이들은 모두 이 과에 응하여 나라에 나와 일을 하도록 하라.〉

이 전교가 세상에 반포되자 초야에 묻힌 선비들은 더 한층 조광조를 우러렀다.

조광조를 절대적으로 신임하는 중종

이때에 조정에서는 외교에 관한 매우 중대한 문제가 일어났다. 만주의 여진족女眞族들은 그동안 조선의 신하로서 조공을 바쳐 왔는데, 그들은 이따금 군사를 거느리고 조선 북쪽 변방에 쳐들어와 행패를 부리기 일쑤였다. 한번은 회령會寧에 쳐들어 온 여진족들이 조선의 수십 명이나 되는 인명을 살상하고 젊은 여자들과 가축, 그 밖의 재물을 수없이 약탈해 갔다.

이때 함경도의 북방 변방을 맡은 병사 김안출金安出은 조정에 급히 장계를 올렸고 이는 비변사를 통해 곧 어전에 올라왔다. 중종은 이 장계를 받고 급히 대신과 장수들을 조정에 불러 회의를 열었다.

"야인 여진은 우리나라 개국 이래 행패가 심하였다. 전에 세종대왕께옵서 육진六鎭을 개척하신 이래 잠잠한 듯하다가 근래에 또 행패를 부리기 시작한다 하더니 이번에는 회령에 침범하여 여러 인명과 재산의 피해를 주었다 한다. 이자들을 장차 어떻게 처치해야 좋을지 경들의 의견을 말하시오."

이에 정승, 대신, 장군들은 한결같이, 여진족은 간특하고 날쌔어 정면으로 싸워서는 사로잡을 수가 없으니 김안출이 장계에 올린대로 갑자기 공격하는 출기불의出其不意의 방법이 가장 적당할 것이라고 대답하였다. 중종도 그들의 생각과 일치하였고 왕은 곧 비변사의 장을 불러 하명했다.

그런데 궐 밖에서 이 소식을 들은 조광조가 회의가 계속되고 있는 어전으로 급히 달려 들어왔다.

"전하, 밖에서 듣자오니 여진 속고내束古乃를 속여 잡으려고 하시는데 이는 부당한 줄로 아뢰오. 이것은 왕도 정치를 하려 하시는 성스러운 외교가 아니옵니다. 속고내를 징계하시려거든 정정당당히 왕사王師를 움직여 그를 잡아 벌을 가함이 옳을 것이옵니다. 속임수로 그를 잡는 것은 나라 위신과 체통에 좋지 않은 일이니 이를 즉각 중지하시옵소서."

열을 올리며 반대하는 그의 말을 가만히 들어보니 조광조의 말이 옳은 것 같았다. 일개 야만인 여진족을 징계하는 데 속임수를 쓴대서야 말이 안 될 것 같았던 것이다. 중종은 다시 비변사에 하명하여 조금 전의 명령을 중지시켰다.

이미 다 결정이 된 일에 왕의 중지 명령이 내리니 만조는 깜짝 놀랐고, 병조판서 유담년이 어전에 아뢰었다.

"병법에는 기奇와 정正이 있고 외적을 막는 데는 상도常道와 권도權道가 있는 것입니다. 임기응변을 하는 것이 도둑을 막는 병법이온데 조광조의 말은 한 가지 정도正道 밖에 모르는 말이옵니다. 농사짓는 일은 시골 농사꾼한테 물으셔야 하고 옷감 짜는 일은 직녀한테 물으셔야 하옵니다. 글에 대한 일은 조광조에게 물어야 할지 모르지만 병법에 대해서는 이 나라 무관들의 말이 옳은 줄로 아뢰오. 소신은 젊어서부터 변방에 나가 싸움으로 백수白首가 되었으니 오랑캐에 대해서는 조광조보다 소신이 더 잘 알 줄로 아뢰옵니다. 소신의 말씀을 들으시어 이미 결정하신대로 시행토록 하옵소서."

그러나 중종의 마음은 이미 굳어져 있었고 다시 한 번 중지할 것을 분부하고는 옥좌에서 일어나 내전으로 들어가 버렸다. 일이 이쯤에 이르니 젊은 부제학 조광조의 위세가 만조의 정승 대신들을 눌러 버린 셈이다.

중종은 조광조를 이토록 신임하였다. 경연에 관한 것은 의당 조광조의 말을 들어야 옳겠지만 병마兵馬에 관한 것은 병마를 관장하는 병조판서의 말을 들어야 옳을 일이겠으나 중종은 국정 전반에 관한 무슨 일이든지 조광조의 말만을 따랐다.

한편 조광조는 그대로 임금의 신임에 깊이 감은하여 중종과 조선을 위해 분골쇄신粉骨碎身하도록 충성할 것을 늘 마음속으로 다짐하였다. 기회를 본 조광조는 또 한 번 한 가지 바른말을 중종에게 올렸다.

"전 순창 군수 김정과 담양 부사 박상은 공신 박원종을 탄핵하고

박원종 묘소. 상하 2개의 봉분이 있으며 어느 것이 진짜 봉분인지 모른다. 경기도 남양주시.

폐비 신씨의 복위를 주장하다가 귀양을 가 여직토록 귀양살이를 하고 있사옵니다. 폐비 신씨의 복위 문제는 이제 새삼 거론치 않겠습니다만 박원종의 탄핵만은 옳은 주장이었다 생각하옵니다. 전하께서 신씨를 폐위시킨 것은 전연 전하의 뜻이 아니오라 박원종 등 공신의 강권으로 한 것이옵니다. 어찌 신하로서 감히 상감께 국모를 폐하라 주장할 수가 있겠습니까? 박상과 김정의 주장은 옳은 줄로 아옵니다. 옳은 말을 한 선비를 귀양 보냄은 조정 안의 옳은 말하는 선비들의 사기를 죽이는 일이옵니다. 곧 그 두 사람의 귀양을 풀어 다시 벼슬을 시킴이 가할 줄로 아옵니다."

중종은 조광조의 이 청에 대해서도 옳은 말이라 받아들이고 그 두 사람을 즉각 귀양에서 풀어 주도록 명하였다. 중종은 이렇게 조광조가 한마디만 하면 즉시 그것을 실행에 옮겼고, 조광조는 더욱 신명이 났다. 모처럼 이 나라에 좋은 임금이 나오셨다 싶어서 조광조는 어떻든 중종을 해동海東의 요堯 임금이 되게 해 보리라고 거듭 마음을 다졌다.

형조판서 심정을 퇴출해 버리는 조광조

조광조가 이렇게 중종의 총애를 한 몸에 받자 은근히 이를 시기하고 불안해하는 세력이 있었으니 그것은 보수 공신파인 남곤과 심정 일파였다. 그들은 후궁들 중의 하나를 중전으로 책봉하려다 실패하고 박상과 김정을 상소로써 귀양 보냈다가 이제 조광조의 힘으로 그들마저 풀려나자 몹시 초조해졌다.

　남곤과 심정이 이렇게 초조해 하던 중 마침 조정에 형조판서 자리가 비게 되었다. 조광조 일파들이 자꾸 영전榮轉을 하는 바람에 우연히 생긴 자리였다. 남곤은 자신 일파를 그 자리에 앉히기 위해 심정을 추천해 올렸다. 벼슬은 이조吏曹에서 전형을 해서 적어 올려야만 되는 것으로, 당시 이조판서 자리에는 조광조 일파인 이장곤이 앉아 있었다. 당연히 이장곤은 심정을 추천하고 싶지 않았고 단번에 전형하기를 거절했다.

　그러나 남곤과 심정이 백방으로 뛰어다닌 끝에 기어이 심정은 형조판서에 오르게 되었고 이 사실을 뒤늦게 알게 된 조광조가 급히 어전으로 달려갔다.

　"전하께 아뢰오. 조정의 형조는 법을 다스리는 자리이옵고 법을 공평히 다스리지 않을 때에는 성상께서 아무리 왕도 정치를 하려 해도 백성이 따라 오지를 않사옵니다. 심정은 무고한 선비인 박상과 김정을 귀양 보내면서 백성들로부터 이미 신망이 떨어진 사람이옵니다. 그런 사람을 형조의 장으로 앉히면 백성들이 의아히 생각하여 상감의 밝은 정치를 의심하게 될 것이옵니다. 심정을 형조의 장으로 삼는다 하심은 위험한 일이옵니다."

　조광조의 이 한마디로 그만 심정은 형조판서의 직전에서 닭 쫓던 개가 지붕 쳐다보는 격이 되어 버렸다. 조광조에 대한 그의 원한은 뼛속 깊이 스며들었다. 심정은 곧 동지인 남곤을 찾아가 울분을 못 이기며 주먹으로 방바닥을 쳤다. 남곤은 심정을 위로하며 말했다.

"그러니 이 일을 어찌하면 좋단 말인가? 원수는 갚아야지 않겠나?"

"한숨만 쉴 게 아니라 어떻게 그놈들 유림을 이 기회에 내어 쫓을 방도를 좀 강구하세."

심정 역시 분하고 답답하여 남곤을 바라보며 이렇게 말하였지만 왕이 유림의 대표 조광조 알기를 전무후무한 이 나라 선비로 알고 있었고, 또 조정 안은 조광조 일파로 꽉 차 있었다. 그런 자신들의 힘으로 조광조를 몰아낸다는 것은 마치 태산을 바다로 옮겨 놓는 격이었다.

생각을 거듭하던 그들은 후궁들을 이용하기로 했다. 그들은 경빈 박씨에게는 그 아들 복성군을 세자로 책봉하도록 할 것이라 부추기고 희빈 홍씨에게는 그 아들 금원군을 세자로 책봉하도록 한다고 부추기기로 했다. 그들에게는 어떻게든 조광조와 왕 사이를 끊어 놓는 것이 우선이었다.

그런데 이때 남곤의 상노가 대궐에서 나온 조보朝報를 전하고 돌아갔다. 조보란 관보官報와 같은 것으로 조정 내에서 일어난 일을 적어 돌리는 회람이었다. 그 조보를 받아 든 남곤의 표정이 순식간에 변했다.

조광조가 대사헌이 된 것이었다. 대사헌은 나라의 풍기와 법을 바로 잡는 헌관의 장으로서 사람의 생살여탈生殺與奪의 권한을 갖고 있는 막중한 자리였다. 남곤이 탄식하며 말했다.

"그러니 빨리 손을 써야 한다는 말일세. 내일 또 찾아옴세. 난 희빈 홍씨의 아버지 홍경주 대감을 좀 만나 봐야겠네."

심정은 남곤이 무턱대고 홍경주를 만나는 일을 반대했다. 홍경주도 먼저 찬성에 오르려 할 때 조광조가 호반으로서 그런 벼슬은 할 수 없다 하여 원한을 가지고 있으므로 자신과 먼저 복안을 세운 뒤 홍경주를 만나 의논하기로 했다.

조광조를 몰아내기 위한 남곤과 심정의 모의

그로부터 사흘 뒤 드디어 남곤과 심정은 조광조를 해칠 만한 계교를 안출해 냈다. 그들은 흉중에 음모를 품고 후궁 희빈 홍씨의 아버지 홍경주의 집으로 찾아갔다.

홍경주는 원래 무식한 호반이었다. 활을 잘 쏘고 창을 잘 쓰는 덕으로 박원종에게 발탁되어 중종반정에 참여한 덕으로 공신 축에는 끼었지만 원체 글이 모자랐기에 글 잘하는 사람들한테는 항상 따돌림을 받는 처지였다.

홍경주는 본시 글 잘하는 남곤을 매우 존경했지만 역시 서로 친하지는 못한 터였다. 그런 남곤이 자신의 집을 찾았으니 홍경주로서는 영광이었다. 홍경주는 무관이므로 문관 앞에서는 스스로를 낮출 수밖에 없었으나 남곤과 심정은 내심이 있는지라 되도록 홍경주의 비위를 맞추며 나오지 않는 웃음을 웃으며 그를 바라보았다.

홍경주로서는 이들이 찾아온 것이 진심으로 환영하는 바라 즉시 안에 통고하여 주안상을 들이게 했다. 아무리 생각해도 뜻밖의 일이었기에 홍경주는 얼굴에 가득 웃음을 띠우고 거듭 두 사람에게 내의를 물었다.

"실은 대감께 조용히 의논할 말이 있어 왔습니다."

남곤이 나직이 말하며 조광조가 대사헌이 된 것을 알고 있는지 묻자, 이전 조광조로 인해 찬성에 오르지 못한 홍경주는 바로 불만을 털어 놓았다.

"요즘은 숫제 그 사람 세상입니다 그려. 이제 대감이나 우리들이나 다 그 사람 손에 죽게 되었소이다."

홍경주의 내심을 들은 심정은 긴장한 얼굴을 하며 홍경주에게 말하였다.

"장차 조광조는 우리들을 내쫓고 조정 안을 유림들로만 채우려고 할 것입니다. 벌써부터 도학 정치를 왕에게 권하여 이미 그렇게 되어 가지 않습니까?"

남곤과 심정은 먼저 홍경주에게 겁을 주며 조광조에 대한 적개심을 고취하였다. 홍경주의 진심을 어느 정도 파악하자 남곤은 창의氅衣 소매에서 두루마리 하나를 꺼내 홍경주 앞에 펼쳐 놓고 자신들이 세운 모의 계획을 소곤소곤 속삭여 설명했다. 홍경주는 그들의 계획에 동조하였고, 남곤은 다시 목소리를 낮추어 말하였다.

"따님 희빈께서 지금 왕자를 세 분이나 두셨으니 일이 성사되면 더욱 좋은 수가 많을 것입니다. 지금 장경 왕후 소생의 원자가 있다 하나 앞으로의 정세에 따라 세상 판도가 어찌 될지 모릅니다. 우리는 시세를 바라보며 따님의 소생으로 세자 책봉을 꾀할 작정입니다. 그러나 유림 조광조 일당이 조정 안에 있어서는 안 됩니다. 그들은 삼강오륜을 앞세워 적자와 서자를 엄히 가리는 통에 그 일은 불가능합니다. 먼저 그자들을 조정에서 말끔히 청소를 한 연후에 곧 따님의 아드님이 세자가 되도록 일을 추진할 작정입니다. 그렇게 된다면 대감께서는 장차 임금의 외조부가 되는 것이지요."

끝에 말한 장차 임금의 외조부가 된다는 남곤의 말은 홍경주를 몹시 흥분하게 만들었다. 홍경주의 얼굴에 굳은 의지가 어렸다. 조광조는 이렇게 남곤, 심정, 홍경주 등이 비밀히 무서운 음모를 꾸미는 줄 꿈에도 모른 채 날마다 사헌부와 조정에 입직해 부하 직원을 독려하며 일을 하였다.

중종이 자신을 가상히 여겨 홍문관부제학에서 일약 대사헌으로 영전시켜 준 데 대한 보은으로도 조광조는 목숨이 붙어 있는 한 상감을 위하고 나라를 위해 자신의 모든 것을 바칠 각오가 되어 있었다.

위훈으로 공신에 오른 자들의 삭직을 청하는 조광조

이때 정부의 언론직을 맡은 간관과 풍기를 맡은 헌관, 그리고 사기史記를 맡은 문사들은 모두 조광조가 현량과에서 뽑아 천거한 유림의 대표와 젊은 선비들이었다.

그들은 조광조가 대사헌이 되어 임금의 신임을 더욱 받게 되자 조정 안에 아직도 전날의 박원종 등 공신들에게 줄을 대어 꺼덕거리고 앉은 자들이 거슬렸다. 사림파는 그들을 말끔히 몰아내고 위로는 중종 그리고 조광조를 영의정으로 모시고 그야말로 일사불란하게 왕도 정치를 시행해 볼 희망에 부풀었다.

 이 젊은 선비들은 사기를 들추어 전날 반정공신들의 공로를 훑어보기 시작했다. 엉터리로 적힌 자들을 모두 삭제해 그에 뿌리박고 위세를 떨치려 드는 무리들을 몰아내자는 심산에서였다. 과연 소위 반정공신들이라는 자들의 기록은 형편없을 정도로 엉터리였다.

 가령 일등공신 유자광과 같은 자는 연산군 대에 무오사화와 갑자사화를 일으켜 숱한 선비들을 죽음으로 몰아넣은 장본인이었다. 그러면서 그는 소위 중종반정으로 일등공신이 되었으며 자기 아들을 비롯한 여러 공신의 아들들을 모두 공신으로 집어넣기까지 했다.

 박원종과 성희안 등 일등공신의 아들, 조카, 심지어 사돈의 팔촌까지 모두 공신이 되어 있었으며 이등공신 유순柳洵은 반정이 일어날 때 영의정으로 있으면서 벌벌 떨던 자였다. 그리고 구수영具壽永은 연산군 때 채청사採靑使로서 조선 팔도를 돌아다니며 여염집 처녀나 유부녀를 마구잡이로 뽑아 연산군에게 바쳤던 간악무도한 자들이었음에도 이런 자가 이등공신이 되어 있었

구수영 묘비. 경기도 남양주시.
「병충분의 결책익운 정국공신 능천군 보국숭록대부 영경연사 능성구공 휘 수영지묘.
배 정경부인 전주이씨 길안현주 합봉」

영의정 유순 사당문 '명덕문'. 경기도 남양주시 팔야리.

다. 또 최유정崔有井, 장한공張漢公 같은 자는 유자광에게 뇌물을 주고 공신이 된 자들이었다.

젊은 선비들은 이 기회에 이자들을 모두 사기에서 삭제하자는 데 합의를 보고 그것을 조광조에게 건의하였다.

"나라의 공신이란 것은 천추에 내려가는 빛나는 공훈입니다. 사실에 어긋나고 거기에 어떤 부정이 있다면 이는 조종조에 대한 면목이 없는 일이며 자손만대에 대한 죄악이기도 합니다. 정암靜庵(조광조) 선생께서 상감께 아뢰어 이 일을 바로잡지 않으면 안 되십니다. 대사헌으로 계신 동안에 기어코 이 일을 바로 잡아 놓으셔야만 합니다."

조광조 역시도 잘못된 기록과 부정한 자들이 조정에서 판치지 않도록 하루 빨리 바로잡고 싶었으나 10년이 묵은 뿌리였다. 또한 그 공신들의 뒤에는 중종의 총애를 받는 후궁들이 있었다. 좀 더 두고 보자며 후배들을 타일렀지만 방장한 혈기에 있는 젊은 선비들은 조광조의 말을 듣지 않고 자신들의 주장을 펼쳤다.

"바른 일을 하는데 무슨 꺼리실 게 있겠습니까. 군자는 목숨보다 의義를 숭상해야 됨은 정암 선생께서 평소에 가르치신 바이며 또한 정암 선생 몸소 실천해 오신 일이십니다. 쇠뿔은 단김에 빼야 합니다. 젊은 사람들의 기를 꺾지 마시고 상감께 이를 하루 속히 아뢰어 조정의 간사한 무리들을 뿌리 뽑으소서."

조광조는 그 일에 대하여는 시기가 좀 빠른 것 같았지만 젊은 후배들이 그처럼 들고 일어나니 어쩔 도리가 없었다. 조광조는 다음 날 경연에서 단행해 아뢰기로 하였고, 그는 후배들에게 약속한 대로 잘못된 공신록에 대한 상소를 중종에게 올렸다.

상소 내용은 젊은 신진기예들이 이미 자료를 수집한 바대로 일등공신 유자광을 비롯해 이등공신 유순 등 70여 명이 아무런 공로도 없이 반정 공훈이라고 사기에 기록되어 있으니 이를 즉각 삭제해 주시라는 내용이었다. 이는 국가의 수치이자 백성들의 풍기를 문란하게 할 근원이라는 상소는 장장 두루마리 한 권에 달했다.

평소에 신임하던 대사헌 조광조의 상소이니 중종은 이를 눈여겨 보았고, 더구나 70여 명이나 거짓으로 공훈을 조작하다니 기가 막혔다.

그러나 이 일은 중대한 일이었으므로 중종은 조광조를 비롯한 간관과 대간 일동을 모두 어전에 불러 조광조가 올린 상소의 내용이 사실인지를 확인하였다. 간관과 대간 일동은 자신들이 조광조에 재차 부탁하여 올린 일이므로 이구동성으로 사실이라 아뢰고 속히 거짓으로 공신에 오른 자들의 명단을 사기에서 삭제할 것을 촉구하였다.

조趙씨가 왕이 된다

바로 그날 저녁이었다. 남곤과 심정의 사주를 받은 홍경주는 관복을 갖추어 입고 신무문神武門으로 향했다. 신무문은 경복궁 제일 북쪽에 있다 해 북문이라 불리기도 한 곳으로, 홍경주는 이곳을 통해 궁으로 들어가 내시에게 거래를 전하고 딸 희빈 홍씨가 거처하는 부용당으로 들어갔다. 홍씨는 내시 내관들을 멀리 물러나도록 분부하였다.

"조광조의 일당들이 나와 그리고 남곤, 심정 대감 등을 다 죽이고

신무문

박원종 대감, 성희안 대감 등의 무덤을 파 관을 쪼갠다고 떠들어 대기에 왔네."

긴장된 표정으로 있던 희빈 홍씨의 얼굴은 홍경주는 말에 그만 새파랗게 질렸다. 도움을 요청하는 아버지에게 희빈 홍씨는 자신이 무엇을 어떻게 해야 하는지를 초조하게 물었다.

"우리 공신들은 밖에서 역적 고변을 할 테니 자네는 안에서 일을 좀 해 줘야겠네. 가만히 무예청이나 심복들을 시켜 궁의 후원 나무들의 잎에 꿀물로 〈주초위왕走肖爲王〉이란 네 글자를 쓰게 해 주시오. 이렇게 써 놓으면 벌레들이 단물을 빨아 먹으려고 글자를 좀먹듯 모두 파먹을 것 아닙니까. 이때 가서 자네는 전하께 후원의 동산을 좀 보십시오 하면 되는 것이네. '주走'와 '초肖' 두 자를 합하면 '나라 조趙'가 되니 이는 조광조가 임금이 된다는 뜻이 된단 말이네."

희빈 홍씨는 여전히 어리둥절하여 아버지의 그 말이 무슨 뜻인지 이해가 되지 않았다.

희빈 홍씨 묘비. 경기도 포천시.

"조광조가 임금이 된다면 전하가 가만히 있겠냐, 처치하고 말지. 알겠는가?"

이렇게 말한 홍경주가 돌아간 다음날 궁의 후원 동산에는 늙은 무예청 하나가 나뭇잎마다 꿀물로 '주초위왕'의 네 글자를 쓰고 다녔다. 그리고 며칠 후 희빈 홍씨는 시녀들 3, 4명을 이끌고 후원으로 나갔다.

희빈이 천연스럽게 좋은 날씨를 들먹이며 하늘을 올려다보자 멋모르는 시녀들은 일제히 상전을 따라 비위를 맞추었다. 울긋불긋 아름답게 치장을 한 의장을 갖춰 입은 희빈을 비롯한 여인들은 푸른 잔디를 밟고 후원 동산에 이르렀다.

잎이 넓은 참나무 앞에 이르자 희빈 홍씨는 나뭇잎을 유심히 들여다보며 지나갔다. 분명하게 '주초위왕'의 네 글자가 새겨진 이파리를 본 홍씨는 속으로 미소를 지었다. 자세히 보니 그런 잎들은 한둘이 아니었다.

"저런, 나뭇잎들이 모두 벌레가 먹은 것처럼 구멍이 뚫려 있구나."

희빈이 무심히 지나는 것처럼 말하며 한 나뭇가지를 잡아 글자가 새겨진 잎들을 들여다보았다. 희빈 옆에서 함께 그 잎들을 바라보던 한 시녀가 꼭 무슨 글자처럼 파먹였다고 말하자 다른 시녀들이 주위의 나뭇잎들을 보며 모두가 똑같은 모양으로 파먹었다며 놀라워했다.

그것은 언문 밖에 모르는 시녀들이고 마침내 한문을 깨친 한 시녀가 이파리 하나를 자세히 들여다보다가는 말하였다.

"빈 마마, 이상하옵니다. 분명 〈주초위왕〉이라는 모양으로 벌레가 파먹었습니다."

희빈 홍씨는 그제야 놀라는 몸짓으로 나뭇잎을 이리저리 살피기 시작했다. 잠시 뒤 이 소문은 곧 궁 안의 무예청, 내시, 내관들에게 점점 퍼져 나가 서로 구경하러 가기 바빴다. 그리고 나뭇잎을 보고 돌아온 자들의 말은 한결같았다.

"틀림없는 글자일세, 달아날 주走, 같을 초肖, 할 위爲, 임금 왕王! 이걸 파자로 풀면 조趙씨가 임금이 된단 말 아닌가?"

"조씨가 왕이라니? 아예 목 달아나기 전에 입들 다물게. 그런데 조씨로 잘난 분은 조광조 어른밖에 없는데 하지만 그 어른이 설마……"

그러나 소문이 그것으로 잠잠해지는 것은 아니었다. 심지어 경빈 박씨를 비롯한 모든 후궁들에게까지 소문은 퍼져 다들 한번씩 구경을 다녀오기에 이르렀다.

한편 조광조로부터 가짜 공신들을 사기에서 삭제하란 상소를 받고 그 처결을 다음날로 미뤘던 중종은 그날 이후로 다시 경연에 나가지 않았다. 경연에 나가 조광조를 비롯한 선비들을 만나면 가타부타 대답을 내려야 할 터인데 어떤 선택을 해야 할지 판단이 서지 않던 중종은 그들을 피하자는 심사이기도 했다.

왕이 경연에 나오지 않자 왕을 만나 볼 수 없게 된 사헌부, 사간원, 홍문관 삼사의 관리들은 기다리다 못해 합동으로 상소를 올렸다. 이에 중종은 몸이 불편하니 쾌차할 때까지 기다릴 것과 일전의 위훈으로 인한 상소 건은 이미 10년이나 지난 일이니 굳이 소급해 왈가왈부할 필요가 없지 않느냐는 비답을 내렸고, 조광조 이하 삼사의 관헌들은 격분하였다.

관헌들이 모두 벼슬을 내놓고 총 사직하기로 결의했고, 조광조가 생각해 봐도 부하 관헌들의 말은 옳았다. 조광조는 우선 자신이 주관하고 있는 사헌부 관리들을 한데 합해 치사致仕를 써 올렸다.

〈신 조광조는 신이 관장하는 사헌부 헌관들과 함께 치사를 올립니다. 신들의 상소를 전하께서는 듣지 않으시니 이는 신들의 처사를 부당하다고 인책하신 것으로 알고 스스로 물러가옵니다.〉

뒤따라 사간원 홍문관의 장들도 모두 치사를 써 올렸고, 이렇게 삼사가 텅텅 비자 조정 안에는 어두운 기운이 깃들고 백성들은 술렁이기 시작했다.

훈구 대신들에게 마음이 기우는 중종

삼사의 총 사퇴서를 받아 쥔 중종은 아찔하기도 했으나, 우선 괘씸하다는 생각이 먼저 들었다. 그렇지 않아도 요즘 희빈 홍씨로부터 조광조 일당이 무리를 지어 왕을 고립시키려는 음모를 꾸미고 있다는 말을 듣고 기분이 언짢던 판이었는데, 일이 이렇게 되고 보니 희빈의 말이 정말인지도 모른다는 의혹이 든 것이었다.

그러나 우선 표면상으로라도 이 일을 수습해야 했다. 중종은 급히 삼정승과 육조판서를 빈청으로 불러 그들의 의견을 물었다.

영의정 정광필을 비롯해 우의정 안당, 좌찬성 이장곤 등 대부분은 조광조를 두둔하는 편들이었고 먼저 정광필이 앞으로 나가 아뢰었다.

 "삼사가 모두 치사를 냈다는 것은 일찍이 역대에 없는 중대한 일인 줄로 아뢰옵니다. 그들의 상소가 아무 근거가 없는 것은 아닐 것이오니 자세히 조사하여 처리하시는 것이 조정과 백성들을 편안케 하는 일이라 생각이 되옵니다."

 이어 좌찬성 이장곤이 아뢰었다.

 "이 일은 소인이 듣자옵건데 대사헌 조광조가 먼저 관원들에 하명하여 조사해 낸 것이 아니라 도리어 부하 관헌들이 실록에서 마땅치 않은 몇몇 거짓으로 공신에 오른 자들을 발견하여 그것을 마땅히 고쳐야 된다고 조광조에게 말하므로 할 수 없이 상감께 상소를 올린 것으로 아옵니다. 필시 공신 중에는 마땅치 않은 몇 사람이 있는가 하오니 영의정 대감의 말대로 자세히 조사하여 처결하심이 마땅한 줄로 아뢰옵니다."

 그러자 모두들 위훈으로 공신에 오른 자를 마땅히 삭제해 삼사의 헌관들이 다시 들어와 일하도록 해야 한다고 한 목소리가 되어 말하였다. 이 자리에는 예조판서 남곤도 끼어 있었으나 대세가 이미 반대쪽으로 기울자 꼼짝 못하고 있을 뿐이었다.

 대신들까지 이렇게 주장하니 중종으로서는 어쩔 도리가 없었다. 곧 승지를 불러 놓고 대신들과 함께 공신들을 하나하나 불러 가부를 결정하고 위훈으로 공신에 오른 자를 확인하도록 하였다. 이곳에서 적발된 자는 유순, 구수영 등을 비롯해 2등, 3등, 4등 공신 76명이었다.

일이 이렇게 되자 이 자리에 있던 남곤은 슬그머니 자리에서 빠져나가 동료 심정을 만났다.

심정은 이 기회를 놓치면 조광조를 몰아내는 일을 쉽게 만들기 어려울 것이라 판단하고 남곤에게 곧 홍경주를 만나도록 했다. 그리고 희빈 홍씨에게 지금 빈청에 계시는 중종을 불러 후원을 구경시키고 〈주초위왕〉이라는 글자를 새기게 한 장본인이 바로 조광조라고 고변토록 일렀다. 이후 남곤은 경빈 박씨에게 보내는 봉서를 썼다. 서둘러 쓴 봉서의 내용인즉 대강 다음과 같은 것이었다.

〈지금 조광조 무리들이 공신들의 공훈을 삭감하고자 함은 그것으로만 끝나는 것이 아니오. 장차는 삼강오륜을 내세워 전하께서 연산군을 내쫓고 대신 왕이 된 것이 잘못이라는 것을 성토하여 황송하옵게도 전하를 내쫓고 저들이 이 나라의 왕이 되자는 흉계이오. 그 실증으로 후원에 가 보시오. 나뭇잎마다 꿀물로 '주초위왕'이라 써서 천하의 인심을 자기한테 돌리려 꾸며 놓았으니 지금 빈청에 계신 상감께 급히 이 일을 알리소서. 시각을 지체하다가는 금일 내로 전하는 물론 중전 이하 빈 마마 등 모두 목숨이 위태롭게 될 것이오.〉

남곤의 비밀스런 편지를 받아 읽은 경빈 박씨는 온몸을 부들부들 떨며 급히 내시 하나를 불러 상감을 모셔 올 것을 명하였다. 박씨는 혹 중종이 그곳 일이 바쁘다 하더라도 생사에 관한 일이라 전하고 꼭 모셔 올 것을 거듭 일러 보냈다.

곧 자비에 실려 온 중종에게 경빈 박씨는 부들부들 떨리는 손으로 봉서를 내밀었다. 글을 읽고 노여워하는 중종 앞으로 경빈 박씨의 시비 하나가 후원 쪽에서 헐레벌떡 뛰어오더니 손에 한 움큼 쥔 나무 이파리를 펴놓았다.

그것을 두서너 잎 주어 들여다 본 중종은 후원으로 가 직접 자신의 눈으로 확인하기로 했다. 중종이 옥교玉轎에서 후원의 나뭇잎을 바라보니 과연 모두 하나같이 '주초위왕' 이라 새겨져 있었다. 중종의 등골로 식은땀이 쭉 흘렀다.

다시 경빈 박씨의 처소로 돌아오는 중종 앞으로 희빈 홍씨의 시녀 하나가 급히 뛰어와 문 앞에 사후伺候를 하고 있다가 아뢰었다.

"희빈 마마께서 상감마마께 급히 아뢸 말씀이 계시다 하여 마마 처소로 오셔도 괜찮겠느냐 여쭈어 보라 하여 왔사옵니다."

필경 자신들이 놀란 것과 같은 문제일 것이었다. 잠시 뒤 경빈 박씨의 거처를 찾아온 희빈 홍씨의 손에도 예의 그 낙엽이 한 움큼 있었다. 중종은 내시에게 정원에 나가 선전관을 들도록 할 것을 명하였다. 선전관이 경빈 박씨의 처소 앞에 등대하여 국궁鞠躬하고 서자 중종은 거두절미하고 하명하였다.

"금부에 나가 나졸들을 데리고 조광조를 잡아다 하옥시켜라!"

중종은 그제야 떨리는 마음이 다소 진정되는 것 같았다. 중종은 분함으로 해서는 당장 조광조에게 박살형을 내려도 마음이 풀리지 않을 것 같았지만 그래도 일국의 대사헌을 조정 대신들의 의견도 듣지 않고 단독으로 형을 내린다면 나라의 체통도 체통이려니와 후일 말썽이 많을 것 같아 우선 잡아 놓은 다음 천천히 처리하려는 심산이었다.

남곤, 심정, 홍경주와 그의 딸 희빈 홍씨 등은 조광조가 이만한 벌을 받는 것으로 그치게 될까봐 염려가 되었다.

조광조와 사림파를 살리려는 이장곤

중종은 이렇게 조광조를 붙잡아 넣을 것을 명하고 곧 희빈 홍씨의 아버지 홍경주를 경빈 박씨의 처소로 불렀다. 홍경주가 왕의 명을 받고 어전에 입시한 것은 저녁 어스름 무렵이었다. 그곳에는 자신의 딸 희빈 홍씨도 함께 있었다.

이때 중종은 조광조가 역적모의를 하고 자신이 왕이 되려 했다는 것을 사실로 믿고 있었다. 중종은 이성을 잃고 어찌해야 할 바를 모른 채 후궁들이 있는 후궁 처소에서 후궁의 아비인 신하를 불러 하소를 하기 시작했다.

홍경주는 중종에게 조광조만 잡아들여서는 남은 자들이 서로 연통하여 큰일을 저지를 것이니 그 일당을 모두 잡아들여야 할 것이라는 의견을 내놓았다. 얼마 후 또 다른 선전관을 부른 중종은 이제부터 부르는 자들을 금부 나졸들과 함께 가서 모두 포박해 투옥시킬 것을 명하였다. 선전관에게 이른 중종은 홍경주로부터 조광조와 함께 역적모의를 하였다는 일당의 명단을 들었다.

그리하여 조광조와 함께 잡혀 와 투옥된 사람은 우참찬 이자를

홍언필 묘소. 경기도 화성시.

비롯한 김정, 홍언필, 김구 등 8명이었다. 이날 밤 조광조까지 9명은 모두 결박된 채 열을 지어 대궐 안마당으로 끌려 들어갔다. 그들이 엎드려 있는 마당가에는 기치창검이 번쩍이는 속에 나장과 나졸 수백 명이 무기를 들고 시립해 있었고, 합문 안 편전에서는 남곤까지 들어와 중종을 모시며 이날 밤에 급히 임명한 승지와 내시들에게 계속해서 영을 내리고 있었다.

이들을 일일이 문초해 죄를 다스리다가는 사전에 모의한 것이 들통이 날까 두려운 남곤과 홍경주는 서둘러 중종에게 박살형으로서 치죄할 것을 어서 허락하라고 재촉하였다. 조광조에 대한 신뢰가 분노로 변해버린 중종은 그들의 말을 따라 죄인 조광조 일당을 모조리 대궐 마당에서 박살을 시키도록 영을 내렸다.

이때 박살 소리를 듣고 깜짝 놀란 사람이 있었으니 그는 일찍이 조광조를 천거한 병조판서와 판의금 부사를 겸한 이장곤이었다. 그는 한 시진時辰 전에 조광조가 까닭 모를 혐의로 잡혀 갔다는 소리를 듣고 급히 궁으로 달려온 터였고, 이장곤이 궁 안으로 들어섰을 때 일은 벌써 그 지경이 되어 있었다.

이장곤은 팔을 벌려 자신을 막는 내시에게 호통을 치며 급히 편전으로 들어서, 어전에 곡배를 올리며 간곡히 아뢰었다.

"신 병조판서 판의금 이장곤 아뢰오. 조광조가 죄를 져 포박되어 왔다 하여 신 입시하였습니다. 또한 합문 안에서 들으니 조광조를 박살한다는 선전관의 말이 들리니 사실인지 알 길이 없나이다. 소신의 맡은 바 임무가 판의금이기 때문에 감히 말씀드립니다. 죄상을 알기 전에는 조광조를 박살할 수는 없사옵니다. 조광조는 나라의 막중한 사헌의 책임을 맡은 대사헌이었습니다. 대사헌을 치죄하는데 그 죄상도 알기 전에 거리에서 잡은 도둑 다루듯 박살한다는 것은 조정의 체통이 서지 않을 뿐더러 이 자리에는 영의정, 좌의정, 우의정 중 단 한 사람도 없습니다. 이런 막중한 일에 어찌 정승 한 사람도 없이 처리하시려 하옵니까? 정승을 출두케 하여 상의하신 다음 처리하옵소서."

이장곤의 말이 떨어지자 중종의 좌우에 배석한 남곤과 홍경주의 얼굴빛이 붉으락푸르락하였다. 판의금(부사)란 조선 시대 의금부의 으뜸 벼슬로서 중죄인의 심문을 담당하던 곳이었다. 이장곤의 말이 옳았기에 중종은 우선 조광조 일당을 옥에 가두고 밤 안으로 삼정승을 모두 들도록 영을 내렸다. 차가운 밤바람에 오랫동안 밖에 머물렀던 중종은 피곤이 몰려와 영을 내려놓고 내전으로 들어가 버렸다.

새벽녘 삼정승은 모두 모였지만 임금이 침수에 들어 조광조 등을 다시 국문하기 시작한 것은 다음날 아침에 이르러서였다. 한 시진 쯤 걸려 죄인들의 형식적인 공초는 끝이 났다.

공초 문서를 극죄를 저지른 자들로 조작한 남곤과 홍경주는 그것을 삼정승에게 잠깐 보인 다음 편전으로 들어가 중종에게 아뢰었다.

"조광조 일당을 문초한바 감히 능상凌上을 도모한 극죄인이옵니다. 간악한 무리를 다루는 율에 의하여 모두 참형에 처하고 가산을 적몰하는 것이 마땅할 줄로 아뢰오."

남곤 등은 다시 한 번 강조하며 조광조 일당을 죽일 것을 주장하였고 중종 역시 그 뜻을 받아들였다.

전례 없던 성균관 유생들의 호곡 시위

조광조가 옥에 갇히자 홍문관, 예문관, 성균관 등의 유생들이 모여 조광조를 살려 달라고 주청하였고 그 수는 1천 명이 훌쩍 넘었다. 거기에 장안 백성들까지 합세를 하며 궁성으로 모여들었다.

이에 용기를 얻은 유생들은 대궐 문을 강제로 밀치고 궁 안으로 들어가기 시작했고, 이 과정에서 생원 박광우朴光祐는 상처를 입어 얼굴에 피범벅이 되고 수많은 유생들의 망건이며 옷 역시 성한 자가 없었다.

왕의 영을 승지가 받아쓰고 있는데 갑자기 궐문 밖에서 수백 명의 통곡 소리가 궁 안 편전에까지 울려 퍼졌다.

"유생의 일이 심히 놀랍도다. 대궐 마당으로 함부로 들어왔으니 또한 그 죄가 있을 것이며, 궐문을 밀치고 바로 들어와서 호곡號哭함 역시 천고에 없던 일이다. 주모자를 잡아가두라."

중종이 말하자 유생들은 한漢나라 양진楊震이 잡혔을 때 태학생太學生 3천여 명이 궐문을 지키고 호곡한 일이 있음을 밝히며 자신들 행동의 정당성을 주장하였다.

그러나 중종은 궐문 밖에 모인 자들을 모두 포박하여 옥에 가두고 조광조 일당은 법대로 처결하도록 하명하였다.

유생들의 우두머리 격인 이약수李若水 등 다섯 명이 잡혀가자 여러 유생들은 앞다퉈 옥에 들어가 앉았다. 그 시각 이후 조광조의 구명 운동에 나선 사람은 위로는 종실에서부터 아래로는 피리 부는 악공, 통역을 맡은 역관, 조정의 벼슬아치, 심지어 역졸과 장안의 백성들에 이르기까지 그 수로 말하면 무려 수만이었다. 성균관 선비 1천여 명은 금부 나졸들이 왕명을 받들어 모두 포박하게 하였으나 그 수가 너무 많아 묶을 쇠사슬이 동이 나고 옥이 비좁아 결국 새끼로 유생들의 목을 얽어 운종가雲從街 인정전 앞에 매 두어야 했다. 그러나 그들은 여전히 통곡을 하며 조광조를 살려 달라며 아우성이었다.

이에는 중종도 어찌할 수가 없어, 궐문 내에서 소란을 일으킨 유생들은 주범 이하 모두 무죄 방면하라는 전교를 내린 다음 다시 그들에게 친히 하교를 내렸다.

〈조광조의 무리가 어찌 처음에 나라를 그르칠 뜻이 있었으랴. 그러나 근래에 와서는 이들이 너무나 과격한 일을 하는 까닭에 부득이 죄를 주는 것이다. 과히 큰 죄를 주지는 않겠다. 대신들도 되도록 조정을 안정케 하려고 노력하고 있다.〉

중종은 승지를 불러 죄인들에게 다시 처분을 내렸다.

〈조광조, 김정, 김구, 김식 네 사람은 특히 죽음을 면하도록 하되 대신 원방에 안치시키고 나머지 네 사람은 형장 1백 대의 벌을 주어라.〉

이렇게 민심의 힘을 얻은 조광조 일당은 죽음을 간신히 면한 뒤 조광조는 전라도 능성陵城(현 화순군 동복현同福縣), 김정은 충청도 금산錦山, 김구는 개령開寧 등으로 귀양 보내고 나머지 넷은 형장 1백 대로써 죗값을 치렀다.

모해 상소로 죽음을 맞이하는 조광조

그러나 남곤 등의 사주를 받은 무사 박배근朴培根, 정귀아鄭歸雅 등 30여 명이 모여 의견의 일치를 보았다.

"국가에서 조광조 일파에게 치죄하는 것이 너무 가볍다. 아직도 그들 일파는 조정 안에 그대로 있으니 이런 자들을 그대로 두면 무슨 일이 일어날지 모른다. 그자들은 무武를 경멸하고 무사를 욕한 자들이다. 우리들이 힘을 합해 그자들을 없애 버려야 한다."

그들은 이러한 말로 무사들을 선동하며 조광조 일파를 완전히 없애야 한다고 떠들어댔다. 뿐만 아니라 조광조 일파가 서리를 맞게 되자 이제까지 그들 일파에 붙어 아첨하던 무리들도 돌아서 조광조를 죽여야 한다고 주장하기 시작했다. 그들은 왕에게 상소를 올렸다.

〈조광조 일파는 옛것을 버리고 붕당을 지어 나라를 그르치게 한 대역 죄인이오. 그들을 더 엄히 다스리소서.〉

이 글을 본 중종은 칭찬을 아끼지 않으며 그들에게 술까지 하사했다. 다른 일파에서는 조광조 일당은 물론 조광조가 들어와 실시하게 된 현량과를 혁파하라는 의견까지 내세웠다. 혼돈은 계속되고 정국은 갑론을박으로 날을 지새웠다. 중종은 여러 대신들이 상의하여 조광조 일당을 다시 내사하고 그에 맞는 벌을 내리라는 교지를 내렸다.

한편 조광조를 두둔하는 무리들의 모습을 본 중종은 남곤 등이 조광조가 인심을 얻어 나라의 왕이 되려 한다는 모함에 더욱 두려움을 느끼게 되었다. 이에 겁을 먹은 중종은 그 해결책으로서 사림파를 단합시키는 정점에 있는 조광조를 죽이기로 마음먹었다.

조광조에게 사사 명령이 내린 것은 유생들의 시위 문제를 해결한 바로 그 이튿날이었다. 왕의 영을 받고 조광조 일파를 논죄한 결과로 조광조에게는 사사의 영이 내리고 다른 사람들은 절도絕島로 안치시키기로 결정되었다.

이리하여 능성으로 쫓겨 나 근신하고 있는 조광조에게 금부도사가 들이닥쳐 사약을 내렸다.

"임금이 신에게 죽음을 내리시니 반드시 죄명이 있을 것인즉 그것을 공손히 듣고 죽겠다."

뜰아래 내려가 북쪽을 향해 두 번 절한 다음 꿇어 엎드려 전지傳旨를 받으려는 조광조에게 금부도사는 조그마한 종이쪽지를 내보였다.

그러나 그 종이에는 '사사한다'라고 적힌 글자만 보일 뿐, 죄명은 적혀 있지 않았다. 조광조는 자신이 죄 없이 죽는다는 사실을 확인하고 싶었던 것이다.

"임금이 죽으라 하면 죽어야 할 몸, 전하가 사사의 영을 내렸으면 내 어찌 거역하리오. 그러나 나라에서 대신을 대접하는 법도가 마땅치 않소. 다만 금부도사가 왔으니 어명을 믿고 죽겠소."

말을 마친 조광조는 금부에게 심정이 지금 무슨 벼슬에 있는지를 물었다. 금부도사가 심정은 지금 형조판서에 있다고 답하자 조광조는

"그럼 내가 죽게 되는 이유를 알겠다. 내가 죽거든 관을 박하게 해서 두껍고 무겁게 하지 말라, 먼 길에 운반하여 돌아가기 어려울까 한다."

하고는 애군시愛君詩 한 수를 읊은 다음 북향 사배하고 조용히 사약을 받아 마셨다.

조광조의 숨이 바로 끊어지지 않으니 금부의 나졸들이 달려들어 목을 조이려 하였으나, 그는 호통쳐 물리치고는 독주를 마셔 피를 토하고 죽었다.

마침내 남곤 등 간신들의 줄기찬 조광조 모해 상소로 조광조는 귀양 간 지 채 한 달이 못되는 그해, 기묘己卯 1519년(중종 14) 12월 21일 배소에서 사약을 받고 세상을 떠났다. 그의 나이 서른여덟이

었다.

조광조는 대사성 김식과 양근楊根 고을(현 경기도 양평군)에 밭을 사고 나무를 심어 그 속에서 함께 늙을 계획을 하고 식목을 하였는데 비명에 죽은 것이다. 그러나 그 나무들은 수백 년 후까지 살아 조광조를 섬기는 유생들의 순례 장소가 되었다 한다.

조광조가 사사당할 당시 아들 조정趙定은 다섯 살이었고 조용趙容은 두 살이었는데 조정은 일찍 죽고 조용은 뒤에 군수에 이르렀으나 아들이 없어서 종질인 조순남趙舜男이 뒤를 이었다.

기묘사화로 조광조 등 선비가 많이 죽고 난 후 조선은 몹시 가물었다. 조광조의 배소인 능성골에는 내리 5년 동안이나 비가 한 방울 내리지 않는 흉년이 들었고 백성들은 아주 어려운 생활을 해야 했다.

한편 1522년(중종 17) 강령현康翎縣에서 세 사람이 밭에서 김을 매다가 일어난 일이다. 그중 한 사람이

"근년에 들으니 재상 조광조가 맑고 엄숙해 뭇 벼슬아치들이 모두 공경하고 두려워해 각 도와 고을에 절대로 청탁하는 편지가 없어지고 이로써 시골 동네에도 또한 소리치고 호통치는 관리를 볼 수 없었는데, 이제 그가 귀양 가서 죽었다 하니 이로써 가뭄이 들고 천재天災가 들려나 보다."

하였다. 이에 함께 밭을 매던 사람 가운데 한 사람이 그길로 한양에 올라와 고발해 버렸고, 조정에서는 그 즉시 조광조를 그리워 한 백성을 잡아가 고문을 하고 중한 형벌에 처하였다. 같이 김을 매던 다

른 한 사람은 듣고도 고발하지 않은 죄로 연좌하였으며 고발한 자에게는 무명을 두둑이 상으로 주었다고 한다.

남곤과 조광조, 갈등의 한 배경

조선의 문학은 김종직에 이르기까지 문장文章과 도학道學이 따로 나뉘지 않고 혼합된 상태로 전파되었다. 즉, 감성과 이성이 한데 섞인 상태로 문인文人의 계통을 형성해 왔던 것인데 성현成俔은 이 같은 풍토에 대해 이미 자신의 『용재총화慵齊叢話』에서 경술經術과 문장은 일치할 수 없음을 내다보았으며, 문학사에 큰 변화가 일어날 것임을 예언하였다.

이 문학사의 큰 변혁은 조선 당대 문학계의 큰 인물 김종직의 수

성현 묘소. 경기도 양주시 일영리.

제자 김굉필에 의해 시작되었다. 문학에서 도학을 분리해 도학의 체계를 세운 김굉필은 자신의 스승인 김종직에게

"유학이 문장의 시녀가 될 수는 없습니다."

라고 반박하였다. 이에 대해 퇴계退溪 이황李滉이 남긴 기록이 있다.

김종직 초상화

〈김종직과 김굉필이 분리되었다는 것은 김종직이 다만 시문詩文으로써만 제일로 삼고 일찍이 도학에는 마음을 두지 않았으므로 김굉필이 이것으로써 질문한 것이다. 비록 스승과 제자의 분수가 중하다고 하지만 진실로 지기志氣가 합하지 않으면 어찌 능히 끝내 서로 분리되지 않으며 또 어떠한 일에 드러나게 서로 배척해야만 서로 분리되었다고 이르리오.〉

김종직 문하의 김일손金馹孫, 유호인俞好仁, 조위曺偉, 이종준李宗準, 남효온南孝溫, 홍유손洪裕孫 등은 정통 문장의 맥을 끌고 갔으며 정여창鄭汝昌과 김굉필은 혁신적인 도학의 맥을 발전시켜 나갔다. 이 문학의 혁명은 다른 모든 혁명과 마찬가지로 기묘사화를 통해 현량들의 목숨을 앗아갔다.

연산군 대 두 번에 걸친 사화로 김종직 문하의 학자들은 거의 죽임을 당하였다. 그중 도학파의 명맥은 김굉필의 수제자인 조광조에 의해, 문장파의 명맥은 중종반정의 훈신 남곤에 의해 계승되었다.

도학에 의한 혁신적인 정치를 추진하며 세력을 얻은 조광조는 성

균관 유생들의 지지를 뒤로 하며 현량과를 특설해 김식, 안처근安處謹, 박훈, 박상, 이자, 김구, 기준, 한충 등 도학을 추구하던 인재를 등용시켜 지반을 든든하게 하였다. 즉, 현량과는 문장이나 출신에 의해 좌우되던 과거 급제가 아니라, 도학적 학문의 깊이를 기준으로 인재를 등용한 당시로서 파격적인 제도였다.

그러면서 도학을 추구하던 사림들은 문장파의 훈구 대신 남곤과 그의

안처근 단비. 안당의 아들.
경기도 하남시.

문하인 이행, 박은朴誾, 그리고 이행의 문하인 정사룡鄭士龍, 소세양蘇世讓, 이희보李希輔 등을 배척하기에 이른다.

조광조가 중종반정의 공신들 가운데는 가짜가 많다 하여 그 3분의 2에 해당하는 사람을 공신록에서 삭제하자 이에 불만을 품은 심정 등은 조광조 일파의 위세에 눌려 있던 남곤 등의 문장파 세력과 야합해 반도학파의 세력으로 힘을 확대해 나갔던 것이다.

일상생활에 있어서도 두 파는 상반되는 모습을 보였는데 도학파는 근엄했던 반면에 문장파는 풍류를 즐기는 낭만적인 성향이 강했다.

그에 관해 전하는 일화가 있다. 남곤이 해주海州 감사로 있을 때 무척 사랑하던 기생이 있었다. 서로 이별이 아쉬워 기생이 금교역金郊驛까지 따라오자 남곤은 그 기생을 무릎에 안고서 역사驛舍 벽에

시를 써 내려갔다.

葉志空庭窣窣鳴 엽지공정솔솔명
誤驚前夜曳鞋聲 오경전야예혜성
旅窓孤枕渾無寐 여창고침혼무매
半壁殘燈翳復明 반벽잔등예부명

빈 뜰에 쓸쓸한 바람 불어 낙엽 날리는 소리를
어젯밤 그대의 발자국 소리로 잘못 알고 놀랐네.
객지의 외로운 베갯머리에 나그네 잠 못 이루고
꺼져가는 등잔불 뒤로 희미하게 날이 밝아오네.

역시 문장파인 정사룡의 풍류와 익살은 유명했다. 그는 경연에서 진강進講을 하게 되자 이마를 찌푸리고 덜미를 긁으며
"치질을 열 번 앓고 말지 경연은 한번이라도 당하기가 싫다."
고 막말을 할 정도였다.

또한 이희보는 감성이 매우 뛰어났는데, 연산군이 아끼던 궁인이 죽자 연산군은 서정적 시를 잘 쓰기로 이름난 이희보를 불러 글로써 자신을 울려 달라고 하였다.

宮門深鎖月黃昏 궁문심쇄월황혼
十二鍾聲到夜分 십이종성도야분

何處靑山埋玉骨 하처청산매옥골
秋風落葉不堪聞 추풍낙과불감문

궁궐 문은 깊이 잠겨 달빛도 어두운데
열두 번 종소리가 밤중에 들린다.
청산 어느 곳에 아름다운 미인을 묻었는가.
가을바람에 지는 잎 소리 차마 못 듣겠네.

이 이희보의 시를 읽고 연산군이 눈물을 흘렸음이 문집에 기록되어 있다.

이와 같이 서정적인 기질이 있었던 문장파들이 꾸민 도학파 제거 음모에 있어서도, 결과는 참혹했지만 그 방법에 있어서는 역시 낭만적인 방식을 동원하였다.

남곤과 심정은 조광조 일파의 세력이 커질 것을 우려해 대궐 안의 나뭇잎에 꿀로 〈주초위왕〉이라는 글자를 써서 벌레로 하여금 파먹게 하고 그것을 중종에게 보인 것이다.

기묘사화를 이해하기 위해서는 다른 사화와 달리 조선 문학사의 배경에 대한 이해를 함께해야 하며, 문장을 우선한 정치에서 정치를 학문으로 전환시키고자 하던 시점에서 빚어진 아픈 상처의 단면임을 알아야 할 것이다.

김덕무金德懋는 김식의 작은 아들로 기묘사화 당시 8살이었다. 그는 어린 나이에도 분위기를 눈치챈 것인지 집밖 나들이를 일체 하지 않았고, 집안에 있으면서도 말을 하거나 웃지 않았다. 물론 아이들과 어울려 노는 법도 없었다. 집안에서는 그에 대해 백치白痴라고 소문을 냈고 사람들도 그렇게 믿었다. 8살의 어린이까지도 정치적 상황에 영향을 받고 몸을 사려야 했을 정도로 당시의 분위기는 살얼음판 같았다.

현량과 賢良科 급제자

현량과賢良科 급제자

현량과賢良科 급제자 명단

순번	본관	성명	생몰년	수명
1	청풍淸風	김식金湜	1482~1520	39
2	한양漢陽	조우趙佑	1484~?	
3	광주廣州	이연경李延慶	1484~1548	65
4	순흥順興	안처근安處謹	1490~1521	31
5	광주光州	김명윤金明胤	1493~1572	80
6	순흥順興	안정安珽	1494~1548	55
7	순흥順興	안처겸安處謙	1486~1521	36
8	안동安東	권전權磌	1490~1521	32
9	고령高靈	신잠申潛	1491~1554	64
10	영일迎日	정완鄭浣	1473~1521	49
11	여흥驪興	민회현閔懷賢	1472~?	
12	순흥順興	안처함安處諴	1488~1543	56

순번	본관	성명	생몰년	수명
13	밀양密陽	박훈朴薰	1484~1540	57
14	안동安東	김익金釴	1486~?	
15	평산平山	신준미申遵美	1491~1562	72
16	상주尙州	김신동金神童	?~?	
17	진주晉州	강은姜檃	1492~1552	61
18	남양南陽	방귀온房貴溫	1465~?	
19	진주晉州	유정柳貞	1491~1549	59
20	강릉江陵	박공달朴公達	?~?	
21	고성固城	이부李阜	1482~?	
22	김해金海	김대유金大有	1479~1551	73
23	팔거八莒	도형都衡	1480~1547	68
24	여산礪山	송호지宋好智	1474~1526	53
25	여흥驪興	민세정閔世貞	1471~?	
26	상주尙州	김옹金顒	?~?	
27	청주淸州	경세인慶世仁	1491~?	
28	함안咸安	이령李翎	?~?	

※ 현량과는 조광조의 제안으로 시행되어 1519년(중종 14) 4월 17일에 위의 28명이 선발되었으나, 기묘사화 이후 같은 해 12월 16일 합격 발표가 취소되었다.

현량과 급제자 1

급진적 이상주의자 기묘8현 김식

김식金湜은 중종 때의 성리학자로 본관은 청풍淸風이다. 그는 1482년(성종 13) 생원 김숙필金叔弼의 아들로 태어나 한양에서 자랐으며 어려서 아버지를 여의고 학문에 열중하였다.

김식은 조광조, 김안국, 기준 등과 도학 소장파를 이루고 제도 개혁과 과거제도의 수정을 촉진하기 위해 힘썼다. 그는 중종반정 때 공을 세우지 않았음에도 공신이 된 훈구파 76명의 훈적을 삭제하고 토지와 노비를 빼앗는 등 급진적이고 과격한 정치를 추구했다.

한편 김식은 제천에서 태어나거나 거주했던 인물이 아님에도 제천 한문학에 큰 영향을 끼친 인물로 평가되는데, 그것은 그가 청풍을 관향으로 하는 청풍 김씨의 상징적 인물

김식 신도비. 경기도 남양주시.

이자 조광조, 김정과 함께 사림파의 대표적인 인물로 청풍의 봉강서원鳳岡書院에 배향되었기 때문이다.

1501년(연산 7) 진사가 된 김식은 벼슬보다는 성리학 연구에 몰두하다가 안당의 천거로 광흥창 주부에 서용되고 이조 좌랑, 사포서 사포, 장령 등을 역임하였다.

현량과는 1519년(중종 14) 4월 조광조, 김정 등 사림파의 건의로 숨어 있는 인재를 발굴하기 위한 목적으로 실시되었다. 이를 위한 당시 현량과의 천거 명목에는 성품, 기량, 재능, 학식, 행실, 행적, 생활 태도의 7가지가 있었다.

이 현량과에서 김식은 장원으로 급제하였고, 급제자 28명 가운데 유일하게 7항목을 모두 완벽하게 평가받았다. 김식은 당시 사림들

사이에서 조광조와 버금갈 만한 인물로 인정받을 만큼 뛰어난 실력이 있었다. 그는 급제자 발표 5일 만에 성균관 사성이 되고, 며칠 뒤에는 홍문관직제학에 올랐으며 이조판서 신상申鏛과 우의정 안당이 재차 상계하면서 마침내 대사성에 임명되었다.

하지만 그해 11월 기묘사화가 일어나면서 김식에게 절도안치의 처벌이 내려졌다가, 영의정 정광필의 비호로 겨우 선산善山에 유배되는 것으로 결정되었다. 기묘사화 후 현량과가 폐지되면서 김식의 직첩과 홍패紅牌도 환수되었다가 명종明宗 때 복원되었으며, 그 뒤 사림파들이 정권을 잡은 선조 대에 영의정으로 추증되었다.

김식의 문인으로 신명인申命人, 오희안吳希顔, 목세칭睦世秤, 김윤종金胤宗, 조경, 홍순복洪舜福, 윤광일尹光溢, 이세명李世銘, 신영申瑛, 김덕수金德秀 등이 있다.

이간공 신영 신도비. 경기도 김포시.

1520년(중종 15) 세상을 떠난 김식의 자는 노천老泉이며 호는 사서沙西, 동천東泉, 정우당淨友堂, 시호는 문의文毅로 기묘8현己卯八賢의 한 사람이다.

그는 서거한 후 청풍의 봉강서원 외에도 양근陽根의 미원서원迷原書院, 거창居昌의 완계서원浣溪書院 등에 배향되었으며 그의 문집으로 7권 4책의『사서집沙西集』이 남아 있다.

당시 중앙 정계에 진출한 신진 사림들에게는 훈구파와 맞서 도학 정치를 펴야 하는 절체절명의 사명감이 있었다. 하지만 현실 정치는 그들의 이상대로만 진행될 수는 없었고 쓰라린 패배를 겪어야 했다. 그런 그들에게 자연의 세계는 유유자적하며 여유를 찾는 곳이 아니라 쓰라림을 달래기 위한 위안의 장소가 되기도 했는데, 선산의 유배지에서 김식이 지은 다음의 시조는 그 단적인 예를 보여주는 것이라 하겠다.

술을 취케 먹고 거문고를 희롱하니
창 앞에 섯는 학이 절노 우즑하는 괴야.
저희도 봉래산 학이매 자연지음自然知音 하노라.

술과 거문고, 학은 그에게 위안의 대상이었다. 이를 통해 김식은 현실에서의 좌절을 달래고 이상향을 동경하게 되는데 그 이상향의 모습은 봉래산으로 대변되듯 신선의 세계이다. 즉 현실 정치의 혼탁한 모습과 상반되는 신선 세계의 학이 오히려 거문고 소리에 담겨 있는 자신의 마음을 알아준다는 표현이다. 그는 자연 속으로 몰입하며 패배의 쓰라림을 달랬던 것이다.

김식은 이후 1520년 일어난 신사무옥辛巳誣獄에 연좌되어 선산의 유배지에서 다시 절도로 유배된다는 말을 듣고 거창에 숨었다가 「군신천재의君臣千載義」라는 임금과 신하의 관계는 영원하다는 시를 짓고 자결하고 만다.

자결하기까지의 행적

조광조보다 과격했던 성리학자 김식은 한충의 말대로 "당대 성리학을 아는 오직 한 사람"이라는 평을 받으며 우러름을 받았다. 조광조와 사상이나 벼슬길은 같았으나 오히려 보다 과격한 사상을 실천하려다 조광조와 함께 기묘사화의 선두에서 화를 입었던 것이다.

기묘사화가 시작되던 날 김식은 외사촌 형 집에 가서 외조부의 제사를 모시고 있었다. 집안사람 가운데 누군가가 김식에게 조정의 정치를 묻자 그는 앞으로 우리가 이렇게 모이는 일이 어려울 것임을 암시하였고, 이에 외사촌 동생 목세평睦世枰이 화가 일어날 것을 짐작한다면 멀리 피신하는 것이 옳다고 권고하였다.

결국 김식은 자연의 예측대로 제사를 지내던 도중 금부도사에 의해 잡혀가게 된다. 선산으로 귀양을 간 그는 다시 절해고도로 유배된다는 사실을 알게 되자 도피할 마음을 먹는다. 외딴섬에 남은 평생을 갇혀 있다 억울하고 무력하게 죽는 대신 국법을 어기더라도 잘못된 현실에 대해 굴복하지 않으려는 김식의 마지막 선택이었다.

기록에는 그를 아낀 사람이 술에 잔뜩 취해 인사불성이 된 김식을 업고 유배지를 도망쳐 나왔다고 되어 있다. 그러나 그것은 김식이 국법을 어겼다는 사실을 무마시키고 그를 지켜 주기 위해 당대의 사람들이 만들어 낸 이야기이다.

김식은 힘이 세고 충성스러우며 용감한 집종 우음산于音山의 등에 업혀 영산靈山에 있는 자신의 문인 이중李中의 집으로 갔다. 그와 함께 김식의 도피를 도와 그곳까지 같이 온 이가 있었는데 승려 출신의 이신李信이라는 자였다.

　이중의 집에 숨어 있던 김식은 자신의 문인들에게도 역시 조정의 손이 미칠 것을 예상했다. 그는 우선 정국의 돌아가는 상황을 살피고자 이신을 시켜 당시 신문인 조보를 구하도록 한양으로 올려 보내고, 무주茂朱에 사는 문인 오희안의 집에서 만나기로 했다.

　그런데 한양으로 올라온 이신은 자신의 일신을 지키기 위해 마음을 바꾸고, 없는 사실까지 보태어 고변하기에 이른다.

　"김식은 지금 영산에 있는 이중의 집에 있으면서 그의 아들 김덕수와 김덕순金德純 그리고 문객인 김윤종 등과 함께 남곤, 심정, 홍경주 등을 살해하려 하고 있다."

　이에 금부도사가 이중의 집까지 내려갔으나 김식은 이미 하루 앞서 그 집을 떠난 후였다. 김식이 낮에는 은신하고 밤에만 걸어 무주

심정 묘소. 서울시 방화동.

에 이르러 보니 오희안 역시 잡혀가고 없었다.

　김식은 행선지를 바꿔 덕유산德裕山을 넘어 지리산智異山으로 해서 거창에 있는 수도산修道山으로 들어갔다. 아무 것도 먹지 못한 지 수일이 지나자 김식의 마음도 동요하기 시작했다. 그가 고제원高悌院 동쪽 기슭에 이르렀을 때에는 김식의 강직한 성품도 감상적으로 녹아 한 수의 시 「군신천재의」를 바위에 써 내렸다.

日暮天含墨 일모천함묵
山空寺入雲 산공사입운
君臣千載義 군신천재의
何處有孤墳 하처유고분

날이 저물자 하늘은 먹을 머금었는데
산이 텅 비자 절은 구름 속으로 들어간다.
임금과 신하는 천년이라도 의리가 있다는데
어느 곳에 외로운 신하의 무덤이 있는가.

　앞의 두 행은 암담한 현실을 깜깜한 하늘과 구름 속에 묻힌 산사를 통해 표현했으며, 다음의 두 행은 명분과 현실이 일치하지 않음을 한탄하고 있다. 김식은 이 시를 짓고 목숨을 끊음으로써 사림의 명분을 지킨 셈이다. 현재 경상남도 거창군 주상면 완대리에는 그를 추모하는 비가 세워져 있다.

김식은 스스로 목숨을 끊을 결심을 한 뒤 집종 우음산에게는 고사리를 삶아 끼니를 때워야 하니 불을 피우는 데 필요한 것들을 구해 오도록 마을로 내려 보냈다. 그리고 그는 그 틈을 타서 스스로 버드나무에 삼노끈으로 목을 매어 자결하였다. 우음산이 되돌아왔을 때는 김식의 목숨은 이미 끊어진 상태였다. 주인의 옷 속에서 상소 초본 한 장을 찾아낸 우음산은 거창의 원에게 자수하였다.

김식을 고발한 승려 출신의 관노 이신은 그 대가로 면천되었으며, 김식이 굶주려서 찾아 들자 남에게 누를 끼친다 하며 내쫓았던 김대유金大有도 의로운 사람이었다고 공훈을 받았다.

김식 문인들의 몰락

당시 김식에게 연루되었던 인맥은 다음과 같다. 김식의 며느리 이씨가 데려온 유모의 외아들이자 그의 문인 박연중朴連中, 40대의 곤장을 맞고 사형을 당한 부사 하정河挺, 김식과의 신의와 친분 때문에 파면당한 참판 이윤검李允儉 등이 있다. 그리고 홍순복은 형을 집행할 때 몸을 묶은 노끈이 두 번이나 끊어지자 감형관監刑官을 바라보며

"네가 왕명을 받들어 감형하면서 어찌 썩은 노끈으로 사형수의 목을 맨단 말인가."

고 오히려 대담히 힐책하였다.

김식의 외사촌 동생 심풍沈豊은 철산鐵山으로 귀양 가 살았고, 영

산에서 김식을 숨겨 준 이중은 거부巨富를 몰수당하고 북면 부령富寧으로 가족 모두가 강제로 이주당해야 했다.

이후 이중의 동생 이용李庸은 해마다 포목과 10여 명의 종을 데리고 영산으로부터 부령까지 가서 형을 만나고 종들은 그곳에 머물며 다음 해 봄 농사를 짓도록 했다. 이용은 해마다 이와 똑같이 되풀이하기를 14년이나 하며 형제의 깊은 우애를 보였다.

역시 김식이 피신하려 하다가 잡혀간 무주의 오희안도 벽동碧潼으로 전 가족이 이주해야 했고, 윤광일과 현량과로 급제해 현감에 올랐던 최운催澐도 유배를 가야 했다. 김식의 아들과 혼인을 맺은 종실 숭선부정嵩善副正 이총李灇, 김식의 수제자 김윤종金胤宗을 비롯해 김식의 문인 유홍柳洪, 박인성朴仁誠, 권위權緯, 권경權經 등도 김식의 사건에 연루되어 유배를 당했다.

풍류를 즐기며 광객狂客으로 당대의 시세에 저항했던 김식의 수제자 신명인은 김식이 자결하자 그 시체를 거창으로 찾으러 간 장본인이다.

지치주의를 내걸고 성리학을 현실에 접목해 깨끗한 정치를 시도하려 했던 김식은 현량과를 설치하는 등 공정하지 못한 조선 정계에 과감히 도전해 혁명을 꾀

유홍 영정

하려 했다. 그러나 그의 죽음과 함께 그의 뜻을 이을 가능성이었던 인맥들도 스러지면서 김식의 꿈은 좌절되었다.

스스로 백치가 되어 화를 면한 김식의 아들들

김식의 사건에 연좌되어 조정에서는 그의 큰아들 김덕수金德秀를 체포하러 왔다. 그때 그는 여자 옷으로 재빨리 갈아입고 부인 틈에 웅크리고 있음으로서 겨우 화를 면하였다.

김덕수는 기묘사화가 일어났을 때 17살로, 집에 숨어 있기에는 안전하지 않으므로 도망을 쳐야 했다. 그는 용모가 뛰어날 뿐만 아니라 힘과 담력이 컸기에 김식을 죽게 모의한 남곤이나 심정 등은 김덕수가 자신들 역시 죽일까 두려워했다. 그들은 밤이면 집을 옮겨 다니며 잠을 자고 현상금을 걸어 김식의 아들 김덕수를 체포하려 했으나, 민심은 그를 동정하였으며 또한 김덕수는 몸이 재빨랐기에 잡을 길이 없었다.

어느 날 밤 김덕수가 밤을 타서 집에 돌아와 보니 대청에 신주를 모신 장막이 설치되어 있고 불빛에 명정銘旌이 걸려있었다. 그는 아내가 죽은 것을 알게 되었으나 문밖에서 터져 나오는 울음을 참으며 돌아서야 했다.

김덕수는 남곤과 심정이 죽은 뒤에야 집으로 돌아올 수 있었고, 아내 이씨가 마음이 다친 끝에 죽은 것을 아프게 생각하여 종신토록 재취하지 않고 살았다.

김덕무金德懋는 김식의 작은 아들로 기묘사화 당시 8살이었다. 그는 어린 나이에도 분위기를 눈치챈 것인지 집밖 나들이를 일체 하지 않았고, 집안에 있으면서도 말을 하거나 웃지 않았다. 물론 아이들과 어울려 노는 법도 없었다. 집안에서는 그에 대해 백치白痴라고 소문을 냈고 사람들도 그렇게 믿었다. 8살의 어린이까지도 정치적 상황에 영향을 받고 몸을 사려야 했을 정도로 당시의 분위기는 살얼음판 같았다.

김덕무 묘비. 경기도 남양주시.
「증 영의정 김공덕무지묘.
증 정경부인 파평윤씨 부」

청풍 김씨 인맥

명족 청풍 김씨는 시조 문하시중 김대유金大猷 아래로 8대손인 김식金湜파, 9대손인 김우증金友曾파, 13대손인 김신국金藎國파 그리고 중시조인 김소중金小中파로 대별된다.

김대유의 8대손 김식파

호조 참판 김권金權은 광해군光海君이 인목仁穆 대비를 폐할 때 반대하는 의견을 밝히며 절개를 세운 김덕무의 아들이다.

김권의 손자는 병자호란丙子胡亂에 용맹을 세우고 전사한 별제 김전金琠, 김전의 아들은 조선왕조에서 최고의 장사로 소문난 병사 김중명金重明이다.

김중명이 아버지 김전을 양주楊州 금촌金村에서 장사지내고 여묘살이를 하는데 호랑이가 나타나자 발로 차 죽였다 하여 그는 '대호축살장사大虎蹴殺壯士'로 소문이 났다. 그리고 임금이 그 용명을 듣고 시험했을 때 김중명은 모래 가마니 13포苞를 지고 다시 좌우 겨드랑에 한 포씩을 끼고서 대궐 안으로 걸어 들어가 임금과 조신들을 경악하게 만들었다.

김덕수의 증손은 효종조의 명상이자 삼남 지방에 대동법大同法을 시행했던 영의정 김육金堉, 김육의 아들은 현종顯宗 묘정에 배향된 충신 호조판서 김좌명金佐明이며 현종의 국구國舅인 부원군 김우명金佑明은 김육의 조카이다.

허견許堅의 반란을 사전에 적발하여 공신이 된 우의정 김석주金

김좌명 신도비. 경기도 남양주시.

김석주 묘비. 경기도 광주시.
「조선국보사공신 우의정
청성부원군 문충 김공석주지 묘」

錫冑는 김좌명의 아들이며, 청풍 김씨 무맥武脈의 시작을 알린 좌윤 김석익金錫翼은 김우명의 아들이다. 김우명의 작은아들은 판서와 어영대장을 지낸 김석연金錫衍, 김우명의 손자는 병조판서와 훈련대장을 지낸 김성응金聖應, 김성응의 아들은 병조판서 김시묵金時默으로 그는 정종正宗의 장인이다. 김지묵金持默도 김성응의 아들로 형조판서와 어영대장을 지냈으며,

김시묵 묘비. 정조의 국구. 경기도 남양주시.
「유명조선 행 좌찬성 증 영의정 청원부원군 시 정익 김공 휘 시묵지묘.
증 의춘부인 남씨 부우 당성부부인 홍씨 부좌」

김지묵의 아들은 공조판서와 어영대장을 지낸 김기후金基厚로 화려한 무장으로서의 맥을 이었다.

　김시묵의 아들은 참의 김기대金基大, 김기대의 아들은 참판 김종선金宗善이며 공조판서 김원식金元植은 김시묵의 현손이다.

　천연두를 앓고 실명하였음에도 귀로 배우고 입으로 가르쳐 당대 명사에 견줄 만한 학식으로 이름을 날린 김기풍金基豊은 김우명의 5대손이며 판서 김경선金景善은 김기풍의 아들, 예조판서 김익문金益文은 김경선의 아들로 재상의 인맥을 끌었다.

김대유의 9대손 김우증파　참찬 김간金榦과 이씨 왕조에서 박식

하고 기억력 좋은 천재로 손꼽힌 우의정 김구金構는 김우증의 6대손, 박세채朴世采의 문인으로 참판과 대제학을 지낸 김유金揉는 김구의 동생이다.

20년 이상을 상신으로서 다복하게 보내고 영조의 묘정에 배향된 영의정 김재로金在魯와 경종景宗이 병이 잦고 후사가 없으므로 왕세제(후일 영조)가 대리청정할 것을 주장하다 1721년(경종 1)의 신임사화辛壬士禍로 형 김재로와 함께 파직과 유배를 당하였던 참판 김희로金希魯는 김구의 아들들이다. 김희로는 재상 가문의 명족이

김약로 묘비. 경기도 과천시.
「조선의정부 좌의정 증시 충정만휴 김공 휘 약로 묘.
증 정경부인 연안이씨 부좌」

었음에도, 평생 동안 추위만 면할 정도의 극히 검박한 생활을 하고 살았다.

좌의정 김약로金若魯, 영의정 김상로金尙魯, 이조판서 김취로金取魯는 김유의 아들이다.

김재로의 아들은 영의정 김치인金致仁으로 김구와 김재로에 이어 3대가 재상에 오르는 영예를 누렸다. 또한 김치인은 김약로, 김상로와 더불어 3대에 5명의 상신을 배출하였다.

학자 김종후金鍾厚 그리고 정조正祖 묘정에 배향된 명상으로 영의정과 대제학을 지낸 김종수金鍾秀 형제는 김구의 증손으로 4대에

걸쳐 상신에 올랐다.

그리고 김간의 인맥으로 증손 이조판서 김종정金鍾正, 정종의 손자 이조판서 김동건金東健, 김동건의 조카 이조판서 김학성金學性은 판서의 맥을 이끌었다.

김대유의 13대손 김신국의 도량

임진왜란에 1천여 명의 의병을 일으켜 싸웠던 판서 김신국의 도량과 기지는 유명하다.

전란 중이던 김신국은 여주驪州에 계신 어머니의 안부가 불안하여 어머니를 보러 가려 하였으나 도중에 왜적이 대진을 치고 있어 통과할 길이 없었다. 이에 김신국은 자신이 지휘하던 의병 수십 명으로 하여금 흰 깃발을 들고 따르게 하고 자신은 남여肩輿를 탄 채 의관을 바르게 하고 항복하러 가는 듯 적진을 유유히 통과하였다. 멀리서 김신국 일행을 본 왜적은 본진으로 가는 것이려니 생각하며 방관하였던 것이다.

그를 종사관으로 삼은 권율權慄 장군은 "참으로 경세제민經世濟民의 재주가 있다"고 평가하였으며 이원익李元翼은 김신국을 두고 "승정원에 사람이 있다"고 자주 탐복하였고, 이덕형李德馨은 그의 군부 관계에 있어 자문을 하면서 "재간과 국량이 있고 군사軍事에 뛰어났다"고 김신국을 높이 평가하였다.

김신국이 중국 조정에 조공으로 보낼 은銀을 싸는 일을 감독할 때 있었던 일이다. 한 산원算員이 은괴 하나를 숨긴 것을 눈치챈 그는 자신의 지병을 구실삼아 은 싸는 일을 내일로 미루겠다고 말하면서 혐의를 둔 산원에게 그 싸다 만 은의 보관과 감시를 전적으로 맡겼다. 그리고 그 이튿날 은괴를 세어 보니 모자라지 않고 수가 맞았다고 한다.

일과 사람에 대한 그의 재량과 기지는 이토록 지혜로웠다.

또 당시 궁중에서 발을 새로 교체하면서 초록 비단에 색실로 끈을 만들도록 하였는데 호조판서이던 김신국은 선조에게

"명주로 비단을 대신하고 삼麻으로 색실을 대신하여 검소함을 숭상하는 덕을 보이소서."

하였다. 김신국은 왕의 행실은 모든 국풍國風의 상징임을 인식시켰고, 그랬기에 곧은 소리를 자주 하였다.

병자호란 이후 김시양金時讓이

"남한산성南漢山城 때문에 나라가 아주 망하지 않았으니 그 산성은 보배로다.'

라고 말한 일이 있다. 이 말을 들은 김신국은

"나라에 남한산성이 있어 이 지경에 이른 것입니다."

라고 말하며 우리나라의 왜적에 대한 수동적인 성향을 맹렬히 비난하였다. 임진왜란에 의병을 일으킨 김신국은 모든 전쟁은 능동적으로 선제공격해야 하며 조선의 성들은 모두 피난을 위한 성이므로 산성이란 조선을 지키는데 무용하다는 주장을 펼치기도 했다.

또한 김신국은 철저히 청淸나라를 배격하였고, 그의 조상에 대해 청나라의 벼슬을 추증하자는 의론이 있을 때도

"내 선조가 어찌 순치順治 연월을 알리오."

라는 한마디로 거절하였다.

순치는 청나라 태조太祖의 연호로서 김신국은 청나라의 입김이 서린 벼슬로 집안의 자리를 높이고 싶지는 않다는 자신의 주장을 분명히 하였다.

김신국의 동생은 참판 김기국金耆國, 김신국의 아들은 인조仁祖 때의 이름난 시인 예문관 검열 김시번金始蕃, 뛰어난 재능을 인정받고 독서당에서 학문을 닦은 응교 김문하金文夏는 김기국의 손자이며 판윤과 제학을 지낸 김세호金世鎬는 김신국의 8대손이다.

현량과 급제자2
기묘 현량과 급제자로 겨우 현감에 오른 조우

조우趙佑는 1484년(성종 15) 정랑 조영석趙永錫의 아들로 태어나 1507년(중종 2) 진사시에 합격하고, 이후 추천을 받아 좌랑을 지낸 뒤 1519년 현량과에 을과로 급제해 교리가 되었다. 그러나 이해에 기묘사화가 일어나자 조우는 파방되었다가 뒤에 음보로 판관을 거쳐 현감에 이르렀다. 그의 사망 연도에 대해서는 확실한 기록이 없으며 본관은 한양漢陽, 자는 성중誠中이다.

현량과 급제자 3
재능을 실천해 인정받은 이연경

이연경李延慶은 조광조 일파의 신진 사류로서, 급제 전에 이미 요직에 진출하는 혜택을 입었다. 1484년(성종 15) 도사 이수원李守元의 아들로 태어난 이연경의 본관은 광주廣州, 자는 장길長吉, 호는 탄수灘叟와 용탄자龍灘子, 시호는 정효貞孝이다. 그의 할아버지는 판중추부사 이세좌李世佐이다.

이연경은 1504년(연산 10) 갑자사화에 연루되어 섬으로 귀양을 갔다가, 1507년(중종 2) 생원시에 합격하였으나 오로지 학문에만 전념할 뿐 과거에 급제해 관직으로 나가는 일을 대수롭지 않게 생각했다.

이세좌 묘소. 충북 괴산군.

조정에서는 이연경을 재능을 실천할 수 있는 인물로 인정하였으며 또한 1518년 억울하게 죽은 이의 자손으로 천거되어 선릉宣陵 참봉, 조지서 사지, 공조좌랑이 되었다. 이연경은 이듬해에는 현량과에 급제해 사헌부지평이 되고 곧 홍문관교리로 승진하였다. 그가 교리로서 경연에 참석했을 때 재상을 선출하는 문제가 논의되자 조광조를 천거하였다.

그러나 이연경은 이와 같은 평소 조광조와의 교유로 인해 1519년 기묘사화가 일어나자 연루되어 축출될 뻔하였다. 그러나 그의 재능을 아깝게 여긴 중종이 어필로 찬인록竄人錄에서 이연경의 이름을 지워버리고 귀양 보내지 못하도록 했다.

기묘사화 이후 현량과가 사라지자 이연경은 관직을 버리고 공주公州로 내려가, 이자와 함께 산수를 주유하며 낚시를 즐겼다. 그는 1539년(중종 34) 평시서령에 제수되었으나 나가지 않았으며, 1545년(인종 1) 현량과가 복과되었으나 그때에도 관직에 나가지 않았다.

이연경은 성품이 깨끗하고 지조가 있었으며, 학문 또한 세속에서 벗어난

심건 묘소. 이연경의 사위,
심희수의 아버지. 경기도 고양시.
「증 대광보국숭록대부 의정부 영의정겸영경연
춘추관 관상감사 세자사 홍문관대제학 예문관대제학
행 승의랑 승문원정자 청송심공 휘 건.
증 정경부인 광주이씨(이연경의 女)지묘」

경지를 추구하며 그 마음을 유지하였다. 그의 높은 학문과 뛰어난 식견, 그리고 덕망과 의리가 세상에 알려지면서 사방에서 선비들이 모여와 이연경의 문하가 되었다. 노수신盧守愼, 강유선康維善, 심건沈鍵은 모두 그의 문하이자 사위이다.

이연경은 1548년(명종 3) 사망한 뒤 이조판서에 증직되었으며, 팔봉서원八峯書院에 제향되었다.

현량과 급제자 4

간신 송사련의 모해로 31세의 청춘을 넘겨준 안처근

안처근安處謹은 충신 좌의정 안당의 셋째 아들로, 어머니는 전의全義 이씨 경원慶源 부사 이영희李永禧의 딸이다. 안처겸安處謙과 안처함安處諴은 안처근의 두 형이다.

그는 1490년(성종 21) 한양에서 태어나 1519년(중종 14)에 생원시에 합격하고 홍문관정자를 거쳐 박사에 올랐으며 그해에 안처겸, 안처함과 함께 삼형제가 현량과에 천거되었다.

1521년(중종 16) 안처겸이 남곤, 심정 등의 대신을 해치려 했다는 송사련宋祀連의 무고로 안처겸이 처형되자 동생 안처근도 이에 연좌되어 같은 해 죽음을 당하였다.

삼형제 중 가장 뛰어난 문장가라는 평을 받은 안처근의 본관은 순흥順興, 자는 정부靜夫이다.

현량과 급제자 5
후일 을사사화에 뛰어들어 악행을 일삼은 김명윤

김명윤金明胤은 1545년(인종 1)에 윤원형과 함께 을사사화를 일으킨 주역이다. 윤원형은 반대파의 중심 세력인 형조판서 윤임, 영의정 유관柳灌, 이조판서 유인숙 등을 무고하여 죽도록 만들었다. 그와 함께 경기 감사 김명윤은 윤임 등이 봉성군 이완李岏을 왕으로 추대하려 했으며, 그 음모에 대해 계림군桂林君과 봉성군鳳城君이 알고 있었다고 밀고하였다.

이로써 계림군은 죽음을 당하고 김명윤은 을사추성정난공신乙巳推誠定難功臣이 되어 광평군光平君에 봉해졌다.

계림군 묘비. 경기도 고양시.
「가덕대부 계림군지묘.
연창군부인 안씨지묘
오천군부인 정씨(송강 정철 누이)지묘」

봉성군 묘비. 홍경주 외손자,
희빈 홍씨 아들. 경기도 남양주시.
「왕자 봉성군지묘.
동래군부인 정씨지묘」

김명윤은 1488년(성종 19) 좌참찬 김극핍金克愊의 아들로 태어나 1513년(중종 8) 진사시에 합격하고 1519년(중종 14) 현량과에 병과로 합격하며 홍문관부정자, 저작 등을 지냈다.

  그는 1524년(중종 19) 별시 문과에 병과로 급제했는데, 이때 현량과 출신들이 모두 쫓겨났음에도 조정에 남아 사림의 비난을 받았다. 김명윤은 그 뒤 1525년 형조좌랑에 이어 예조참의, 도승지, 경기도 관찰사 등을 역임하였다.

  김명윤은 을사사화 이후 개성 유수, 형조참판, 평안도 관찰사, 중추부동지사, 호조참의, 우참찬을 역임한 뒤 병조판서, 이조판서 겸 판의금부사, 의정부 좌찬성, 지경연사, 판돈령부사 등을 지냈다.

  당시 『중종실록』의 기록을 보면 김명윤에 대해

김명윤 묘소. 뒤편에 아버지 김극핍의 묘소가 보인다. 경기도 양주시.
「숭정대부 의정부좌찬성 겸 지경연사 오위도총부도총관 광평군 광산김공지묘. 정경부인 남양홍씨지묘」
'광평군光平君'은 김명윤의 봉군호로, 선조 원년에 추탈되어 신원되지 않았다.

〈오직 사람들의 논의(시의時議)에 따라 붙는 것으로 발신發身(출세)의 발판을 삼았다.〉

라고 평한 것으로 보아 김명윤이 당시 사림들 사이에서 지탄의 대상이 었음을 알 수 있다. 그 결과로 김명윤은 1567년 선조가 즉위하자마자 대간의 탄핵을 받아 삭탈관직에 처할 위기를 당하기도 했으나 선조의 반대로 관직을 유지할 수 있었다.

김극핍 묘소. 김명윤과 김홍윤 아버지. 경기도 양주시.

또한 충훈부忠勳府에서는 1572년(선조 5) 김명윤이 사망한 뒤에 대신의 예에 따라 장례를 치르도록 함으로써 또다시 그 부당함을 주장하는 논란이 일어났다. 그의 본관은 광산光山, 자는 회백晦伯이다.

현량과 급제자 6
화초를 즐긴 죽창竹窓 안정

조선 중기의 문신 안정安珽은 그림에 뛰어났으며 그중 특히 매화와 대나무를 잘 그렸다. 그는 스스로를 죽창竹窓이라 호하고 거문고와 글, 화초 등을 즐겼다.

1494년(성종 25) 병조좌랑 안처선安處善과 최윤신崔潤身의 딸 사이에서 태어난 안정은 1516년 진사시에 합격하고, 1519년(중종 14) 현량과에 3등으로 급제하며 주서에 임명되었다.

안정은 그해 기묘사화가 일어나던 날 승지 공서린孔瑞麟, 윤자임 尹自任, 이구李構와 함께 입직하다 투옥되었으나 이튿날 석방되었다. 그는 뒤로 검열, 주서, 전적, 양성陽城 현감 등을 지냈다.

안정은 1521년 일어난 신사무옥 때 송사련이 바친 명부에 이름이 올라 있어 혹독한 고문을 당하고 곤양昆陽으로 유배되었다가, 1537년(중종 32) 사면되었다. 그는 이어 현량과가 회복되면서 전한에 제수되었으나 또다시 현량과가 사라지면서 양성 현감을 제수받았다.

그러나 그는 얼마 뒤 관직을 물러나 취미 생활을 즐기며 생의 마지막을 보냈다. 1548년(명종 3) 사망한 안정의 본관은 순흥順興, 자는 정연挺然이며 판서 안침安琛의 손자이다.

현량과 급제자 7
소격서의 폐지를 주장한 안처겸

안처겸安處謙은 1519년 동생 안처함, 안처근과 함께 현량과에 급제했으나 모친상을 당하여 벼슬을 그만두었다. 삼년상을 마친 그는 처가에 머물면서 이웃에 사는 시산군詩山君 이정숙李正叔, 권전權磌 등과 어울려 담론하면서 세상을 비판하는 말을 많이 하게 되었다. 그리고 그 이야기에는 군주인 중종 측근의 간신을 제거해 국세를 바로잡고 사림을 위로해야 한다는 등의 언사 역시 자주 오갔다.

이때 그들 사이에는 송사련도 함께 있었는데 송사련은 당시의 권신 남곤과 심정에게 아부하여 자신의 자리를 확고히 하고자 하였다. 그를 위해 송사련은 처남인 정상鄭鏛을 시켜 거짓으로 고변하도록 만들었고 안처겸 일파가 말한 간신은 남곤과 심정을 지칭하는 것이라 이르고 그 증거물로 안처겸 모친상 때의 조문록과 역군役軍 명부를 제시하였다.

안처겸 단비. 경기도 하남시.
「성균관학유 안공 휘 처겸 배 숙부인 전주이씨 세사단」

이로써 안처겸은 대신을 살해하려 하였다는 죄목으로 1521년(중종 16)의 신사무옥에 동생 안처근과 함께 처형을 당하였다가 뒤에 신원되었다. 심정, 남곤 등이 정권을 좌우하면서 못된 일을 많이 하므로 이들을 제거하려다가 도리어 화를 입은 것이다.

1486년(성종 17) 좌의정 안당과 경원 부사 이영희의 딸 사이에서 태어난 안처겸의 본관은 순흥順興, 자는 백허伯虛, 호는 겸재謙齋이다.

그는 1513년(중종 8) 진사시에 합격하고 성균관학유를 거쳐, 1517년 8월 장의掌議로 있으면서 정몽주를 문묘에 배향하는 것과 소격서를 폐지할 것 등을 건의하였다.

현량과 급제자 8
안처겸과 함께 사형당한 권전

권전權磌은 1519년(중종 14) 현량과에 병과로 급제해 수찬이 되었으나 기묘사화로 파직되었고, 1521년(중종 16) 신사무옥 때 안처겸과 같이 사형되었다. 권전은 이때 곤장 170대를 맞고 죽었으며, 며칠 후에는 그의 시체에 대해서도 형벌이 가해졌다.

1490년(성종 21) 참판 권주權柱의 아들로 태어난 권전의 자는 군안君安, 본관은 안동安東이다.

그가 성균관 유생으로 있을 때에는 고려 말의 충신 정몽주를 문묘에 배향할 것과 소격서를 혁파할 것을 주장하는 상소문을 직접 쓰기도 했다.

현량과 급제자 9
기묘사화 뒤 서화에 몰두하던 신잠

신잠申潛은 1519년(중종 14) 현량과에 급제해 한림翰林에 선발되었으나 같은 해에 기묘사화로 합격 발표가 취소되는 아픔을 겪어야 했다. 그는 1521년(중종 16)에는 안처겸의 옥사에 관련되어 장흥長興으로 귀양갔다가, 17년만에 양주楊州에 옮겨져 주거지의 불편함만은 용서받았다.

「고령신공 종호 삼괴당 잠 영천자 선생 묘」
아버지 삼괴당 신종호와 아들 영천자
신잠의 묘소라고 하나 신잠의 묘소는 없다.
경기도 구리시 아차산 기슭.

신종호 묘비. 경기도 아차산 기슭.
「가선대부 예조참판 고령 신선생 종호지묘.
배 정 부인 전주이씨 합부」

   신잠은 그 뒤 20여 년간 아차산 아래에 은거하며 서화에만 몰두하였다. 『병진정사록丙辰丁巳錄』에 의하면 신잠은 문장에 밝고 서화 중 초서草書와 예서隸書에 뛰어나 삼절三絕로 일컬어졌다고 하였으며, 『패관잡기稗官雜記』에는 특히 묵죽墨竹에 뛰어났다고 기록하고 있다. 그리고 『연려실기술燃藜室記述』에는 신잠이 난과 대나무 그림 외에 포도 그림도 잘 그렸다고 되어 있다.
   현재 신잠의 진작眞作으로 인정되는 작품은 남아 있지 않으나, 국립중앙박물관의 〈탐매도探梅圖〉와 〈화조도〉, 〈설중기려도雪中騎驢圖〉가 그의 작품으로 전칭되고 있다.
   신잠은 인종 때에 다시 복직되어 태인泰仁과 간성杆城의 목사를 역임하여 치적을 많이 쌓았으며 상주 목사로 재임 중 1554년(명종 9) 죽었다.

1491년(성종 22) 삼괴당三魁堂 신종호申從濩의 아들로 태어난 신잠의 본관은 고령高靈, 자는 원량元亮, 호는 영천자靈川子와 아차산인峨嵯山人이며 그의 증조부는 신숙주이다. 그가 남긴 저서로 『영천집靈川集』이 있다.

현량과 급제자 10
시비를 분명히 가려 시귀蓍龜로 불린 정완

정완鄭浣은 남부南部 참봉 정진鄭秦과 배천白川 군수 윤우尹遇의 딸 사이에서 1473년(성종 4) 태어났다.

남효온과 함께 산사에서 학문을 닦던 정완은 1504년(연산 10) 참봉으로 있던 중 갑자사화를 입어 영천永川으로 유배되었다가 1506년의 중종반정에 석방되었다.

1507년(중종 2) 사마시에 합격한 정완은 성균관 유생이 되고, 1514년 선릉 참봉에 임명되었으나 부임하지 않았다. 그는 1518년(중종 13) 학행으로 조지서 사지에 등용된 데 이어 공조와 호조의 정랑을 지냈다. 정완은 1519년에는 현량과에 병과로 급제해 예조와 이조의 정랑을 지내다가 이해 기묘사화로 현풍玄風에 부처되어 그곳에서 죽었다.

정완은 신의가 높고 자신의 주관을 밝히는데 당당하였으며, 너그럽고 이해심 또한 많았다. 그리고 이해와 시비를 가리는 데 촛불처럼 환하였으므로 사람들이 일명 시귀蓍龜라 일컬었다. 1521년(중종 16) 사망한 정완의 본관은 연일延日, 자는 신지新之, 호는 겸재謙齋이며 병조판서 정연鄭淵의 증손자이다.

현량과 급제자 11

마지막까지 정도를 고집한 민회현

민회현閔懷賢은 1472년(성종 3) 사직 민질閔質의 아들로 충청도 예산에서 태어나 1517년(중종 12) 충청 감사 김근사金謹思의 천거로 참봉이 되고, 이듬해 군자감 주부를 거쳐 감찰이 되었다.

그는 이때 이조판서 안당의 안내로 중종을 배알하였으며, 왕에게 백성을 안락하게 만드는 것을 치도治道의 가장 우선에 두어야 함을 아뢰었다. 당시 조광조 등 사림 집권층은 천거로 출사하던 인물들에게 제도적 자격을 보강해 주기 위해 1519년 현량과를 실시하였다. 이때 경향 각지로부터 천거된 120명 가운데서 28명을 등용하였는데, 민회현도 여기에 포함되어 47세의 나이로 병과에 급제하여 정언에 임명되었다.

민회현의 천목薦目에는 〈지조가 순수하며 독실하고, 또 재행才行이 있다〉고 하였으나 같은 해 기묘사화로 현량과의 합격자 명부가 취소되자, 직첩과 홍패紅牌를 몰수당한 채 고향으로 돌아와 한거하였다.

민회현은 그 뒤 20년이 지난 1538년(중종 33)에야 이조판서 윤인경尹仁鏡의 건의에 따라 직첩을 환급받고 좌랑에 복직될 수 있었다. 민회현이 현량과가 무효화 된 뒤 고향에서 머물고 있을 때 결성結城 현감 조우가 그를 위로하기 위해 수차에 걸쳐 모시려 하였으나 그는 한번도 응하지 않았다.

민회현은 자신의 믿는 바를 굳게 지키며 주변의 사태에 동요됨이 없었으며, 모나지 않은 성격으로 겉으로는 온화함을 유지했으나 속은 강하여 어떠한 권력으로도 그의 신념을 움직이지 못하였다. 민회현은 정도를 고집하며 자신의 선택을 돌이키지 않음이 태산보다 무겁다는 평을 받았다. 그의 본관은 여흥驪興, 자는 계사季思이다.

현량과 급제자 12
형들과 달리 죽음을 면한 안처함

안처함安處諴은 좌의정 안당의 둘째 아들로 형 안처겸과 동생 안처근이 죽음을 당할 때 처가인 용인龍仁으로 낙향하여 죽음은 면할 수 있었다. 1521년(중종 16) 그의 형 안처겸이 남곤, 심정 등의 대신을 모해하려 했다는 죄목으로 처형당할 때 안처함도 이에 연좌되었다. 그러나 안처함은 송사련으로부터 자신의 형이 남곤과 심정을 헐뜯었다는 말을 이미 듣고, 아버지에게 그 사실을 고하였다. 아버지 안당도 이때 사사당하였으나 안처함만은 청도淸道에 유배되었다가 이듬해에 사면되었다.

안처함은 1488년(성종 19) 한양에서 태어나 수찬, 이조좌랑을 지냈으며 1543년(중종 38) 하세하였다. 그의 본관은 순흥順興, 자는 구숙久叔이다.

현량과 급제자 13
13년간 귀양살이를 한 청렴한 관리 박훈

박훈朴薰은 어려서 아버지 홍문관교리 박증영朴增榮을 여읜 뒤 더욱 분발하여 학문에 뜻을 두고 공부에 전력하였다.

그는 연산군 때 사마시에 합격해 의영부 주부가 되고, 보은 현감에 임명되었으나 부임하지 않고 감찰, 공조좌랑을 거쳐 사헌부지평을 지냈다. 박훈은 1519년 현량과에 급제한 뒤 장령을 거쳐 동부승지에 이르렀다.

박훈은 청렴한 관리로서 가는 곳마다 치적을 올려 명성이 높았고, 조정에서는 그를 소중히 여겨 나라의 인재로 신임하니 간신들의 질투가 심했다. 1519년(중종 14) 을묘사화가 터지자 박훈은 정암 조광조 일파에 연좌되어 성주星州, 의주, 안악安岳 등지에서 13년간 귀양살이를 해야 했다. 박훈은 특히 조광조와 가까워 나라에 큰 일이 있으면 반드시 그와 상의하였다고 한다.

　1484년(성종 15) 태어나 1540년(중종 35) 세상을 떠난 박훈의 본관은 밀양密陽, 자는 형지馨之, 호는 강수江叟이다.

현량과 급제자 14
조광조의 문인 김익

　김익金釴은 조광조의 문인으로 1516년(중종 11) 생원이 되고, 1519년 현량과에 병과로 급제하였다. 그는 이후 여러 관직을 거쳐 정언이 되었으며, 이른바 기묘사림의 일원으로 언사言事를 담당하였다.

　기묘사화가 일어나 조광조 등이 투옥되자 김익은 유인숙, 공서린, 홍언필 등과 함께 대궐에 나가 조광조와 같이 옥에 갇히겠다고 상소를 올렸으나 허락되지 않았다. 1521년 송사련의 무고로 안당 그리고 안처겸, 안처근 등이 처형된 신사무옥에 연루되어 삭탈관직 당하고 유배되었다.

　김익은 중종 말년에 김안로 등이 다시 등용됨에 따라 유배에서 풀려났고, 1545년 명종이 즉위하자 다시 등용되어 전옥서 참봉, 전생서 주부를 거쳐 용담 현령이 되었다.

　1486년(성종 17) 경력 김언홍金彦弘의 아들로 태어난 김익은 온화하고 점잖은 인물됨을 바탕으로 학식과 재행 또한 뛰어났다고 한다. 그의 본관은 안동安東, 자는 군거君擧이다.

현량과 급제자 15
사림파의 득세 뒤 복관된 신준미

신준미申遵美는 1491년(성종 22) 별제 신원申援의 아들로 태어났다. 그는 조광조의 문인으로서 1519년(중종 14) 재능, 학식, 행실, 지조의 천목에 해당해 현량과에 3등으로 급제하고 예문관검열로 임명되었다. 그러나 같은 해 기묘사화가 일어나고 과거 급제가 취소되자 공주로 물러나 금강 변에 한림정翰林亭이라는 정자를 짓고 은거하였다.

신준미는 이후 현량과를 부활시키라는 인종의 유지遺旨에 따라 1545년(명종 즉위)에 복과된 뒤 봉상시 주부, 성균관전적에 임명되었으나 나가지 않았다. 이후 인종과 명종의 외척들 사이에 투쟁이 발생하자 다시 신준미의 과거 급제는 취소되었으나, 1568년 사림파가 득세하게 되면서 복과되었다.

신준미는 1562년(명종 17) 세상을 떠났으며 본관은 평산平山, 자는 사휴士休이다.

현량과 급제자 16
김안국과 학문을 강론한 강은

강은姜濦은 1492년(성종 23) 경기도 이천利川에서 강자인姜子仁의 아들로 태어났다. 그는 1510년(중종 5) 생원, 진사시에 합격하고 1519년 현량과에 병과로 급제해 검열에 임용되었으나 이해 기묘사화로 합격 발표가 취소되었다.

그는 1540년(중종 35)에 예빈시 참봉이 되고, 1546년(명종 1)에 현량과가 복구되어 전적에 올랐으나 사은하고 고향으로 돌아갔다.

이후 인종이 서거하자 강은은 매일 의관을 정제하고 북향으로 꿇어앉아 울었으며, 노후에는 김안국과 학문을 강론하며 생의 마지막을 보냈다.

1552년(명종 7) 사망한 강은의 본관은 진주晉州, 자는 청로清老, 호는 규정葵亭이다.

현량과 급제자 17
효행이 지극해 천거된 방귀온

방귀온房貴溫의 아버지는 사정 방계문房戒文이며 1465년(세조 11) 태어나 1495년(연산 1) 진사가 되었다. 방귀온은 효행이 지극하여 부모의 상례 역시 잘 치렀는데 그의 돈독한 마음과 바른 행실을 좋게 본 전라도 관찰사 조원기趙元紀가 1517년(중종 12) 천거하여 참봉이 되었다.

방귀온은 1519년 사간원정언이 되었으나 같은 해 기묘사화로 유배당하였다가, 1538년(중종 33) 이조판서 윤인경의 상소로 신원되었다. 조광조의 문인이었던 방귀온의 사망한 해는 확인되지 않으며 본관은 남양南陽, 자는 옥여玉汝, 호는 금서錦西이다.

현량과 급제자 18
기묘사화로 파직당한 유정

유정柳貞의 본관은 진주晉州로 1491년(성종 22) 교위 유자공柳自恭의 아들로 태어났다. 1516년(중종 11) 생원이 된 그는 1519년 현량과에 병과로 올라 승문원 정자가 되었다가 같은 해 기묘사화가 일

유정의 뿌리인 진주 유씨 대종회 종약소 여재문. 경기도 고양시.

어나자 파직되어 충주忠州 금천리로 내려갔다.

유정은 1536년(중종 31) 복직되어 1545년(명종 즉위) 성균관전적이 되고, 이듬해에는 강음江陰 현감이 되었다. 그러나 을사사화에 나식羅湜과 몰래 결탁했다는 사헌부의 탄핵으로 파직되었으며, 1549년(명종 4) 이홍윤李洪胤의 옥사에 연루되어 장살당하였다.

이홍윤은 을사사화로 강원도 영월寧越에 유배되어 있던 이홍남李洪男의 동생이다. 이홍남은 평소 사이가 좋지 않던 동생 이홍윤이 조정에 대해 비난하는 말을 하자 처남 원호섭元虎燮과 동서 정유길鄭惟吉에게 편지를 보내, 이홍윤이 배광의裵光義, 김의순金義淳 등과 역모를 꾸몄다고 승정원에 고변하도록 만든다.

귀양에서 풀려나기 위한 이홍남의 고변이 있은 지 3일 뒤인 4월 21일 조정에서는 풍성부원군 이기李芑, 좌의정 황헌黃憲, 좌승지 정언각鄭彦慤 등으로 국청을 구성하고 근정문 밖에서 이홍윤을 추국하였다. 심문 과정에서 이들이 언급한 사람들도 모두 조사하였는데, 이 사건에 관련된 자는 80여 명에 이르렀다.

모반을 도모하려 했다는 소윤파들의 무고에 따라 진행된 사건의 조사 과정은 지나치게 혹독했고, 이홍윤은 40여 명의 선비들과 함께 처형되었다. 이때 유정 역시 함께 화를 당한 것으로 후일 선조의 특명으로 모두 복권되었다.

유정의 자는 복원復元이며 그의 아들 유승선柳承善도 문과에 급제해 벼슬이 통정에 이르렀다.

현량과 급제자 19
박수량과 학문에 매진한 박공달

박공달朴公達은 26세 때인 1495년(연산 1) 생원시에 합격했으나, 자신을 수양하며 독서에 힘쓸 뿐 벼슬에는 뜻이 없었다.

그러던 중 1516년(중종 11) 가을 금강산에 유람을 왔던 충암 김정이 박공달의 사람됨에 탄복하여 그를 적극 추천하게 되었다. 이로써 박공달은 1519년(중종 14) 현량과에 천거되어 벼슬길에 올라 홍문관저작, 병조좌랑 등을 역임하였다.

그러나 그는 1519년(중종 14) 기묘사화가 일어나자 벼슬을 버리고 강릉으로 돌아와 박수량과 왕래하며 경학을 논하며 다시 학문에 매진하였다. 그는 특히 박수량과 함께 강릉부 사천 해안 근처에 위치한 쌍한정雙閒亭을 자주 찾았다고 한다.

이후 박공달은 1545년(명종 즉위) 8월 승문원 교검에 임명되었으나 나가지 않았으며, 1568년(선조 1)에는 영의정 이준경李浚慶 등에 의해 천거되었으나 끝까지 벼슬길에 들어서지 않았다.

박공달은 1470년(성종 1) 김시행金始行과 영양英陽 남씨 진사 남과南邁의 딸 사이에서 태어났으며 본관은 강릉江陵, 자는 대관大觀, 호는 강호江湖, 사지四止, 사휴四休이다. 1552년(명종 7) 사망한 이후 강릉 향현사鄕賢祠에서 그의 제향을 올리고 있으며, 묘소는 강릉시 운정동 경호鏡湖 산기슭에 있다.

현량과 급제자 20
병을 칭하고 사직한 이부

이부李阜는 사림파로서 1519년(중종 14) 현량과에 병과로 급제해 병조좌랑, 정언을 역임하였다. 그가 정언으로 있을 때 조광조 등과 함께 중종반정 당시 부당하게 공신에 오른 자들의 삭훈을 상소하였으나 중종이 허락하지 않자, 양사가 사직할 때 병을 칭하며 사직하였다.

관직을 떠나 있던 이부는 다행히 그해에 기묘사화로 사림들이 숙청당할 때 화를 면할 수 있었다. 그는 이후 관직에 나가지 않았으며, 1545년(명종 즉위) 현량과가 복설되어 다시 병조좌랑에 임명되었으나 이를 거절하고 학문에만 몰두하였다.

그는 1482년(성종 13) 사과 이금李崟의 아들로 충청도 진천鎭川에

백원서원 총패위. 충북 진천군.
「행원고성 이공 부. 송애한산 이공 여.
모암 강릉김공 덕수. 인재 한산이공종학」

백원서적 사적비.
충북 진천군.

서 태어났으며 사망 이후 그곳의 백원서원百源書院에 제향되었다. 이부의 본관은 고성固城, 자는 자릉子陵, 호는 행원杏園(또는 杏院)이다.

현량과 급제자 21
현량과 파방 후 산속으로 들어간 김대유

김대유金大有는 무오사화로 숙부 김일손이 사형을 당할 때 아버지 김준손金駿孫과 함께 호남에 유배되었다가 1506년(중종 1) 풀려났다.

그는 정여창의 문인으로서 조광조, 조식曺植 등과 친교를 맺었다. 김대유는 1479년(성종

김일손 묘소. 경북 청도군.

10) 태어나 1507년 진사가 되고, 1518년 행의行誼로서 천거되어 전생서 직장에 서용되었다. 1519년(중종 14)에는 현량과에 급제해 성균관전적, 호조좌랑 겸 춘추관기사관, 정언, 칠원漆原 현감 등을 역임하였으며 기묘사화로 현량과가 파방되자 관작을 삭탈당하고 청도의 산 속으로 들어갔다.

김대유는 1545년(인종 1) 현량과가 복과되면서 1551년(명종 6) 전적에 재서용 되어 상경하던 도중 병이 나 향리로 돌아가 죽었다. 그

는 현량과 천목에서 〈기우器宇(기량)가 뛰어나고 견문과 학식이 명민明敏하다〉는 평가를 받았다.

김대유의 저서로 『탁영연보濯纓年譜』가 있으며 그의 본관은 김해金海, 자는 천우天佑, 호는 삼족당三足堂이다. 그가 사망한 뒤 청도의 자계서원紫溪書院, 선암사仙岩寺에 제향하였다.

현량과 급제자 22
출세에 관심 없이 학문을 닦은 도형

1480년(성종 11) 진사 도맹녕都孟寧의 아들로 태어나 성주에서 자란 도형都衡은 효성이 지극해 부모의 봉양에 정성을 다하였다. 형제간의 우애 역시 돈독하였으며, 벗을 사귐에 있어서도 신의를 중요시하였다.

도형은 엄정한 가법家法 아래 학문에 전념하였으며, 출세에 뜻이 없어 과거에 응시하지 않았다. 1519년(중종 14) 조광조 등의 사림파들이 정치를 주도하면서, 도형은 학행으로 현량과에 천거되어 급제한 뒤 사간원정언이 되었으나 그해 11월 기묘사화로 인해 파직당하자 본래의 자리로 돌아와 학문에만 마음을 쏟았다.

도형은 1545년(명종 즉위) 8월, 인종의 유언으로 현량과의 동료들과 함께 복관되어 성균관전적에 임명되었으나, 같은 달 을사사화가 일어나 다시 파직되었다가 2년 뒤인 1547년(명종 2) 하세하였다.

그의 본관은 팔거八莒, 자는 국전國銓, 호는 행정杏亭이다.

현량과 급제자 23
조광조를 구하려다 삭탈당한 송호지

송호지宋好智은 1498년(연산 4) 25살의 나이로 생원시에 합격하고 참봉, 의금부도사를 거쳐 1518년(중종 13) 천거로 사평이 되었다. 지평, 형조정랑을 지낸 그는 이어 현량과에 병과로 급제하고 헌납, 교리를 거쳐 홍문관수찬에 이르렀다.

그러나 송호지는 이해 기묘사화가 일어나자 조광조의 구원을 요청하였다가 관직을 삭탈당하였다. 그는 1474년(성종 5) 부사 송자강宋自剛의 아들로 태어나 1526년(중종 21) 세상을 떠났으며, 1538년 복관되었다. 그의 본관은 여산礪山, 자는 경우景祐이다.

현량과 급제자 24
현량과에 3등으로 합격한 민세정

민세정閔世貞은 태종의 처남인 여성군驪城君 민무질閔無疾의 증손이자 민흥閔興의 아들로 1471년(성종 2) 태어났다. 그는 1511년(중종 6) 효행으로 성균관에 천거된 뒤 음직으로 언양彦陽 현감으로

현량과賢良科 급제자 • 175

나갔다가 1519년 현량과에 3등으로 합격하며 도사가 되었다.

정암 조광조, 음애 이자와 세상을 바로 세울 뜻을 두었으나 기묘사화에 연좌되어 벼슬을 그만두고 이후 향리에서 후학 양성에 전념하였다.

민세정의 문학적 재능과 도덕은 능히 모범이 되고, 충효 또한 지극해 사람들은 그를 위한 사당을 세우려고 하였으나 나라에서 금하여 뜻을 이루지 못하고 효우孝友로서 정려旌閭를 하사받았

민무질 신도비. 태종의 처남, 세종의 외숙부. 경기도 양주시. 「정사좌명공신 정헌대부 여성군 여흥민공무질 신도비」

다. 그의 본관은 여흥驪興, 자는 정숙正叔, 호는 신재愼齋이다.

현량과 급제자 25
세상과 인연을 끊고 농사를 지은 경세인

경세인慶世仁은 어린 시절부터 조광조, 김대성金大成과 막역한 벗으로서 함께 성리학을 깊이 연구하였다. 1519년(중종 14) 현량과에 병과로 급제하고 홍문관에 들어간 그는 이어 정자, 저작을 역임하고, 박사가 되어 경연에서 임금의 마음을 바로잡기에 힘썼다.

그는 이해 기묘사화가 일어나 파직된 뒤에는 세상 사람들과 접촉

을 끊고 책을 읽으며 지냈다. 경세인의 형 경세신慶世臣은 정신병으로 자살했는데, 김안로는 이를 트집 잡아 경세인을 모함해 명천明川으로 귀양을 가야 했다. 또한, 1535년에는 노비를 가지고 다투었다 하여 좌의정 오결吳潔의 탄핵을 받았다.

경세인 신도비. 경기도 파주시. 「홍문관저작 청주경공세인 배 의인 성산이씨 지단」

경세인은 1538년(중종 33) 석방된 뒤에는 파주坡州의 두문리에 농막을 짓고 자신을 두문농은斗文農隱이라 칭하며 평생을 마쳤다. 그는 1491년(성종 22) 군수 경상慶祥의 아들로 태어났으며 본관은 청주淸州, 자는 심중心仲, 호는 경재敬齋이며 저서로 『경재유고』, 『경연강독록經筵講讀錄』을 남겼다.

현량과 급제자 26

스승 조광조를 죽이려 했던 이령

이령李翎은 1501년(연산 7) 진사가 되고 이어 홍문관수찬, 저작랑을 지냈다. 그는 조광조의 문인으로서, 1519년의 기묘사화 때 스승 조광조를 죽이려 했으나 이루지 못하고 그 일로 인해 1521년에 죽었다. 이령의 호는 성재惺齋이다.

그리고 갖바치는 덧붙여 말했다.
"이렇게 한 번 만났지만 친하게 되어 드리는 말씀인데, 공께서도 지금 하고 있는 벼슬을 그만두시기를 권고하겠습니다. 공의 재주는 일세를 건질 수 있을 것이나 임금을 잘 만난 후에야 할 수 있을 것인데 지금 임금은 공의 고명高名함 만을 취하여 쓰고 있을 뿐 실은 공이 어떠한 사람인지를 모르고 있습니다. 그러기에 하찮은 소인이라도 임금과 공 사이를 쉽게 이간할 수 있을 것입니다."
그 말에 조광조는 깜짝 놀랐다.

기묘명현己卯名賢

기묘명현己卯名賢

기묘명현己卯名賢 명단

순번	본관	성명	생몰년	수명
1	한양漢陽	조광조趙光祖	1482~1519	38
2	광산光山	김구金絿	1488~1534	47
3	청풍淸風	김식金湜	1482~1520	39
4	고령高靈	신광한申光漢	1484~1555	72
5	행주幸州	기준奇遵	1492~1521	30
6	순흥順興	안정安珽	1494~1548	55
7	청송靑松	심달원沈達源	1494~?	
8	동래東萊	정광필鄭光弼	1462~1538	77
9	순흥順興	안당安瑭	1461~1521	61
10	합천陜川	이희민李希閔	1498~?	
11	벽진碧珍	이장곤李長坤	1474~1519	46
12	창녕昌寧	정완鄭浣	1473~1521	49

순번	본관	성명	생몰년	수명
13	평산平山	신명인申命仁	1492~?	
14	광주廣州	이약빙李若氷	1489~1547	59
15	제주濟州	양팽손梁彭孫	1488~1545	58
16	고령高靈	신잠申潛	1491~1554	64
17	순흥順興	안처근安處謹	1490~1521	32
18	전의全義	이계맹李繼孟	1458~1523	66
19	합천陜川	이윤검李允儉	1451~1520	70
20	청주淸州	한충韓忠	1486~1521	36
21	해평海平	윤은필尹殷弼	?~?	
22	한산韓山	이자李耔	1480~1533	54
23	파평坡平	윤자임尹自任	1488~1519	32
24	종실	중선부정嵩善副正 양漾	?~?	
25		김윤종金潤宗	?~?	
26	상주尙州	박세희朴世熹	1491~?	
27	종실	시산정詩山正 이정숙李正淑	?~1521	
28	진주晉州	유용근柳庸謹	1485~1528	44
29	동래東萊	정응鄭𪟝	1490~1522	33
30	초계草溪	최산두崔山斗	1483~1536	54
31	전주全州	파릉군巴陵君 이경李璥	?~1550	
32	순흥順興	안찬安瓚	?~?	
33	경주慶州	최숙생崔淑生	1457~1520	64
34	경주慶州	김세필金世弼	1473~1533	61
35		이청李淸	?~?	
36		이희강李希岡	?~?	
37	의성義城	김안국金安國	1478~1543	66
38	안동安東	권벌權橃	1478~1548	71
39	의성義城	김정국金正國	1485~1541	57
40	능성綾城	구수복具壽福	1491~1541	55
41		윤구尹衢	1495~?	

순번	본관	성명	생몰년	수명
42		조은경曹殷卿	?~?	
43		유성춘柳成春	?~?	
44		김광복金匡復	?~?	
45	순흥順興	안처순安處順	1492~1534	43
46	성주星州	이구李構	1469~1526	58
47	창녕昌寧	성수침成守琛	1493~1564	58
48	한양漢陽	조우趙佑	1484~?	
49	광산光山	김명윤金明胤	1493~1572	80
50	창녕昌寧	성수종成守琮	1495~1533	39
51	여흥驪興	민회현閔懷賢	1472~?	
52	순흥順興	안처함安處諴	1488~1543	56
53	안동安東	김익金釴	1486~?	
54	평산平山	신준미申遵美	1491~1562	72
55	상주尙州	김신동金神童	?~?	
56	남양南陽	방귀온房貴溫	1465~?	
57	강릉江陵	박공달房貴溫	?~?	
58	팔거八莒	도형都衡	1480~1547	53
59	진주晉州	유정柳貞	1491~1549	59
60	여흥驪興	민세정閔世貞	1471~?	
61	전의全義	이과李顆	1475~1507	33
62	청주淸州	경세인慶世仁	1491~?	
63	함안咸安	이령李翎	?~?	
64	안동安東	권전權磌	1490~1521	32
65	화순和順	최운崔澐	1500~1520	21
66	태인泰仁	박수량朴遂良	1475~1546	72
67		노필盧㻶	?~?	
68	강릉江陵	최수성崔壽城	1487~1521	35
69	경주慶州	이사균李思鈞	1471~1536	66
70	문화文化	유운柳雲	1485~1528	44
71	평산平山	신상申鏛	1480~1530	51

순번	본관	성명	생몰년	수명
72	감천甘泉	문근文瑾	1471~?	
73	순흥順興	안경우安景佑	?~?	
74	성주星州	이충건李忠楗	?~1521	
75	고성固城	이부李阜	1482~?	
76	충주忠州	박상朴祥	1474~1530	57
77	광주廣州	이연경李延慶	1484~1548	65
78	평양平壤	조욱趙昱	1498~1557	80
79	한양漢陽	조변趙汴	1500~?	
80	평산平山	신변申抃	1470~1521	52
81	하음河陰	봉천상奉天祥	?~1521	
82	풍천豊川	노우명盧友明	1471~1523	53
83	김해金海	김대유金大有	1479~1551	73
84		유맹달柳孟達	?~?	
85	종실	강녕부정江寧副正	?~?	
86	종실	장성수長城守	?~?	
87		김석홍金錫弘	?~?	
88	여산礪山	송호지宋好智	1474~1526	53
89	창녕昌寧	성세창成世昌	1481~1548	68
90	진주晉州	유인숙柳仁淑	1485~1545	61
91	인천仁川	이성동李成童	?~?	
92	창원昌原	공서린孔瑞麟	1483~1541	59
93	순흥順興	안처겸安處謙	1486~1521	36
94	진주晉州	강은姜隱	1492~1552	61
95	장흥長興	고운高雲	1495~?	
96	파평坡平	윤세호尹世豪	1470~?	
97	광주廣州	이영부李英符	1487~1523	37
98		오준吳準	?~?	
99	진주晉州	하정河珽	?~?	
100		김태엄金兌巖	?~?	
101	풍천豊川	임권任權	1486~1557	72

순번	본관	성명	생몰년	수명
102	남양南陽	홍언필洪彦弼	1476~1549	74
103	진주晉州	형사보邢士保	?~?	
104	동래東萊	정충량鄭忠樑	1480~1523	44
105	당성唐城	서경덕徐敬德	1489~1546	58
106	파평坡平	윤개尹漑	1494~1566	73
107	경주慶州	김인손金麟孫	1479~1552	74
108	평강平康	채세영蔡世英	1490~1568	79
109	양천陽川	허자許磁	1496~1551	56
110	동래東萊	정원鄭源	1495~1546	52
111	용인龍仁	이홍간李弘幹	1486~1546	61
112	여흥驪興	민유경閔有慶	?~?	
113		유경유柳景裕	?~?	
114		정경鄭瓊	?~?	
115	안산安山	김필金珌	?~?	
116		김기서金麒瑞	?~?	
117	사천泗川	목희증睦希曾	?~?	
118		허금許碒	?~?	
119	남양南陽	홍사부洪士俯	?~?	
120		송익충宋翼忠	?~?	
121		안숭복安崇福	?~?	
122		최인석崔仁碩	?~?	
123		이중진李仲進	?~?	
124	덕수德水	장옥張玉	1493~?	
125	김해金海	허백기許伯琦	1493~?	
126		김명원金明遠	?~?	
127	담양潭陽	전균田鈞	?~?	
128	승려	학년鶴年	?~?	
129	한양漢陽	조광좌趙廣佐	1483~1521	39
130		홍순복洪舜福	?~?	
131	사천泗川	목세평睦世枰	?~?	

순번	본관	성명	생몰년	수명
132		오희안吳希顔	?~?	
133	안동安東	권색權檣	?~?	
134		이빈李蘋	?~?	
135		송구례宋求禮	?~?	
136	심풍沈灃	이름 미상(내관)	?~?	
137	김해金海	이름 미상(내관)	?~?	
138	반남潘南	박소朴紹	1493~1534	42
139		정충정鄭忠貞	?~?	
140	고성固城	이중李中	1488~?	
141		박번朴蕃	?~?	
142	한양漢陽	조원기趙元紀	1457~1533	77
143		이사검李思儉	?~?	
144		이성李誠	?~?	
145	밀양密陽	박훈朴薰	1484~1540	57
146		정철현鄭哲賢	?~?	
147		정의손鄭義孫	?~?	
148		김복광金復光	?~?	
149		이세손李世孫	?~?	
150		박자일朴自逸	?~?	
151		송호례宋好禮	?~?	
152	밀양密陽	박영朴英	1471~1540	70
153		남주南趎	?~?	
154	순흥順興	안찬安瓚	?~?	
155		박세거朴世擧	?~?	
156		김천귀金千貴	?~?	
157		양산보梁山甫	?~?	
158	승려	피장皮匠	?~?	
159	승려	산곡구山谷嫗	?~?	

※ 기묘명현 명단은 모두 159인으로 1519년(중종 14) 기묘사화부터 1521년(중종 16)의 신사사화까지 화를 당한 사람들이다.

기묘명현 1
반상의 기준을 뛰어넘어 사람을 사귄 조광조

조광조趙光祖는 〈조의제문〉으로 무오사화 발단의 장본인이었던 김종직의 문인 한훤당寒暄堂 김굉필의 수제자이다. 풍채가 훤칠했던 조광조는 유학, 도학의 수준이 높고 큰 키, 준수한 이목에 성정도 시원스러워 일반의 존경을 받고 중종에게도 비상한 사랑을 받았다. 조광조는 대과에 급제한 뒤에도 자신보다 학문이나 식견이 높은 사람은 손위, 손아래, 양반, 천민을 가리지 않고 찾아다니며 배우고 사귀었다. 따라서 조광조에게는 훌륭한 선배와 동료들이 많았으며 모두 그 인품의 높음을 알고 사귀기를 원하는 이들이 대부분이었다.

조광조 초상. 경기도 용인시.

그럼에도 조광조는 자신보다 한 가지라도 나은 점이 있는 사람이면 누구나 찾아가 배우기를 게을리하지 않았다. 조선 시대에는 의생醫生의 직업을

조광조 신도비. 경기도 용인시.
「문정공 정암 조(광조)선생」

가진 이는 중인中人이라 하여 아주 천시하였는데, 조광조는 그런 사람도 서슴지 않고 찾아가 만났다.

조광조는 불치하문不恥下問하였던 옛 성인 순舜임금의 행동을 그대로 실천하려 한 사람이었다 하겠다.

舜其大智也與　　　　순기대지야여
好問而好察邇言　호문이호찰이언
隱惡而揚善　　　은오이양선
執其兩端　　　　집기양단
用其中於民　　　용기중어민
其斯以爲舜乎　　기사이위순호

순임금은 참으로 지혜로웠다.
순임금은 묻기를 좋아하고 가까운 말을 살피기를 좋아하였다.
나쁜 점은 숨겨 주고 선한 점은 드러내 주었으며,
양 극단을 파악하여
그 가운데에서 백성에게 적용하였으니
바로 순임금이 성인이 된 까닭이로다.

안찬安瓚이란 사람은 그 의술이 이미 옛 중국의 명의인 편작扁鵲을 능가한다는 소문이 세상에 자자했을 만큼 범상한 의생과는 달랐다. 조광조는 스스로를 낮추며 안찬을 찾아가 의술을 배웠다. 조광조가 안찬을 깊이 사귀어 보니 그는 의학에만 밝은 것이 아니라 그 밖에도 법전, 전고典故 등 모르는 것이 없이 모두 통하는 이였다.

그것을 안 조광조는 경연 자리에서 서슴없이 안찬을 왕에게 천거하여 조정에 쓰이도록 하였다.

뿐만 아니라 조광조는 당시의 천인으로 지목하는 갖바치까지 가까이하는데 대해 조금도 거리낌이 없었다. 당시 갖바치는 버들로 고리 그릇을 만드는 부류, 고기를 파는 부류와 함께 백정白丁이라 하여 이들은 사람으로 대우를 받지 못하였다. 보통 상놈 소리를 듣는 평민들도 그들과는 혼인을 하지 않고 서로 같은 동리에서 살지도 않을 정도였다.

당시 동소문東小門 안에는 이러한 갖바치들로만 집단을 이루어 사는 지역이 있었다. 그리고 그 속에는 도덕과 학문이 높은 숨은 인재가 하나 있었다. 조광조는 곧 숨어 있는 갖바치를 찾아 동소문 안으로 들어갔다. 갖바치들은 아관박대峨冠博帶를 한 선비가 자기네 마을에 들어오자 깜짝 놀랐다. 당시에는 그런 선비라면 갖바치 같은 백정쯤은 아무 문제없이 죽일 정도의 권리를 가지고 있어 벌벌 떨지 않을 수 없었다.

"이 마을에 아주 도덕과 학식이 높은 분이 계신다는데 어느 집에 계신가?"

조광조가 이렇게 묻자 마을 사람들은 더욱 놀랐다. 사대부 차림의 선비가 자기네들에게 하대를 않고 존칭을 쓰는 것부터가 이상하다 생각했다. 혹 민정을 살피는 사헌부에서 그런 식으로 사람을 다

론다는 말도 들렸기 때문이다. 이렇게 되니 갓바치들이 그 은군자隱君子의 집을 가르쳐 줄 리가 없었다. 마을 사람들은

"글쎄올시다. 이 마을에는 그런 분이 살고 있지 않습니다."
하며 모르는 체 하였다. 그러나 조광조는 그것으로 실망하거나 그들을 나무라거나 하지 않았다. 촉한蜀漢의 제1대 왕 유비劉備가 남양南陽 융중隆中 땅에 있는 제갈량諸葛亮의 초가집을 세 번 찾아가서야 비로소 그를 만난 옛일처럼 조광조 역시 세 번씩이나 갓바치 마을을 찾아갔다.

갓바치들은 비로소 이 선비가 진심으로 자기네 선생을 찾아뵈러 온 것임을 알고 그제야 그 은군자의 집을 가르쳐 주었다.

김굉필의 제자 조광조와 갓바치

조광조가 세 번의 물음 끝에 만나게 된 움막 속에 앉아 있는 은군자의 모습은 언뜻 보면 그대로 별세계에 사는 신선을 방불케 했다. 은군자는 쉰이 넘었음직한 나이로 의관을 정제하고 단정히 꿇어앉았는데 얼굴은 청수하고 기품이 있어 저절로 위엄이 풍겨 나왔다.

조광조는 큰절을 한 다음 그 앞에 무릎을 꿇고 앉았다. 갓바치는 조광조의 절을 받자 황망히 답례를 하였으나 여전히 입은 다문 채로 조용했다. 그런 그에게 조광조가 공손히 말을 꺼냈다.

"저는 조광조라 합니다. 한훤당 김굉필 선생께 학문을 배운 제자올시다. 선생의 선성先醒이 하도 높으시다 하여 배우러 왔습니다."

갖바치는 한훤당 소리를 듣자 이내 자리를 달리하며 조광조의 두 손을 덥석 잡았다.

"한훤당 선생은 소인의 선생도 되옵니다. 원체 보시는 바와 같이 갖바치 상놈이라 감히 문하에서 뵈옵고 직접 배우지는 못했습니다만 선생님이 쓰신 책과 행적을 통해서 항상 사숙을 하고 있었습니다."

갖바치는 스스로 상놈임을 자처하여 말하였고, 두 사람은 당장에 서로 의기가 상충하여 친숙하게 되었다.

"아, 그러하십니까? 한훤당 선생께서는 때를 얻지 못하여 그런 덕망과 학문을 제대로 펴 보시지를 못하시고 억울한 죽음을 당하고 말았습니다. 그러나 이제는 세상이 바른 세상이 된 듯합니다. 상감께서도 숨은 인재들을 많이 찾아 기용하시려 하시는 듯합니다."

조광조는 이렇게 말하고 갖바치의 기색을 이윽히 살피었다. 갖바치는 맑은 얼굴에 조용히 웃음을 지을 뿐 그에 대해서 아무 대꾸도 하지 않았다. 조광조는 학문 얘기를 꺼내어 갖바치가 어느 정도의 인물인가를 은근히 시험해 보았다. 그러자 갖바치는 학문에는 막힐 것이 거의 없는 도통의 경지에 이른 사람임을 알 수 있었다.

조광조는 이제야 참으로 훌륭한 인재를 만났다 생각하고 갖바치의 의향을 떠보았다. 세상에 숨어서 허송할 것이 아니라 나라에 나와 직접 일을 해 줄 것을 청하며 조광조가 기회를 보아 상감에게 진언해 보겠다고 말하자, 갖바치는 정색을 하며 상놈인 백정으로 벼슬이라니 당치도 않다고 말을 잘랐다.

조광조는 포기하지 않고 선생 같이 훌륭한 분이 재상이 되어야 이 나라가 바로 일어나 백성들이 태평한 생활을 할 수 있을 것이니 다시 생각을 해 보라고 강조하였다. 그럼에도 갖바치는

"반상班常의 제도가 엄연히 존재하는 이상 소인이 어찌 벼슬을 바랄 수가 있겠습니까? 반상의 제도가 없어져야만 참 인재가 나오게 될 것입니다. 소인이 이나마 학문을 닦는 것은 소인 스스로의 몸을 닦고 우리 갖바치 족속들이나 가르치기 위한 것입니다. 소인으로서는 그밖에 추호도 다른 뜻은 없습니다."

하며 단호히 거절하였다. 그럼에도 조광조가 임금에게 천거할 뜻을 계속해 내비치자 갖바치는 조광조가 진짜로 임금에게 자신을 천거한다면 다른 곳으로 조용히 종적을 감춰 버릴 것이라고 말하는 것이었다. 그리고 갖바치는 덧붙여 말했다.

"이렇게 한 번 만났지만 친하게 되어 드리는 말씀인데, 공께서도 지금 하고 있는 벼슬을 그만두시기를 권고하겠습니다. 공의 재주는 일세를 건질 수 있을 것이나 임금을 잘 만난 후에야 할 수 있을 것인데 지금 임금은 공의 고명高名함 만을 취하여 쓰고 있을 뿐 실은 공이 어떠한 사람인지를 모르고 있습니다. 그러기에 하찮은 소인이라도 임금과 공 사이를 쉽게 이간할 수 있을 것입니다."

그 말에 조광조는 깜짝 놀랐다. 조광조는 자신이 벼슬을 하는 것은 일신의 안녕을 위해서가 아님을 항상 스스로에게 주지시키고 있었다. 자신이 벼슬을 함은 이 세상을 보다 바른 세상으로 만들어 보자는 생각에서였다. 그와 같은 이유로 학식 높은 갖바치에게 벼슬

을 권한 것인데 그 자리를 거절함은 물론 조광조 자신에게까지도 벼슬을 그만두라 하니 당황스러운 일이었다.

이어지는 갓바치의 말은 한결 같았다. 조광조의 뜻을 잘 아나 그를 위해서는 조광조의 높은 학식과 덕망으로 세상을 다스리고자 하는, 큰 뜻과 기량을 알아 줄 만한 임금이 계셔야 한다는 것이었다. 조광조는 갓바치가 상감이 어떤 분인 줄을 잘 모르기 때문에 하는 말이라 생각하고 자신을 신임하고 지지해 주는 중종을 갓바치에게 자랑하였다.

"지금 상감께서는 아주 밝고 어지신 임금이십니다. 그동안의 치적이 별로 두드러지지 못하심은 춘추가 어려서 그랬지만 이제는 춘추도 어리지 않으시고, 정권을 농단하던 박원종 무리들도 모두 없어져 왕권이 완전히 회복되었습니다."

그러나 갓바치는 여전히 빙긋이 웃으며 그에 대한 가부의 대답은 하지 않았다. 조광조는 한 번 더 갓바치에게 자신의 뜻을 받아 주기를 청했지만 그는 아무리 해도 조광조의 뜻에 동조하지 않고 친구로서만 지내기를 원할 뿐이었다.

갓바치가 조광조에게 벼슬에서 물러나라 말한 이유

갓바치가 조광조에게 당신도 벼슬을 그만두라고 말한 것은 무슨 뜻일까? 조광조가 상감의 어질고 밝음을 말할 때에도 갓바치는 그저 빙긋이 웃기만 했다. 갓바치가 보기에 중종은 조광조가 말한 것처럼 그렇게 어질고 밝은 임금이 아니요, 또 조광조의 벼슬도 온전치 못하며, 조정의 정세는 더더욱 불안하니 그런 상황에서 벼슬을 해서는 안 된다는 뜻이었을 것이다.

그러나 조광조는 그와는 뜻이 달랐다. 비록 임금이 조금 부족하다 하더라도 그 밑에 훌륭한 신하만 있다면 능히 옳은 정치를 할 수가 있고 비록 밝지 못한 임금 밑의 벼슬이라도 그 벼슬을 바로 하면 나라를 위해 보탬이 되지 않겠느냐는 것이 조광조의 생각이었다.

역대로 나라를 망친 것은 임금 자신이 아니라 그 밑에 있는 신하들의 잘못이 더 컸기 때문임을 조광조는 여러 역대 임금들의 행적과 나라의 흥망성쇠를 보아서 잘 알고 있었다. 신하란 임금의 옳지 못함을 시정해 줌으로써 옳은 길로 가게 하는 것이지 임금의 기분을 슬슬 맞추는 신하는 신하가 아니라고 조광조는 생각했다.

임금의 권세가 넘칠 정도로 많을 때 그 자리에 있는 임금의 마음에만 들려는 것은 임금의 권세를 남용시키는 것밖에는 되지 않는 것이며, 임금의 자리가 간신들로 인해 위태로울 때에는 임금이 최대한 공평한 처사를 할 수 있도록 힘을 주는 것이 옳은 신하의 자세라는 것이 조광조의 신하로서의 신념이었다.

또한 신하란 임금보다 훨씬 더 지혜가 높아야 되고 임금보다 훨씬 더 결단력이 강해야 되고 임금보다 안목이 훨씬 더 넓고 높아야 된다는 것이 조광조의 신념이었다.

그랬을 때 당시 폐비 신씨의 복위를 꾀하려는 옳은 일을 하려다가 오히려 귀양을 간 박상, 김정은 참된 신하로서 그런 신하를 귀양 보내는 것은 큰 잘못이었다. 임금의 잘못된 처사를 바로잡아 주는 것이 조광조의 할 일인 것이었다. 그리하여 그는 감연히 붓을 들어 상소를 초하였다.

〈전하께 아뢰옵니다. 나라의 녹을 먹는 신하로서 나라 일을 근심치 않고 나라를 위해 일을 하지 않는 것은 거저 녹을 먹는 것이나 다름이 없습니다. 전하께서 귀양 보내려 하시는 김정, 박상이야말로 참으로 나라를 근심하고 나라를 위하여 일을 하려던 신하이옵니다. 바른말로써 나라를 위해 일하려던 그들에게 상이 아니라 벌을 주시려 하심은 절대로 옳은 처사가 아니옵니다. 만일 전하께서 박상과 김정을 죄주시는 것처럼 그런 처사로써 신하들을 대하신다면 앞으로 바른말을 할 사람은 한 사람도 없을 것이옵니다. 그 대신 이 나라는 사리사욕을 위해 전하의 눈을 가리고 전하의 비위를 맞추는 신하들만이 가득하게 될 것입니다.

나라의 우두머리가 소인들의 하는 짓을 도리어 가상해 하고 그 소인들로 하여금 나라를 다스리게 하면 끝내는 재해가 한꺼번에 닥쳐와 비록 유능한 자가 몇 있다 하여도 그 나라는 쓰러지고 말 것입니다. 옛말에도 나라는 이利로써 이로움을 삼지 말고 의義로써 이로움을 삼아야 된다고 하였습니다. 나라의 법을 맡은 헌관과 언론을 맡은 간관은 마땅히 바른 법을 나라 안에 펴게 하고 바른 언론으로써 백성을 이끌어야 하는 것입니다. 이러한 책임을 맡은 사람들은 진정으로 나라를 근심하는 바른말을 하는 사람을 권장하고 칭찬해야 하거늘 권신에 아부해서 상감께 오히려 죄를 주라 하였으니 이러한 헌관과 언관은 나라에 백해무익의 존재요, 나아가 나라를 걷잡을 수 없는 부패의 구덩이로 몰아넣을 자들입니다. 박상과 김정을 죄주라 한 간관과 헌관을 엄히 밝혀 죄주옵소서.〉

당시 바른말 잘하고 학문이 높은 조광조를 따르는 선비들은 많았고, 중종의 그에 대한 신뢰 또한 절대적이었다. 이러한 조광조의 상소가 정원을 통해 임금에게 들어가자 홍문관과 성균관의 웬만한 선비들은 일제히 조광조를 지지하였다. 이어 그들은 박상과 김정이 상소한 폐비 신씨의 복위에 관한 것은 정당한 주장이요, 대사간과 대사헌의 상소는 부당할 뿐만 아니라 나라의 재상으로 있는 송질, 남곤, 심정 등의 말이야말로 편당적인 것이라 반박하는 상소를 잇달아 올렸다.

그러나 당초 박상과 김정을 벌주라고 상소를 올렸던 훈구 공신들이 가만히 있을 리 없었다. 분위기가 점차 조광조 쪽의 사림들에게

남곤 묘소 전경. 고려 충신 남을진의 증손자인 관계로 남을진 묘소 하단에 있다. 경기도 양주시.

기울면서, 이제 자신들이 죽느냐 사느냐의 판국이 된 것이다. 이들은 지략을 기울여 조광조를 반박하는 상소를 올려 김정과 박상을 두호하는 이들이야말로 간사한 놈들이니 김정, 박상과 더불어 엄한 벌을 주어야 한다고 간하였다.

그들의 등 뒤에는 공신의 딸들인 후궁이 있고 더욱이 후궁들과 공신들을 두호하는 남곤과 심정이 있었다. 이리하여 조정 여론은 완전히 두 갈래로 갈라졌다. 한 패는 경빈 박씨와 희빈 홍씨를 비롯한 후궁들과 남곤, 심정, 그리고 이들의 앞잡이인 대사헌 권민수와 사간 이행 일당이었고 다른 한 패는 조광조를 중심으로 박상, 김정을 두둔하는 이조판서 안당, 병조판서 이장곤, 직제학 김안국 등이었다.

중종은 이 두 갈래 틈바구니에 끼어 어찌해야 좋을지 몰랐다. 조광조는 모든 악과 불의와 싸워 죽을 각오를 하고 있었기에 그는 결연히 또 한 번의 상소를 올렸다.

〈전번에 사간과 대사헌이 주청하여 올린 상소는 이 나라의 바른 언론을 봉쇄하여 암흑의 세상으로 만들자는 것입니다. 비록 상대가 신보다 높은 자리에 있다고 하더라도 잘못하는 처사는 논박하지 않으면 불의와 거짓이 정의와 바른 것으로 둔갑하여 이 세상을 지배하게 됩니다. 대간인 그들의 말은 바 임무는 바른 언론을 펴는 일인데 도리어 바른말 하는 사람을 죄주라 상소하니 그게 어찌 대간입니까? 이는 바른말을 봉쇄하여 세상을 암흑으로 만들어 그 속에서 자신들이 상감을 농락하려는 간특한 계교에서 나온 속셈이옵니다. 이들을

영명하신 상감께서는 바로 살피시어 엄한 벌을 주옵소서.〉

　조광조의 말이 옳았고 또한 중종은 그를 지극히 아꼈지만 후궁들이 가세한 훈구파와의 알력 사이에 끼인 중종은 객관적인 선택을 쉽사리 하지 못했다.

　폐비 신씨를 그리워하던 중종은 신씨가 복위되어 다시 자신 곁에 있어주길, 그리고 장경 왕후의 죽음 이후 어미 없이 위태로운 원자를 보호해 주기를 바랐다. 그러나 중종은 조광조의 말을 그대로 따르기에는 나라의 실권을 쥐고 있는 남곤과 심정 등 재상들이 두려웠다. 중종반정 이후 왕은 박원종 등 공신들의 위세에 눌려 지내야 했기에 성년이 되어서도 조정의 높은 자리에 있는 정승들이라면 여전히 어려웠던 것이다.

　갖바치는 그것을 이미 알았기 때문에 그 밑에서 벼슬하기를 사양한 것은 물론, 도학이 높고 인품이 훌륭한 아까운 선비가 그런 임금 밑에서 벼슬하다가 필경 억울한 꼴을 당하기 십상이었기에 조광조를 아끼는 의미에서 그에게도 벼슬을 내려놓으라고 한 것이었다.

여인의 유혹을 결국 물리치는 조광조

　조광조가 사간원 정언 자리에 있을 때의 일로 그가 얼마나 잘 생긴 인물이었는지에 대한 일화가 있다. 조광조가 처음으로 과거를 보러 한양에 올라와 여각旅閣을 잡고 있을 때의 일이다. 그가 나귀에 작은 보따리를 얹어 타고는 마부를 거느리고 한양에 올라와 한 여각에 들자, 여각 주인은 벌써 과거 보러 올라온 선비인 줄을 알고 방 한 칸을 치우고는 조광조를 거처하도록 했다.

이때 여각 주인은 젊은 후취를 얻어 데리고 살고 있었는데, 여각 주인의 젊은 아내가 부엌 문 틈으로 조광조를 바라보니 세상 천하에 저렇게도 잘 생긴 남자가 있을까 싶을 만큼 참으로 훤칠한 인물이 자기 집으로 들어오고 있었다. 그야말로 눈이 부실 지경으로 이 아내는 그만 한눈에 마음이 동하기 시작하였고, 물을 길러 우물에 나가려고 자배기를 머리에 이려다 하마터면 부엌 바닥에 놓쳐 깨드릴 뻔하였다.

여각의 안주인은 부리나케 손님의 밥을 지으면서도 연방 조광조가 들어간 사랑방 문을 훔쳐보았으나 좀처럼 손님은 나타나지를 않았다. 조광조의 눈에 띄고 싶던 여인은 땔나무가 잔뜩 부엌에 있는데도, 손님 방 앞을 지나 사랑채 헛간에 있는 나무를 가지러 가는 척하며 조광조가 머무는 방 앞을 지나가 보았다.

비로소 방문을 열어 놓고 있는 조광조의 모습이 보였다. 그의 모습을 흘낏 쳐다보며 돌아서던 여인은 자신도 모르게 가만히 한숨이 나왔다. 여각의 젊은 안주인은 난생 처음으로 보는 이 잘생긴 손님을 위해 밥값은 관계치 않고 되도록 찬을 풍부히 정성껏 장만해 밥을 지어 주리라 마음먹고는 부지런히 상을 보았다. 국도 이날 낮에 장을 보아 온 생선으로 맛깔스럽게 끓여 벽장 속에 감추어 두었던 백동 수저를 단정히 놓아 손수 받들고는 사랑으로 들어가 공손히

밥주발 뚜껑을 벗겨 올린 다음 물러나왔다.

　조광조가 얼핏 여인을 바라보니 제법 해끄무레하게 생겼을 뿐만 아니라 음식 솜씨도 그런대로 괜찮다 싶었다. 객지에 나가 단 하루를 묵을망정 드는 집의 안주인이 괜찮아야만 생활이 편한 법이었다. 조광조는 내심 이만하면 괜찮겠다, 속으로 생각하면서 밥 한 그릇을 맛있게 다 먹었다.

　안주인은 잠시 뒤 숭늉을 떠가지고 들어왔다. 그런데 조광조가 그 숭늉 그릇을 받는데 왠지 여인의 태도가 심상치 않아 바라보던 중 하마터면 숭늉 대접이 조광조의 손에 넘어오기 전에 방바닥에 그대로 떨어질 뻔하였다.

　살살 곁눈질을 하는 여인의 눈길은 이미 정신을 빼앗긴 사람으로 그만 덥석 손만 잡으면 그대로 응할 것 같았다. 조광조가 아무리 학식이 높고 점잖은 선비라 해도 서른 내외의 한창 젊은이였다. 더구나 객고를 느끼고 있는 처지의 몸으로 마음이 안 흔들릴 수가 없었다.

　여인은 숭늉을 마시는 조광조 옆에서 잠깐 자리를 잡고 앉더니 이것저것 말을 붙이기 시작했다. 과거를 보러 온 것이냐, 과거를 보면 당장 장원급제를 할 것 같다는 등 묻는 여인에게 조광조 역시 관심이 있던 터라 잘되었다 싶어 대꾸를 해 주었다.

　특히 자신이 장원급제를 할 것이라는 여인의 말은 과히 싫지 않은 말이었기에 조광조가 그렇게 생각하는 이유를 물어보자 여인은 더욱 얼굴을 붉히며 잠시 말을 잇지 못하더니

"풍채가 하도 훤하시어 그렇게 느껴지옵니다."
하고는 잔뜩 부끄러운 웃음을 짓는 것이었다.

덧붙여 자신이 관상은 못해도 전에 청상으로 혼자 있을 때 관상을 하도 많이 보았더니 이제는 조금 보는 눈이 생겼다는 여인의 말에 조광조는 이 여인이 이 집 본래의 조강지처가 아니라 과부로 있던 여자임을 알았다.

저녁상을 물린 뒤 이번에는 여각의 바깥주인이 들어와 인사를 하였다. 안주인과 나이 차이가 20세는 더 되어 보였으나 사람은 아주 좋아 보였다. 바깥주인 역시 조광조에게 관심을 보이며 자신도 어릴 적에는 부모 덕분으로 글자깨나 읽었지만 과거 한 번을 보지 못하고 그만 중도에서 덮어 버렸다는 이야기에서부터, 남들은 자식을 셋씩 넷씩 쉽게도 두는 데 자신은 자식을 하나도 못 두었다는 이야기, 생활을 위해 젊은 여인을 아내로 얻어 여각에 손님을 받는 일을 하고 있다는 등 묻지도 않은 말들을 죽 늘어놓았다.

바깥주인이 물러가자 다시 안주인이 김이 무럭무럭 나는 시루떡을 얌전하게 썰어 검은 조청과 함께 쟁반에 받쳐 들고 왔다.

"과거 보시는 데는 떡하고 엿이 좋은 것이라 해서 좀 만들어 보았습니다. 별로 맛은 없겠지만 좀 잡숴 보십시오."

은근히 말하는 안주인의 너무 과한 대접에 조광조가 당황하자 여인은 그저 살짝 웃으며 돌아가는 것이었다. 그는 여하튼 여각에 잠시 머무는 손님의 과거까지 걱정해 주는 주인을 만난 것만큼은 좋은 일이라 싶었다. 조광조가 과거에 좋다는 떡을 조청에 듬뿍 찍어

먹고 잠을 자려는데 여인이 또다시 와서 따뜻한 숭늉을 들여놓은 다음 조용히 돌아갔다.

공자의 경문을 외며 마음을 다잡다

불빛 아래 보인 여인의 얼굴은 낮보다도 더 아름답게 보였다. 조광조의 마음은 산란하고 어지러워졌다. 약간의 신호만 보내도 여인은 기다렸다는 듯이 얼른 들어올 것만 같았다. 한창 젊은 남자로서 객지에서 이런 경우에는 참으로 참을 수가 없는 노릇이었던 것이다.

그러나 조광조는 다시 한 번 생각했다. 엄연히 남편이 있는 여자를 어떻게 하다니 도덕에 벗어난 일이었고, 글을 읽는 선비로서 아니 될 일이었다. 마침내 그는 사랑 문고리를 걸어 잠근 뒤 불을 끄고 누워 잠을 청했다.

바깥은 달까지 휘영청 밝아서 창문으로 비쳐 드는 달빛으로 방안까지 환해졌다. 잠이 얼른 올 리가 없었지만 억지로 잠을 청하는 수밖에 없었다. 그런데 밤 이경二更쯤 되었을까, 삼라만상이 모두 잠든 고요한 바깥뜰에 가만가만 조용한 발소리가 조광조가 묵고 있는 사랑방 쪽으로 다가왔다.

과연 그 소리는 조광조가 자는 방문 앞에 멎더니 문고리를 잡아당기는 기척이 났다. 문고리가 걸렸음을 알고 밖에서는 잠시 망설이는 듯 잠잠하더니 이번에는 문창살을 똑똑 두드리는 소리로 바뀌었다.

잠이 들려던 조광조는 눈을 번쩍 뜨고 머리를 든 채 반쯤 몸을 일으켰다. 그가 가만히 귀를 기울이자 두 번 세 번 문소리는 계속 울렸다. 조광조는 누구냐 물으려다가 문득 깨닫는 생각이 있어 나오려는 소리를 꾹 눌러 참았다. 여각의 안주인이 분명했기 때문이었다.

'웬 잠이 그렇게 깊이 드셨소, 어서 깨어 문 좀 열어 주시오' 하는 듯이 문을 두드리는 소리는 계속 울렸다. 여인의 품이 그리웠던 조광조는 망설였다. 슬그머니 문을 열어 주고 싶은 충동이 일었던 것이다. 그는 일단 이불 밖으로 나와 어둠 속에서 머리며 옷매무새를 대강 고치기 시작했다.

그러나 마음을 바꾼 그는 다시 잠자코 자리 속에 들어가 누웠다. 나그네 길에서, 더구나 과거를 보러 온 몸으로서 남편이 있는 여인과 야합한다는 것은 사리에 맞는 일이 아니라는 것을 깨달은 것이다. 문을 두드리던 여인은 안 되겠다 싶었든지 그대로 돌아갔다. 그제야 조광조는 긴 안도의 한숨을 내쉬었다. 그러나 한편으로는 자신이 너무 비정했다는 자책도 아울러 들었다.

초저녁부터 문고리를 걸고 잔 것부터가 자신의 마음과 학문의 힘이 너무 미약함을 의미했기 때문이었다. 태연히 자다가 혹 여인이 오거든 점잖게 앉아 좋게 타일러서 보내는 것이 선비의 도리가 아니었겠는가 하는 생각에서였다. 자신의 학문이 이토록 부족했는가에 생각이 미치자 조광조는 스스로 부끄러워 견딜 수가 없었다. 그는 곧 자리에서 일어나 어둠 속에서 무릎을 꿇고 단정히 앉아 자신을 책망했다.

도기불행점천 道其不行點天
도는 정녕 행해지지 못하는 것인가?

그는 공자의 문자를 빌어 스스로를 개탄하며 자신의 부족한 부동심不動心을 채찍질하는 여러 글을 외어 댔다.
"군자의 도는 광대하면서도 은미隱微함이로다. 필부의 우매함으로써도 함께 알 수 있는 것이지만 그 지극한 데에 이르러서는 비록 성인이라 하더라도 역시 알지 못한 바가 있느니라. 필부, 필녀의 불초함으로써도 넉넉히 행할 수 있는 것이지만 그 지극한 데에 이르러서는 비록 성인이라 하더라도 또한 능히 해내지 못할 바가 있느니라. 뿐인가? 하늘과 땅의 그토록 위대함에도 사람들에겐 오히려 불만스러운 데가 있다. 고로 군자의 도는 그 크기가 천하도 이를 실어 낼 수 없고 그 작기로 말하면 천하도 이를 쪼개어 낼 수가 없느니라."

솔개는 하늘로 비상하는데
고기는 못에서 뛰어 오르누나.

도道란 위와 아래로 나타는 것으로, 군자의 도는 필부로부터 발단되지만 그 지극한 데에 이르면 천지에 나타난다는 뜻이다. 조광조는 또 다른 경문을 읊었다.

"군자는 동動하매 세세世世로 천하의 도道가 되나니 행함에 세세로 천하의 법도가 되고, 말함에 세세로 천하의 준칙이 되는지라. 멀리에선 바람을 두고 가까이에선 싫어할 줄을 모른다."

在彼無惡 재피무오
在此無射 재차무사
庶幾夙夜 서기숙야
以永終譽 이여종에

저쪽에서도 미워하는 이 없고
이쪽에서도 싫어하는 이 없어
낮밤으로 공경하고 삼감으로써
영예榮譽를 길이 하리로다.

"이 같이 아니하고 일찍 천하에 영예를 가진 자 없도다."
조광조는 혼잣말을 하며 늦게야 다시 잠자리에 들었다.

머리를 빗어주는 여각 안주인

어느 때인지도 모르게 잠이 들었던 조광조는 문밖의 수선스러운 소리에 눈을 뜨고는 방문을 열었다. 그러자 여각의 안주인이 해맑은 얼굴을 문안으로 들이밀며 말하였다.

"안녕히 주무셨습니까? 고단하셨지요? 여기 빗접을 내왔습니다. 머리 빗으시고 세수하시지요."

거침없이 방안으로 들어온 여인은 자신이 머리를 빗겨드리겠다며 예의 그 해사한 웃음을 흘렸다. 조광조는 혼자 머리를 빗어 본 적이 없어 시종 아이에게 부탁하려던 참이었기에 여각의 안주인에게 자신의 머리를 맡겼다.

자신의 학덕이 아직 모자람을 느꼈던 조광조는 간밤의 일이 후회되던 터라 한번 자신의 부동심을 시험해 볼 요량으로 일부러 머리를 여인에게 빗기도록 한 것이다.

여인은 잽싼 솜씨로 머리를 풀고 그의 머리카락을 빗기기 시작했다. 여인의 꿇어앉은 무릎이 조광조의 엉덩이 쪽에 살며시 닿고, 여인의 손길이 머리털 끝에 느껴지는 감촉은 어쩐지 그로 하여금 현기를 느끼게 만들었다. 여인의 손길이 이마를 스치고 머리를 쓸어 올려 상투를 빗느라 목덜미를 스치자 조광조는 여전히 어제 접었던 마음이 다시 조금씩 올라오는 것이 느껴졌다. 그러나 그는 얼른 정신을 모아 자칫 흐트러지려는 마음을 가다듬었다.

머리털이 부드러우면 마음이 곱고 다정하다는데 조광조 역시 그럴 것이라 말하는 여인의 입술이 귓전에 닿는 듯 화끈하였다. 산란해지는 자신의 마음을 가다듬은 조광조는

"원, 머리털만 가지고 어떻게 사람의 마음을 알 수 있겠소. 사람의 마음이란 천 길 물속과도 같은 것이고 아침저녁으로 바뀌는 일기와도 같은 것이며, 호호浩浩한 천지와도 같은 것 아니오?"

말하고는 웃었다. 안주인은 조광조의 말에 어느 정도 장단을 맞추더니 이번에는 자신의 집에서 오래 묵을 예정인지를 물었다. 조광조가 주인댁의 대접이 융숭해서 과거 볼 때까지 다른 곳으로 옮기고 싶지 않다고 대답하자 안심이 된 여인은 장원급제 얘기를 한번 더 꺼냈다.

"어제도 말씀드렸지만 이번에 과거 보시면 꼭 장원급제를 하실 것이옵니다. 제가 오늘 새벽녘에 꿈을 꾸었는데 청룡이 바로 이 사랑채 지붕을 뚫고 들어오는 꿈을 꾸었답니다. 장원급제뿐 아니라 필경 이후 벼슬길이 재상까지 오를 것이옵니다."

여인이 그런 거짓말까지 하지는 않을 것이라 생각한 조광조는 마음이 흡족해 미연이 웃었다. 웃는 그의 얼굴이 퇴침의 거울에 나타나자 그의 등 뒤에서 머리를 빗겨 주는 여인의 얼굴도 그곳에 나타나며 생긋이 눈웃음을 쳤다.

조광조는 이제 그런 여인이 아름답고 그립다기 보다는 서방을 가진 부녀자가 이렇게 마음이 헤플 수가 있나 하는 생각이 들었다. 여인은 거기서 멈추지 않고 조광조의 머리에 꽂힌 은동곳을 뽑더니 대신 자신의 고의춤 속주머니에서 옥으로 된 동곳을 꺼내어 그것을 꽂아 주었다.

조광조는 이제 조금의 흔들림도 없이 웃음으로 그에 대한 답례를 할 수 있었다. 만족한 얼굴로 조광조의 상투를 다 틀고 밖으로 나간 여인은 곧 아침상을 차려 들어왔다. 엊저녁보다도 훨씬 정성을 다한 찬임을 조광조는 일견으로 알아보았다.

대과에 급제하는 조광조

식사를 마치고 난 조광조는 하인에게 바깥주인을 잠깐 나오라 할 것을 하명했다. 그러나 바깥주인은 벌써 어디로 출타하고 없었다. 조광조는 잠시 무엇인가 망설이더니, 하인에게 나귀에 부담롱負擔籠*을 싣도록 일렀다.

하인이 주인의 명령대로 마구간에서 당나귀를 끌어내고 부담롱을 싣는 모습을 본 안주인은 안에서 머리를 빗다 말고 깜짝 놀라 뛰어나와 물었다. 하인은 조광조에게 들은 대로 주인께서 한양 구경도 하고 필요한 물건도 살 겸 잠깐 나가는 길이라 답하였다. 그러나 여인은 조광조가 떠나버리는 것은 아닌지 걱정이 되어 자신들을 못 믿어 부담롱을 싣고 나서는 것이냐 물으며 하인 옆에서 초조해 했다.

조광조는 바깥에서 하인과 여인 사이에 오가는 소리를 들으면서 밥값을 계산해 돈은 시렁 위에 얹어 놓고 여인이 꽂아 준 동곳도 빼서는 그곳에 함께 놓은 다음 시치미를 떼고 밖으로 나섰다.

여인은 문까지 조광조를 쫓아 나와 저녁을 지어 놓을 테니 일찌감치 들어오시라며 웃으며 배웅하였다. 조광조는 여각에서 나오자 비로소 하인한테 분부를 내렸다.

"다른 여각을 찾아 사처를 잡아라."

이날 밤 여각의 바깥주인은 술에 곤히 취해 가지고는 칼 한 자루를 품고 집으로 돌아왔다. 그는 간밤에 자신의 아내가 사랑방 문을

---

*부담롱負擔籠 : 옷이나 책 따위의 물건을 담아서 말에 싣고 운반하는 작은 농짝.

두드리던 일이며 자신의 아내가 조석으로 손님을 유혹하던 것을 죄다 알고 있었다. 여각 주인은 오늘 밤에는 반드시 무슨 일이 있으려니 하고 칼을 사서 품고 온 것이었다.

그런데 그가 사랑방 문을 열고 보니 손님도, 부담롱도 보이지 않고 선반 위에 돈과 동곳만이 놓여 있을 뿐이었다. 그는 안으로 들어가 사랑방 손님이 어디로 간 것이냐고 아내에게 물었다. 물건을 사러 간다고 부담롱을 싣고 나갔는데 아직까지 안 들어와 이상하게 생각하고 있었다는 아내의 대답에 바깥주인은 비로소 손님이 자신의 아내를 피해 간 사실을 알게 되었다.

"참으로 점잖은 손님이다."

혼자 중얼거린 남편은 손님이 두고 간 돈과 동곳을 아내에게 내던졌다. 조광조에 관한 이 소문은 온 장안에 쫙 퍼졌고, 그가 과거를 보아 무난히 대과 급제를 한 것은 물론이었다.

정암 조광조의 혈맥

조광조의 종친으로 쌍성총관부 총관 조양기趙良琪가 있다. 명장 조양기는 고려 말, 그가 13세의 나이에 일어난 일본 정벌에서 원나라 원군을 거느리고 참전해 전군을 무사히 데리고 왔다. 조양기의 아들은 공신으로서 판서의 자리에 오른 조돈趙暾으로 그 역시 20세 미만에 여진에 포로로 잡혀간 고려의 관민 160호를 쇄환시킨 명장이었다.

조돈의 아들은 이성계李成桂의 위화도威化島 회군에서 공을 세운 개국공신 조인벽趙仁璧과 조인옥趙仁沃이다. 조인벽은 삼사좌사에, 조인옥은 판서에 올랐다. 이성계는 조선 개국 후 자신이 반정에 성공함은 오로지 남은南誾과 조인옥에게 그 덕이 있다고 말할 만큼 조인옥은 큰 공을 세웠다.

조인벽의 아들은 역시 공신으로서 찬성사와 부원군에 이른 조온趙溫과 공신으로서 우의정과 부원군에 이른 조연趙涓이다. 조연의 아들은 태종太宗 대의 명신 판중추 조혜趙惠, 조온의 손자는 세조世祖가 일으킨 반란 당시 죽음을 당한 사예 조애손趙哀孫이다. 조인옥의 아들 참의 조순생趙順生 또한 세조의 난에 황보인皇甫仁, 김종서金宗瑞와 함께 화를 입었다.

조애손의 아들은 감찰 조원강趙

조양기 단비. 경기도 파주시.
「쌍성총관 겸 원선수 부원수 한양조공 휘 양기.
배 군부인 박씨 지단」

조돈 단비. 경기도 파주시.
「고려 증 수충익대보리찬화좌명공신
벽상삼한삼중대광 용성부원군
문하좌시중 한양조공 휘 돈.
배 군부인 간성이씨 지단」

조인벽 단비. 조연 아버지, 조인옥 형이며 이성계의 제매이다. 경기도 파주시.
「고려 증 수성양절익위보리좌명공신 보국숭록대부 문하좌정승 한산백 용원부원군 시 양렬 한양조공 휘 인벽.
배 군부인 하동정씨 배 전주이씨 정화공주 지단」

조인벽의 아들 조온 묘비. 경기도 파주시.
「개국정사좌명공신 한천부원군 양절공 한양조온지묘.
정경부인 장씨 부좌 정경부인 박씨 위」

조연 묘소. 경기도 파주시.
「수충익대좌명공신 한평부원군 대광보국숭록대부 우의정 증시 양경 한양조공 휘 연지묘」

元綱과 조원기, 조원강의 아들은 조광조이다.

북향으로 절을 하고 남향으로 곡을 한 조락

조순생의 아들은 정랑 조락趙犖으로 그는 아버지의 일에 연좌되어 금산으로 유배당했다가 이후 충청도 목천木川으로 이배되었다. 이때 그는 매일같이 정랑의 공복을 차려입고 유배지 뒤편에 있는 산꼭대기에 올라 단종이 있는 동쪽을 향해 읍을 한 다음, 다시 남쪽을 향해 곡을 하였다. 조락이 남쪽을 향해 곡을 한 것은 아버지 조순생이 남쪽의 유배지 고성固城에서 죽임을 당했기 때문이다.

조락의 이와 같은 모습을 동정한 목천 사람들은 그 산봉우리 이름을 정랑대正郞台 또는 망경대望京台라 부르기 시작했다.

조락은 순조純祖 때에 도승지 벼슬을 증직하고 황보인의 아들 황보석皇甫錫, 김종서의 아들 김승규金承珪와 함께 단종의 능인 장릉莊陵 옆에 단을 짓고 왕을 모셨다.

태종이 가장 아낀 신하 조영무

조선의 개국공신으로서 이방원李芳遠(태종)을 도와 그가 왕위에 오르도록 도운 조영무趙英茂는 태종의 지극한 총애를 받았다. 조영무가 병으로 목숨이 위급해지자 태종은 조영무의 얼굴을 보기 위해 시위병을 앞세워 직접 그의 집으로 향할 정도였다. 가는 도중 조영무

조영무 묘비. 경기도 고양시.
「조선국 순충개국정난 정사익대좌명공신 대광보국숭록대부 의정부 영의정 겸 영경연 세자사 홍문관 예문관 춘추관 관상감사 판승추원사 판군기감사 병조전서 한산부원군 시 충무공 휴암 한양조영무선생 숭모비」

가 죽었다는 소식을 들은 태종은 애도의 뜻으로 사흘 동안 조회를 하지 않고 들어앉아 있었다. 또 하륜河崙을 불러 한나라의 곽광霍光과 당唐나라의 위징魏徵이 죽었을 때 닷새 동안 조회를 하지 않았던 일을 상기시키고 임금이 할 수 있는 최대의 애도를 표하려고 하였다.

조영무의 아들은 절제사 조전趙琠, 조전의 아들은 세조가 반란을 일으켰을 때 김종서의 일당이라 하여 유배지에서 교살당한 조완규趙完珪이다. 조완규는 지조와 절개, 재능 그리고 학문에 있어 당시의 성망을 한 몸에 모았던 인물로 동생 조완주趙完珠, 종제 조완경 趙完敬과 같이 죽임을 당하고 말았다.

지치주의를 따른 혁명의 선구자 조광조

조광조는 유학을 급진적으로 정치에 적용하려다가 실패한 지치주의의 영수이다. 조광조는 성리학의 거승 김굉필이 희천熙川으로 귀양을 가자 그곳까지 따라가서 배움을 익혔을 만큼 학문에의 욕구가 강했다. 그때 그의 나이 열일곱이었다.

유배지에서 김굉필이 자신의 어머니에게 보내려고 꿩 한 마리를 볕에 말리고 있는데 지키던 자의 부주의로 고양이가 꿩을 물고 달아나 버렸다. 어머니에게 드리려 했던 것이라 김굉필은 조금 흥분하여 지키던 자를 꾸짖었고, 그러자 이를 지켜보고 있던 조광조가 스승 앞으로 나가 말하였다.

"봉양하는 정성은 비록 간절하오나 군자는 말과 기색을 잘 살펴 하지 않을 수 없는 것인데 소자小子가 적이 의혹이 되어 말씀드리는 것입니다."

조광조의 말에 김굉필이 답하였다.

"나도 바로 뉘우쳤는데 네 말이 또한 그러하니 부끄럽구나. 네가 내 스승이지 내가 네 스승이 될 수 없겠도다."

조광조는 인물 역시 뛰어나 사람들이 평하기를 마음의 수양이 쌓여 밖으로 빛이 나타난 것과 같은 풍채로 사람을 움직였다고 하였다. 또한 조광조가 대사헌으로 있으면서 문묘文廟에 행차하는 임금을 수행하였는데, 백관들은 임금이 아니라 조광조의 인물을 보려고 서로 앞다퉈 몸을 내미는 바람에 혼잡을 이루었다고 한다. 앞서 밝혔듯 조광조가 젊은 시절, 그 인물에 혹해 여자들이 첫눈에 반했다는 기록도 있다.

조광조는 한국 역사에서 정치적 천재로 일컬어지는데, 무력을 배제한 혁명을 꾀했던 조광조의 개혁이 성공했더라면 조선 이후의 모습은 많이 달라졌을지도 모른다.

당시 실력이 뛰어난 학자들을 특채하며 급진적 무리를 형성했던 조광조는 일을 점진적으로 추진하지 않고 과격하게 개혁을 시도하려다가 임금과 권세를 가진 공신들의 반발을 샀던 것이다.

율곡栗谷 이이李珥도 지적했듯이 조광조는 현철賢哲한 자질로써, 나라를 다스리고 백성들을 돌볼 뛰어난 재능은 가졌으나 학문이 대성하기도 전에 요직에 올라 위로는 임금의 마음을 설득시키지 못했고 아래로는 보수적인 권문세가와 타협하지 못한 것이라 하겠다. 어떤 이들은 조광조가 정치적으로 실패하고 목숨까지 잃어야 했던 이유의 하나로 그가 발탁한 김식 등의 지나친 과격성을 들기도 한다.

미친 척하며 자신을 지킨 조광보

김시습 영정

옛 선비들에게는 자해自晦로서 자신들의 신념을 지키던 철학이 있었다. 눈뜬장님이 되어 세상에서 자신을 격리시키던 이들은 대개 미친 척 행동함으로써 바깥에서 진짜로 자신들을 폐인으로 인식하도록 만들었다.

김시습金時習이 그리하였고 정희량鄭希良, 남효온이 그렇게 하였으며, 조광보趙光輔 또한 미친 척하며 자신의 신념을 지켰다.

임사홍 묘소. 경기도 여주시.

　음모와 모사를 꾸미기로 유명했던 남곤과 심정은 장안의 강직한 선비들을 두려워하며 그 세력을 꺾기 위해 1507년(중종 2) 옥사를 하나 꾸몄다. 그때 잡혀든 대표적 선비가 박강朴薑의 아들이자 박은朴訔의 손자인 박경朴耕과 조광조의 후손 조광보였다.

　조광보는 식견이 고명해 장안의 선비들에게 영향력이 강한데다 과격한 선동가로 소문나 있었다. 그가 어느 날 박영朴英을 보고 말하였다.

　"너는 무부武夫로서 갑자사화를 일으켜 선비를 모조리 죽이고도 떳떳이 벼슬살이를 하고 있는 임사홍任士洪, 유자광의 배를 베어 죽이지 못하는가. 네가 죽이지 않으면 내가 너를 죽이리라."

　이 같은 그의 과격한 말은 임금의 귀에 들어가게 되었고, 조광보는 국가의 변란을 음모했다는 이유로 잡혀 들어갔다.

　이때 조광보는 거짓으로 미친체하며 대궐 뜰로 끌려갈 때부터 큰 소리로 옛글을 외우기 시작했다. 그러던 그는 윗자리에 앉아 있는

유자광 묘소. 전북 남원시 주천면 은송리.

유자광을 보고는 옛글 읽는 말투로 다음과 같이 말하였다.

"자광은 소인인데 어찌 이 대인들 틈에 있는가. 무오년에 어진 사람들을 모함하여 김종직과 같은 사람들을 모조리 죽였으면서, 이제 또 무슨 일을 하려고 하는가. 청컨대 상방검尙方劍*을 얻어 아첨하는 신하의 머리를 베어 성스러운 임금을 받들고 어진 재상을 임명하면 착한 정치를 가히 볼 수 있으리로다."

이 소리를 옆에서 듣고 있던 성희안이 아첨하는 신하란 누구를 가리키는 것인지 묻자 조광보는 서슴지 않고,

"그것을 몰라서 묻는가. 자광이로다."

하고는 중종반정의 일등공신 박원종을 보고는,

"네가 성스런 임금을 추대했으니 그 공이 과연 크지만 어찌 네가

---

*상방검尙方劍 : 임금이 간악한 신하를 제거할 때 쓰던 날카로운 칼. 한나라 무제 때 주운朱雲이 그 칼을 빌어 아첨하는 신하를 베겠다고 간한 고사에서 나온 말이다.

폐한 폐주(연산군)의 나인內人을 데리고 사느냐."

하였다. 조광조의 신랄한 언투에는 광기마저 섞여 있었다. 그는 유자광과 함께 앉아 있는 사대부들을 보면서는

"서로를 명유名儒라 일컬으면서 어찌 유자광과 함께 일을 하는 것이냐."

고 비판하였다. 또 사관 강홍姜洪과 이말李抹에게는 자신의 말을 분명히 기록해 둘 것을 명하였다.

장형에 처해진 조광보가 매를 맞기 시작하는데, 그는 열 번 넘게 맞도록

"다만 나라가 아프다!!"

하고 통곡하니 박원종이 참으로 미친병이 있는 사람이라 하고는 때리기를 그만 두었다.

이 옥사가 일어나자 박영은 박경과 조광보의 스승인 정붕鄭鵬에게 달려가 그 사실을 알렸다. 노대가老大家 정붕은 지팡이를 의지해 가만히 생각하더니

"이는 반드시 동문인 문서구文瑞龜가 아첨하고자 무고한 것이다. 박경은 우직해 불측한 화를 당할 것이요, 영리한 조광보는 반드시 죄를 면할 것이다."

하였다. 정붕의 예언은 하나도 틀림없이 들어맞았다.

조광보의 지혜가 승리한 것이다. 조광보는 조광조와 함께 죽임을 당한 지평 조광좌趙光佐와 함께 용인에 사은정四隱亭이란 정자를 짓고 살았다.

햇볕을 비껴간 한양 조씨 인맥

세조의 난 때 핍박을 당하고 또 기묘사화와 신사무옥에 멍든 한양漢陽 조씨 인맥을 보자.

조광조의 조카 조변趙忭도 1521년(중종 16)의 신사무옥에 가혹한 고문을 당하고 강진康津에 유배되어 살았는데 평생에 부스러진 뼈가 몸에서 빠져 나오는 장병杖病을 앓았다 한다.

그리고 교리 조우趙佑, 부사 조종예趙宗藝, 조광보의 조카 첨지 조징趙澄, 가짜 벙어리 노릇을 하며 은둔했던 인의引儀 조충남趙忠男, 문무를 겸비했던 전한 조덕원趙德源 등이 그에 해당되는 인물들이라 하겠다.

조덕원의 아들은 조선 시대 충효의 상징으로 손꼽히던 조공근趙公瑾, 조공근의 아들은 전한 조윤趙贇이다.

손가락을 끊으며 임진왜란壬辰倭亂에 피난 가는 선조를 호종한 현감 조팽년趙彭年, 연안延安 지역을 사수함으로써 선망을 받았던 장령 조응문趙應文, 역시 임진왜란에 연안에서 의병을 일으켜 적의 진로를 막고 그 공으로 관직을 하사받았음에도 끝내 불사했던 참봉 조광정趙光庭, 임진

조공근 묘비. 경기도 양평군.
「가의대부 동지중추부사 겸 오위도총부부총관
조공 휘 공근지묘.
정부인 풍천임씨 부」

왜란에 의병을 일으킨 현감 조망趙網 등은 한양 조씨의 충의를 이은 인맥이다.

참판 조방언趙邦彦의 증손은 「유민탄流民嘆」 등 참여문학을 추구한 참판 조위한趙緯韓과 부사 조유한趙維韓, 승지 조찬한趙續韓 삼형제이다.

장령 조중려趙重呂, 장령 조극선趙克善, 조찬한의 아들 교리 조비趙備, 익찬 조득중趙得重 등은 배움과 그 덕행이 일치한 출중한 인물이었다. 대제학과 판중추를 지내고 청백리淸白吏에 오른 조경, 조경의 아들 응교 조함봉趙咸鳳, 조극선의 아들 금부도사 조성한趙晟漢, 화가이자 참판에 오른 조함명趙咸明, 지정 조세휘趙世彙, 좌랑 조진양趙晋陽, 학자 조동표趙東豹, 화가 조중묵趙重默, 현감 조운식趙雲植 등도 큰 벼슬에서 소외당한 채 학문을 닦는 것으로 일생을 보내야 했다.

조광조의 9대손은 목사 조사충趙思忠, 그의 아들 조상본趙常本은 순조 대에 이승훈李承薰 등이 도입한 천주학을 널리 공개 토론한 인물이다.

기묘명현 2
귀양살이로 부모를 만나지 못한 김구

1488년(성종 19) 현감 김계문金季文의 아들로 태어난 김구金絿는 생원과 진사에 장원을 차지하고 이후 부제학이 되었다. 그는 좋은 정치를 시도하고자 하였으나 기묘사화로 조광조, 김정 등과 같이 투옥되어 10여 년의 귀양살이를 해야만 했다.

이후 1543년(중종 29) 고향에 돌아온 김구는 부모님이 모두 돌아가신 사실을 알고, 부모의 산소에 가서 통곡하다가 기절까지 하였으며 아침저녁으로 산소에 가서 통곡하여 풀이 다 말라 버렸다 한다. 그는 이 때문에 병을 얻어 귀양에서 돌아온 해에 죽고 말았다. 그동안 가슴에 쌓였던 서러운 한이 터진 결과일 것이다.

김구는 조선 초기 4대 서도가書道家의 한 사람으로 꼽힐 정도의 명필이었으며 유필로 예산에 소재한 이겸李謙 묘비와 『자암필첩自庵筆帖』 모간模刊본이 있으며 저서로 『자암집自庵集』이 있다.

그는 선조 때 광국光國의 훈에 추록되고 이조참판에 증직되었으며 본관은 광주光州, 자는 대유大柔, 호는 자암自庵이다.

기묘명현 3

위사공신 3등에 오른 신광한

신광한申光漢은 어려서는 글 읽기를 싫어했으나 15세 때부터 결심하고 공부하기 시작해 1510년(중종 5) 을과에 급제하였다.

그는 1521년 조광조 일파로 몰려 벼슬을 빼앗기고 여주 원형리元亨里에 물러나 있다가, 1537년(중종 32)에 직첩을 환급받고 이듬해

신광한 묘소. 신숙주 손자, 신형의 아들. 경기도 고양시 왕릉골.

복직되었다. 신광한은 1545년(명종 즉위)에는 대제학으로서 위사공신衛社功臣 3등의 호를 받고 우참찬 겸 양관 대제학, 지의금부사, 지성균관사, 동지경연사를 함께 받았으며 1550년 좌찬성, 1553년 우찬성이 되었다.

그는 1484년(성종 15) 신숙주의 손자이자 신형申泂의 아들로 태어나 1555년(명종 10) 세상을 떠났으며 저서로 『기재집企齋集』을 남겼다. 신광한의 본관은 고령高靈, 자는 한지漢之와 시회時晦, 호는 기재企齋 · 낙봉駱峰 · 석선재石仙齋 · 청성동주靑城洞主이며 시호는 문간文簡이다.

기묘명현 4
기묘사화에 사사당한 기준

기준奇遵은 1492년(성종 23) 응교 기찬奇欑의 아들로 태어나

기준 묘소. 경기도 고양시.
「홍문관 응교 겸 경연시강관 증 자헌대부 이조판서 양관대제학 문민공 복재선생 기준지묘. 배 증 정부인 파평윤씨 간좌 합폄」

1514년(중종 9) 문과에 급제하고 호당湖堂에 들어갔다. 그는 이후 전한과 응교를 역임하였으며 1519년(중종 14) 기묘사화로 아산牙山에 장배되었다가 이어 온성穩城으로 원배되어 1521년(중종 16) 사사되었다.

후일 이조판서로 추증된 기준의 본관은 행주幸州, 자는 경중敬仲, 호는 복재服齋와 덕양德陽, 시호는 문민文愍이며 그의 저서로『덕양집德陽集』이 있다.

기묘명현 5
중국어에 능통했던 심달원

심달원沈達源은 1494년(성종 25) 태어나 1517년(중종 12) 문과에 급제하고 1519년 부수찬으로 숙직하던 중 기묘사화가 일어나자 조광조의 당이라 하여 제일 먼저 투옥되고 유배되었다.

1522년 봉상시 판관에 등용되면서 관직에 복귀한 심달원은 중국어에 능통해 1528년에는 명나라에 가는 성절사를 수행하였다. 이후 판교를 거쳐 좌통례에 이르렀으며 심달원의 자는 자용子容이다.

기묘명현 6
중종의 사당에 모신 정광필

정광필鄭光弼은 1462년(세조 8) 좌참찬 정난종鄭蘭宗의 아들로 태어나 1492년(성종 23) 진사에 합격하고 같은 해에 문과에 급제해 옥당玉堂에 들어갔다. 그는 이후 부제학, 이조참의로 승진하였으나 1504년(연산 10) 연산군에게 항소했다가 아산으로 귀양을 가야 갔다.

문익공 정광필 신도비각(좌)과 아버지 정난종 신도비각(우). 경기도 군포시.

정광필은 중종이 역임하면서 대사헌, 우참찬, 예조와 병조의 판서, 우의정과 좌의정을 역임하고 1516년(중종 11) 영의정이 되었다.

정광필은 1519년의 기묘사화에 잠시 파직되었으며, 1537년(중종 32)에는 김안로의 참소로 김해에 귀양갔다. 그러나 그해 김안로가 패하자 곧 석방되었으며 1538년(중종 33) 사망한 이후에는 중종의 사당에 함께 모셨다. 정광필의 본관은 동래東萊, 자는 사훈士勛, 호는 수부守夫, 시호는 문익文翼이다.

기묘명현 7
억울한 이들을 구하려다 처형된 안당

안당安瑭은 1481년(성종 12) 22세의 나이로 과거에 급제하고 사관을 거쳐 중종 초에는 대사간이 되었다. 이때 연산군이 폐지했던 사간원이 부활하였다.

그는 호조·형조·공조의 판서를 지내고, 1515년(중종 10)에는 이조판서가 되어 잘못된 폐단을 혁신하고 어진 선비를 등용하였는데 조광조, 김식, 김대유 등은 모두 안당이 천거한 사람들이다. 안당은 1518년(중종 13)에는 좌찬성이 되었다가 다시 이조판서, 이어 우의정이 되었다.

안당은 1519년 기묘사화가 일어나자 영의정 정광필과 함께 억울하게 붙잡힌 사람들을 구하려고 변호하다가 파면되었다. 1521년(중

안당 묘소. 경기도 하남시.

종 16)에는 그의 아들 안처겸이 남곤, 심정 등 간신들이 어진 사람들을 없애 버리는 것을 보고, 그들을 숙청하려다가 도리어 화를 입게 되었다. 이때 안당과 그의 작은 아들 안처함, 친족 송사련도 함께 처형되었다.

그러나 명종 때 누명을 벗고 벼슬도 복구되고 시호도 받았다. 안당은 행동을 함에 있어 항상 신중했으며 말수가 적고, 청렴하고 공정해 옳은 일이라면 피하지 않았기에 많은 공로를 남긴 인재였다. 1460년(세조 6) 안돈후安敦厚의 아들로 태어나 1521년(중종 16) 사망한 안당의 본관은 순흥順興, 자는 언보彥寶, 호는 영모당永慕堂, 시호는 정민貞愍이다.

기묘명현 8
관직 삭탈로 궐에 들어가지 못한 이희민

이희민李希閔은 조광조의 문인으로 1510년(중종 5) 진사가 되고, 1516년 별시 문과에 병과로 급제하였으며 이듬해 정자를 거쳐 지평, 이조정랑 등을 역임하였다.

그는 지평으로 있을 때 정국공신靖國功臣에 적합하지 않은 인물을 공신에서 삭제할 것을 논핵하였으며, 이로 인해 기묘사화에는 벼슬을 빼앗겨야 했다. 사화가 일어나던 날 밤 그는 이연경, 권장權檣과 함께 궐문으로 들어가려 했으나 삭탈관직 되었다는 이유로 제지당하였다. 어렵게 경연청에 들어간 이희민은 영상에게 고하기를,

"사건이 갑자기 생기고 관직은 이미 삭탈되었습니다. 오랫동안 임금을 모신 시종侍從의 반열에 있는 몸으로 이런 큰 변을 보고 모르는 체하고 물러설 수 없습니다. 또, 좌우에 사필史筆을 잡은 자가 없으면 국가 대사가 흔적 없이 사라져 전하지 못할 것이니, 이것이 민망스럽습니다."

라고 하였다. 이에 영상은 봉교 조구령趙九齡, 채세영蔡世英, 권예權輗를 시켜 전과 같이 사건을 기록하도록 하였다.

그해 12월 이희민은 고향인 선산으로 향했다. 그는 1498년(연산 4) 공조판서 이윤검의 아들로 태어났으며 사망한 해는 알 수 없다. 본관은 합천陜川, 자는 효옹孝翁이다.

기묘명현 9
중종의 신임으로 귀양을 가지 않은 이장곤

이장곤李長坤의 아버지는 참군 이승언李承彦, 어머니는 춘양군春陽君 이래李徠의 딸로 1474년(성종 5) 태어났으며 증조할아버지는 이신지李愼之, 할아버지는 이호겸李好謙이다.

그는 어려서부터 체격이 좋아 장군감이라 불렸으며, 강궁強弓으로 과녁을 잘 조준했기에 이를 눈여겨 본 유자광이 1492년(성종 23) 왕에게 추천하기도 했다. 학문과 무예를 겸비한 이장곤은 중종의 신임을 받으며 승진이 매우 빨랐다.

그는 1495년(연산 1) 생원시에 급제하고 1502년 알성문과에 급제해 관로에 들어섰으나, 교리로 있던 중 명나라의 눈 밖에 나면서 갑자사화 이듬해 거제도로 유배되었다. 연산군은 이장곤의 용맹함과 뛰어난 무예 실력에 그가 반란을 일으킬까 염려해 처형하려 하였고, 이를 눈치챈 이장곤은 함경도 함흥咸興으로 달아나 양수척楊水尺(양수척楊水尺)들의 무리에 섞여 숨어 살기도 했다.

이장곤은 1506년(중종 1) 중종반정이 일어나자 예조좌랑이 되고 1507년(중종 2)에는 남곤에게 추천되어 병조판서가 되었다. 이때 이장곤은 남곤이 사화를 일으키려는 것을 알고 거사를 막아 내었다. 그는 1508년에는 장령, 지평, 부교리, 교리를 거쳐 이듬해 평안도 우후虞侯를 지내고, 1510년 동부승지, 평안도 병마절도사를 지냈다.

이장곤은 1512년(중종 7) 중국 산둥성山東省에서 도적이 크게 일어나자 그 화가 조선에 미칠 것을 우려하여, 비변사에 이를 보고하는 동시에 성곽을 수축하고 양곡을 비축해 대비하도록 건의하였다.

이장곤은 이듬해 이조참판이 되고, 1514년에는 예조참판으로 정조사가 되어 명나라에 다녀와 1515년 대사헌이 되었으며, 이듬해 전라도 관찰사에 임명되었으나 북쪽 변경의 일에 정통한 것이 인정되며 곧 함경도 관찰사로 교체되었다. 그는 이어 1518년(중종 13)에는 대사헌을 거쳐 이조판서가 되었으며, 이듬해 우찬성으로 원자보양관元子輔養官이 되고 병조판서를 겸임하였다.

이장곤은 이때 심정, 홍경주 등에게 속아 기묘사화에 가담했으나, 이후 신진 사류들의 처형을 반대하였으며 이로 인해 심정 등의 미움을 사서 결국 관직을 삭탈당하고 만다. 대간들은 이장곤이 관직을 삭탈당한 뒤에도 귀양을 보내야 한다고 주장했으나 중종은 그들의 요구를 받아들이지 않았으며, 그의 재질을 아깝게 여겨 군직을 주고 유사시에 쓰려 했지만 대신들의 반대로 실현하지는 못하였다.

경기도 여주驪州와 경상도 창녕昌寧에서 은거하던 이장곤은 1522년(중종 17) 복직된 이후에도 현직에 나가지 않고 여주에 머물다 그곳에서 죽었으며, 창녕의 연암서원燕巖書院에 제향되었다. 이장곤의 본관은 벽진碧珍, 자는 희강希剛, 호는 학고鶴皐·금헌琴軒·금재琴齋·우만寓灣이며 시호는 정도貞度이다. 그는 김굉필의 문하였으며 저서로 『금헌집』이 있다.

기묘명현 10
스승 김식의 자결을 애도한 신명인

신명인申命仁은 1519년(중종 14) 기묘사화가 일어나자 이약수 등과 성균관 유생 1천여 명을 이끌고 대궐에 돌입해 조광조 등 사림파의 구명을 상소했다. 그러나 상소는 받아들여지지 않았고, 스승 김식이 자결을 선택하자 신명인은 그를 애도하는 〈조송옥사弔宋玉辭〉를 지었다. 신명인은 사망 이후 이조판서에 추증되었으며 자는 영중榮仲, 호는 귀봉龜峰, 시호는 정청공貞淸公이다.

기묘명현 11
양재역 벽서 사건으로 처형당한 이약빙

이약빙李若氷은 1513년(중종 8) 생원에 1등으로 합격하고 이듬해 문과에 급제하였다가 1519년 이조좌랑으로 있던 중 기묘사화에 몰려 삭직되었다. 1537년(중종 32) 한산韓山 군수로 복직된 그는 단종과 연산군의 후사를 세울 것과 복성군 이미李嵋의 신원을 소청하다가 다시 파면되어 충주 북촌北村으로 돌아갔다.

이약빙은 1545년(인종 1) 좌통례가 되었으나 1547년(명종 2) 양재역良才驛의 벽서 사건에 관련된 혐의로 사형당하고 가산이 몰수되었다. 이 사건은 정언각鄭彦殼이 전라도 양재역에서 문정 왕후와

이극감 사당 문효사. 충북 괴산군.

권신 이기李芑 등을 비난하는 내용의 벽서를 발견하고 왕에게 바침으로써 일어난 정미사화丁未士禍를 말한다.

1570년(선조 3) 삼공三公의 주청으로 이약빙의 관작과 가산은 환급되었으며 대흥大興의 우천사牛川祠에 제향되었다. 이약빙의 본관은 광주廣州, 자는 희초熹初, 호는 준암樽巖으로 아버지는 이자李滋, 증조부는 이극감李克堪이며 그의 태어난 해는 알려지지 않았다.

기묘명현 12

조광조와 유배 시절을 함께 보낸 양팽손

조선 시대 화단에 지대한 영향력을 끼친 두드러진 화가들 중에는 당쟁에 연루되어 사대부로서의 정치적 활동이 불가능해진 뒤, 서화書畫로 평생을 보낸 이들의 수가 꽤 된다. 양팽손梁彭孫 또한 이

범주에 속한다고 볼 수 있겠다.

양팽손의 문학적인 위상을 살필 수 있는 문집으로 『학포유집學圃遺集』 2권이 전하며 『조선왕조실록』에는 그의 문장과 서화에 관해 1517년(중종 12)부터 1541년(중종 36)까지 25년 동안 무려 40여 회나 언급하고 있다.

어린 시절부터 양팽손의 천재성은 두드러졌고, 반상의 구별이 분명했던 조선 시대에 한미한 집안에서 자랐음에도 학문에 힘써 과거에 급제하고 성균관에 들어가 수학하였다. 그는 13세에 송흠宋欽에게 학문을 배웠는데 이때 함께 공부한 이들로 송순宋純, 나세찬羅世贊 등이 있다.

양팽손은 항상 『소학小學』, 『근사록近思錄』 등에서 세상에 대한 지침을 구하였고, 그를 바탕으로 정계 활동을 하였다. 한편 성균관에서 공부할 때 벗들은 양팽손의 촌스러움을 비웃었으나 그의 강직함에 대해서만큼은 인정해야 했다.

양팽손은 양이하梁以河와 최혼崔渾의 딸 사이에서 1488년(성종 19) 9월 19일 전라도 능성현綾城縣 월곡리月谷里(현 화순군 능주면)에서 태어났으며 그의 증조부는 직장 양사위梁思渭이다.

그는 20세인 1507년 향시에 응시하고, 1510년(중종 5) 조광조와 함께 생원시에 합격하였으며 29세인 1516년에는 식년문과에 갑과로 급제하였다. 현량과에도 발탁된 그는 이후 공조좌랑, 형조좌랑, 사간원정언, 이조정랑, 홍문관교리를 역임하고, 호당에 뽑혀 조광조 등과 함께 사가독서賜暇讀書하였다.

양팽손이 정언으로 재직할 당시 이성언李誠言을 탄핵한 일로 인해 대신들이 원의계院議啓를 왕에게 올리며 체직을 명령받았지만 조광조, 김정 등 신진 사류들로부터는 정당한 언론의 역할을 수행한 인물로 평가받았다.

1519년 10월 남곤, 심정, 홍경주 등 훈구 재상들이 조광조, 김정, 김식 등 신진 사류를 몰아낸 기묘사화가 일어나자 양팽손은 조광조, 김정 등을 위해 소두疏頭의 역할을 맡아 상소문에 맨 먼저 이름을 올리며 항소하였으나, 이 일로 인해 삭직되어 고향인 능주로 돌아와야 했다.

32세의 양팽손은 중조산中條山 아래 쌍봉리雙鳳里에 서재를 지은 뒤 학포당學圃堂이라 이름하고 독서로 소일하였다. 이 무렵 그와 친교를 맺은 인물은 기준, 박세희, 최산두 등의 기묘명현들이었다. 특히, 당시 능주에 유배와 있던 조광조와는 거의 매일 만나 경론을 탐구하며 지냈다.

조광조는 양팽손보다 6살 위로 평생 뜻을 함께한 사이였으며 조광조는 양팽손에 대해 표현하기를

"더불어 이야기하면 마치 지초芝草나 난초의 향기가 사람에서 풍기는 것 같고, 기상은 비 개인 뒤의 가을 하늘이요, 얕은 구름이 막 걷힌 뒤의 밝은 달과 같아 인욕人慾을 초월한 사람이다."

라고 했다. 조광조가 타계하자 그 시신을 수습한 이도 양팽손이었다.

양팽손은 1537년 문정 왕후의 폐위를 도모하던 김안로가 사사된 뒤 복관되어 1539년(중종 34) 다시 관직을 제수받았으나 사양하다

김장생 초상(좌)과 집터(우). 서울시 중구.

가 1544년(중종 39) 용담龍潭 현령으로 잠시 나아갔다. 그러나 그는 이내 곧 사임하고 이듬해인 1545년(인종 1) 8월 18일 58세를 일기로 학포당에서 타계하였으며 이후 이조판서에 추증되었다.

그의 본관은 제주濟州, 자는 대춘大椿, 호는 학포學圃, 시호는 혜강惠康이다. 양팽손 사후 거의 1백 년이 지난 1630년(인조 8) 김장생金長生 등의 청으로 능주 죽수서원竹樹書院에 배향되었으며, 1818년(순조 18)에는 순천의 용강서원龍岡書院에 추향되었다. 혜강이라는 시호는 양팽손 사후 3백 년 이상이 지난 1863년(철종 14)

〈부지런하고 사사로움(私)이 없으므로 혜惠라 하고 근원(연원淵源)이 막힘 없이 흘러 통하므로 강康이라 한다.〉

는 뜻으로 내린 것이다. 한평생 일관된 양팽손의 삶에 대한 태도와 성품을 잘 대변해 주는 호라 하겠다.

정치 활동 소외 뒤 서화에 몰두한 양팽손

양팽손은 비록 정계 활동에서 물러난 뒤 그림에 집중하기 시작했으나, 조선 화단에서 화가로서의 어엿한 위치를 점하는 실력을 나타냈다. 양팽손은 조선 후기의 윤두서尹斗緖, 허련許鍊과 함께 호남의 대표적인 문인 화가로 손꼽히며, 특히 그는 호남 화단의 선구자로 지칭된다. 조선왕조의 화단에 있어 전과 확연히 구별되는 새로운 화풍을 이룩한 것은 전문적인 직업 화가가 아닌 그와 같은 문인 화가들이었다.

양팽손의 이름으로 전해지는 작품은 〈산수도〉 단 1점으로, 그의 화풍에 대한 본격적인 이해에는 한계가 있다. 그러나 16세기 작품이 희귀한 상황에서 국립중앙박물관에 소장된 〈산수도〉는 한국 회화사의 한 장을 엿볼 수 있는 중요한 작품이다. 양팽손의 대표작 〈산수도〉는 무엇보다 그 시대성이 선명할 뿐만 아니라, 당시 조선이 일본에 끼친 영향 등 양국 회화 교류의 측면에서도 거론되고 있는 뛰어난 그림이다.

〈산수도〉 외 양팽손의 작품으로 추정되는 그림은 약 10점 정도가 되며 산수화山水畫, 새나 짐승을 그린 영모화翎毛畫, 그릇과 꽃가지 그리고 과일 등을 섞어 그린 기명절지화器皿折枝畫 등을 비롯해 사군자四君子 그림으로 분류할 수 있다.

안견安堅의 화풍을 계승한 〈산수도〉는 화면 오른쪽 상단에 양팽손이 지은 2수의 제시題詩가 적혀 있는 것으로, 일제 강점기에 데라우치 마사타케(寺內正毅사내정의) 총독이 조선 박물관에 기증한 그림이다.

이 밖에 원그림은 아니지만 그림면에 '학포 선생 산수도'라는 제목이 있는 〈산수도 판각〉이 양팽손 문중에 전해지고 있다. 〈산수도 판각〉은 화면 구성 및 산세의 표현, 나무 처리 기법 등에서 양팽손의 〈산수도〉와 매우 흡사한 작품으로 양팽손 문집 발간 당시 제작된 것으로 사료된다.

일본에서는 유현재幽玄齋 소장에 의해 알려진 〈산수도〉와 매우 유사한 그림이 있으며, 또한 1996년 야마토분카간(대화문화관大和文華館)에서 개최된 「조선 회화 특별전」에 김익주金翊胄의 1720년 간기刊記가 있는 〈호렵도〉와 〈산수도〉가 출품되었는데 이 역시 양팽손의 작품으로 칭해지는 것이다.

사군자로는 현재 양팽손의 문중이 소장한 〈매죽도 판각梅竹圖板刻〉과, 원래 8폭 병풍이었던 것으로 추정되나 현재 4폭만 전해지는 〈묵죽墨竹〉이 알려져 있는데 16세기에 유행하던 화풍을 지녀 주목을 받았다. 노산鷺山 이은상李殷相은 이본異本 호남가湖南歌에서 실내를 묘사한 부분에 '학포의 묵죽'이란 대목이 있다고 언급하였는데 이는 양팽손이 대나무를 그렸음을 알려주는 것이다. 〈묵죽〉에는 봄의 죽순, 초여름 바람에 휘날리는 가녀린 대나무, 이후 굵은 줄기의 대나무 등 계절의 변화에 따라 변화하는 대나무의 모습을 볼 수 있다. 그림 가장자리에는 화가의 이름을 알려주는 도장과 묵서로 쓰인 작품명이 있는데 이는 후대의 작업으로 보인다.

조선 중기의 문인 화가들 사이에는 수묵으로 그리는 것이 크게 유행하였는데 양팽손의 추정 작품에도 사계절의 영모화, 그리고 청화백자의 문양으로 등장하는 대나무 및 새들이 등장해 당시의 화풍을 짐작하게 한다.

또한 양팽손의 종가에 소장된 〈연지도蓮芝圖〉는 기명절지화에 속하는 것으로 문중의 후손이 1916년 서울에 위치한 추사秋史 김정희金正喜의 본가에서 옮겨 온 그림이다. 〈연지도〉에는 양팽손의 외손 이이장李彛章이 1761년(영조 37)에 쓴 발문이 첨부되어 있어 양팽손이 그림을 잘 그렸다는 사실을 알려주는 현존하는 가장 오래된 문헌이다.

김정희 초상

〈연지도〉는 다기茶器와 함께 연꽃과 영지影池를 주 소재로 하여 그린 2폭의 그림이다. 〈연지도〉는 기명절지화의 초기 작품으로 양팽손을 이어, 윤두서가 그린 책가도冊架圖 계열의 작품으로 전래되며 이 분야 그림의 초창기 모습을 알려 준다는 점에서도 중시된다.

2003년 문화관광부(현 문화체육관광부)에서는 16세기 조선 화단에서 크게 주목되는 문인 화가 양팽손을 4월의 문화인물로 선정하며 그 의의를 기렸다.

기묘명현 13
중종의 특명으로 귀양에서 풀려난 이계맹

이계맹李繼孟은 1489년(성종 20) 32살의 나이로 문과에 급제해 관직에 들어섰으며 1498년(연산 4) 좌승지로 있던 중 무오사화에 연좌되어 영광靈光으로 귀양을 갔다. 그는 이후 귀양에서 돌아와 1506년(중종 1) 대사헌이 되었으나 이듬해 중종반정의 공신들을 제거하려던 박경의 사건에 연좌되어 다시 진도로 귀양을 가야 했다.

그러나 이계맹이 관련이 없다는 사실을 알게 된 중종은 그를 동지중추부사에 특명했으며 1509년(중종 4)에는 경기 감사를 지내고 평안 감사, 호조·형조·예조의 판서, 좌찬성을 거쳤다. 이계맹은 1519년(중종 14) 기묘사화에는 병을 이유로 전라도 김제金堤에 있다가 다시 좌찬성에 임명되었다.

1523년(중종 18) 세상을 떠난 이계맹의 본관은 전의全義, 자는 희순希醇, 호는 묵곡墨谷, 시호는 문평文平이다.

기묘명현 14
기묘사화에 낙향한 이윤검

이윤검李允儉은 1451년(문종 1) 증 병조참판 이순생李順生과 회덕懷德 현감 맹지孟智의 딸 사이에서 태어났다. 그는 1472년(성종 3)

무과에 급제하고 1476년 무과중시에 급제해 사천泗川 현감을 거쳐 선전관이 되었다. 그 뒤 흥양興陽 현감, 강계부江界府 판관, 장흥고長興庫의 령슈, 선공감 판관, 훈련원 판관, 태안泰安 군수, 온성 부사, 오위장, 공주 목사 등을 역임하였다.

이윤검은 1507년(중종 2) 의주 목사로 재임하면서 선정으로 표리表裏를 하사받았으며 1510년 평안도 절도사, 동지중추부사 겸 오위도총부 부총관을 역임하였다. 그는 이듬해에는 호조참판으로 정조사가 되어 명나라에 다녀왔으며 1513년 경상좌도 병마절도사에 이어 충청도 병마절도사를 지내고 강릉 대도호부사, 대구 부사에 임용되었으나 사양하였다.

그는 1519년 영해寧海 부사로 있을 때 기묘사화에 연루되어 낙향해 이듬해인 1520년(중종 22) 세상을 떠났다. 이윤검의 본관은 합천陜川, 자는 자문子文으로 합천의 충현사忠賢祠에 제향되었다.

기묘명현 15
남곤에 의해 살해된 한충

한충韓忠은 기묘사화 발생 당시 충청도 수군절도사로 재임 중이었는데, 평소 조광조와 교류하였다는 이유로 거제에 유배당하였다. 이어 1521년 신사무옥에는 한충의 자 '서경恕卿'이 황서경黃瑞慶이라는 인물의 이름과 음이 같음을 이용한 남곤의 책략에 의해 투옥되었다. 중종이 직접 심문한 이후 혐의가 없다는 것이 밝혀져 그는 곧 풀려났으나 남곤이 보낸 하수인에 의해 살해되고 만다.

한충은 1486년(성종 17) 주부 한창유韓昌愈와 교위 강철손姜哲孫의 딸 사이에서 청주에서 태어났다. 1510년(중종 5) 생원이 된 그는 1513년 별시 문과에 장원급제해 전적에 등용된 뒤 정언, 이조정랑, 응교를 역임하였다.

한충은 1518년 종계변무宗系辨誣를 위한 주청사 남곤의 서장관이 되어 명나라에 가게 된다. 종계변무란 조선의 왕 태조가 고려의 중신 이인임李仁任의 후예라고 잘못 기록된 명나라 역사를 바로잡기 위해 주청하던 일을 말한다. 이때 한충은 연경燕京에 가서 많은 글을 써서 제출하였는데, 그 문장의 훌륭함에 감탄한 관리들이 줄을 지어 찾아왔다고 한다.

이로써 남곤은 한충을 시기해 의견 충돌을 빚으며 그를 미워하였고, 언젠가는 해하려 마음먹었다. 연경에서의 일이 이후 사화에 한충의 목숨을 앗는 결과를 낳은 것이다. 남곤은 1519년 전한을 거쳐 직제학, 동부승지, 좌승지를 역임하던 때에는 기어이 한충을 충주수사로 밀어냈다.

1521년(중종 16) 살해당한 한충은 이후 신원되어 이조판서에 추증되었으며 본관은 청주淸州, 자는 서경恕卿, 호는 송재松齋, 시호는 문정文貞이다. 그는 율려律呂, 음양陰陽, 천문, 지리, 복서卜筮에도 능한 인재였다.

기묘명현 16
조광조를 옹호한 윤은필

윤은필尹殷弼은 1504년(연산 10) 진사로서 별시 문과에 장원으로 급제하고 1508년(중종 3) 부교리, 이듬해 장령, 부응교 등을 거쳐 1517년 대사간, 이듬해 직제학을 거쳤다.

윤은필이 예조참의, 승지로 있던 1519년 기묘사화가 일어나 조광조 등이 죽음을 당하게 되자 그들을 옹호하였다.

그는 1522년(중종 17) 첨지중추부사, 이듬해 황해도黃海道 관찰사, 1527년에는 충청도 관찰사, 1530년(중종 25) 도승지, 부제학 등을 역임하였으며 1532년에는 동지중추부사로서 동지사가 되어 명나라에 다녀와, 이듬해 대사성을 거쳐 경상도 관찰사로 나갔다. 이후 그의 벼슬은 이조참판에 이르렀다.

윤은필의 생몰년은 미상으로 아버지는 첨정 윤훤尹萱, 형은 영의정 윤은보尹殷輔이다. 그의 본관은 해평海平, 자는 상로商老, 시호는 헌간憲簡이다.

윤은필 묘비. 경기도 의정부시.
「증 대광보국숭록대부 의정부 영의정 겸 경연 홍문관 예문관 춘추관 관상감사 세자사 증시 헌강공 행 가선대부 이조참판 겸 동지경연사 윤공은필지묘. 증 정경부인 평강채시지묘」

윤은보 묘소. 경기도 의정부시.
「대광보국숭록대부 의정부 영의정 겸 경연 홍문관 예문관 춘추관 관상감사 세자사 증시 정성윤공은보지묘.
정경부인 양성이씨지묘 정경부인 여산송씨 지묘」

기묘명현 17

기묘사화 후 재야로 은거한 이자

이자李耔는 1480년(성종 11) 대사간 이예견李禮堅의 아들로 태어나 1501년(연산 7) 사마시에 합격하고, 1504년 식년문과에 장원하였다. 그는 사헌부 감찰을 지낸 뒤 천추사의 서장관으로 북경에 다녀와 이조좌랑에 승진했으나, 연산군 정치에 환멸을 느끼고는 자청해 의성 현령의 외직으로 나갔다.

이자는 1506년 중종반정 이후에 발탁되어 홍문관수찬, 교리 등을 지내다가 1510년(중종 5) 아버지의 상으로 관직을 떠났다. 삼년상을 치른 그는 1513년 부교리, 부응교, 사간원사간을 역임하고 이듬해 다시 어머니 상을 당하면서 사직했다가 1516년 사유에 뽑히고 이어 부응교, 전한, 직제학을 거쳐 부제학을 지냈다.

1518년 승지로 있던 이자는 정몽주의 무덤을 개수할 것을 건의해 시행하였으며, 대사헌이 되어서는 종계변무 주청사의 부사로 북경에 다녀와 예조참판이 되고 이어 한성부판윤, 형조판서, 우참찬을 지냈다.

이듬해 기묘사화가 일어나 사림파가 참화를 입게 되자 이자는 조광조의 일파로서 연좌되어 파직된 뒤 숙청당하였다. 그는 그 뒤 음성, 충주 등지에 은거하며 세상을 등지고 이연경, 김세필金世弼, 이약빙 등과 학문을 토론하며 독서와 시문으로 소일하다 여생을 마쳤다. 그는 부모에 대한 효도가 지극했고, 형제간의 우애 역시 돈독했으며 마지막까지 학문과 수양에 정력을 기울였다.

이자는 1533년(중종 28) 세상을 떠난 뒤 기묘명현에 오르고, 충주의 팔봉서원八峰書院에 배향되었다. 그의 본관은 한산韓山, 자는 차야次野, 호는 음애陰崖·몽옹夢翁·계옹溪翁, 시호는 문의文懿이며, 이색李穡의 후손이다. 경기도 용인시 기흥구 지곡동에는 이자가 살았다고 전해지는 고택이 있는데 경기도 민속자료 제10호로 지정되었다. 이자의 저서로 『음애일기』와 시문집인 『음애집陰崖集』이 있다.

이색 초상.

기묘명현 18
학문과 무예를 두루 닦은 윤자임

윤자임尹自任은 학문은 물론 무예에도 뛰어났던 인재로 1488년 (성종 19) 파성군坡城君 윤금손尹金孫의 아들로 태어났다. 그는 생원으로 1513년(중종 8) 별시 문과에 병과로 급제하고 사가독서를 했으며 이듬해 정자가 되고 이어 박사, 정언, 수찬 등을 역임하였다.

1519년 그가 의주 목사, 우부승지를 거쳐 좌승지로 있을 때 일어난 기묘사화에 조광조 일파로 몰려 북청北靑에 위리안치되었다가 배소에서 죽었다. 윤자임은 1538년(중종 33) 신원되었으며 사망한 해는 알 수 없다. 그의 자는 중경中卿이다.

기묘명현 19
젊어서부터 조광조와 교유한 박세희

박세희朴世熹의 본관은 상주尙州, 자는 이회而晦, 호는 도원재道源齋, 시호는 문강文剛으로 1491년(성종 22) 군자감 부정 박사화朴士華의 아들로 태어났다.

1514년(중종 9) 별시 문과에 장원으로 급제한 그는 1515년 사가독서를 하였으며 같은 해에 홍문관수찬을 지냈다. 그는 1517년 정언에 임명된 뒤 이조좌랑, 충청도 도사, 장령, 홍문관응교를 역임하고 1519년 사간이 되었다.

 박세희는 같은 해 좌부승지가 되었으나 기묘사화가 일어나자 조광조 일파로 강계에 유배되어 그곳에서 죽었다. 젊어서부터 조광조를 비롯해 김식, 김정, 김구 등과 늘 교유하였다. 그의 사망 연도는 기록에 남아 있지 않으며 이조판서에 추증되었다.

기묘명현 20
세종의 증손 이정숙

 이정숙李正淑은 세종의 증손으로서 시산부정詩山副正에 제수되었는데, 보통 그를 일컬어 시산정詩山正이라 하였다. 일찍부터 학문에 진력하던 그는 중종 때 송나라의 정자程子와 주자朱子가 왕께 올렸던 글을 왕에게 권하면서 나라를 다스리는 길잡이로 삼으라고 간청하였다.

 한편 1515년(중종 10) 순창 군수 김정, 담양 부사 박상이 폐비 신씨의 복위를 청한 일로 의금부에 하옥되는 일이 발생했다. 그러자 이정숙은 숭선부정嵩善副正 이총, 장성부정長城副正 이엄李儼, 강녕부정江寧副正 이기李祺와 연명으로 중종에게 글을 올려 김정과 박상을 석방할 것을 극간하였다.

 그는 그 외에도 여악女樂을 고치는 등의 일을 청하고 이후에도 수시로 시사를 진언하였다.

강녕부정 이기 묘비. 서울시 도봉구 북한산 내.
「강녕군 시 문경 휘 기.
배 전성현부인 전의이씨 배 창화현부인 양주조씨 지묘」

조광조, 김식 등과 교유하던 시산군詩山君 이정숙은 기묘사화에 관직을 삭탈당하고 다시 신사무옥에 관련되어 1521년(중종 16) 옥중에서 처형되었다.

기묘명현 21

유배지를 이탈하는 대범함을 보인 유용근

유용근柳庸謹의 얼굴은 엄격함과 품위가 함께 엿보였는데, 그 모습처럼 과단성이 있고 활쏘기와 말타기에도 뛰어났으며 또한 지략에도 능하였다.

그는 1485년(성종 16) 판서 유빈柳濱의 아들로 태어나 1507년(중종 2) 생원이 되고, 1516년 식년문과에 병과로 급제해 홍문관의 정자와 전한, 승정원 승지를 거쳤다.

　1519년 북방에서 사람과 가축들이 야인들에게 납치되자 적의 변란을 우려한 중종은 승지로 있던 유용근을 함경도 병마절도사에 특임하였다. 그러나 이해는 기묘사화가 발생한 해로 그는 조광조 일파로 지목되어 진원珍原으로 유배를 떠났다.

　이때 유용근은 대범하게도 함부로 배소를 이탈해 광주廣州에 있던 이자정李自楨의 집에서 술을 마시며 즐기기도 했다. 그는 그 죄로 1522년(중종 17) 경상도 연일延日로 옮겨졌다가 1528년(중종 23) 풀려나 돌아오던 도중 죽었다. 1538년(중종 33) 복관된 유용근의 본관은 진주晉州, 자는 규복圭復이다.

기묘명현 22
이행을 탄핵해 면직시킨 정응

　정응鄭譍은 1490년(성종 21) 정인후鄭仁厚의 아들로 태어나 1514년(문종 9) 진사로서 별시 문과에 을과로 급제하였다. 그는 정자, 오위의 사정을 지내고 1516년 사가독서한 뒤 경연 사경을 거쳤다.

　정응은 이듬해 정언으로 있으면서 훈구파였던 대사헌 이행을 탄핵해 면직시켰다. 그는 1519년에는 승정원에 의해 『성리대전性理大全』을 진강할 능력이 있는 학자로 뽑혔으며, 이어 전한이 되었으나 이해 겨울 기묘사화에 신진 사류로 몰려 충청도 부여扶餘로 유배되어

1522년(중종 17) 배소에서 죽었다. 정응의 자는 응지鷹之, 호는 소우素愚이다.

기묘명현 23
북두칠성의 광채를 받고 태어난 최산두

최산두崔山斗는 1482년(성종 13) 4월 10일 전라도 광양시 봉강면鳳岡面에서 백운산白雲山 세 정기 중 하나인 봉황의 정기를 받고 태어났다는 전설을 남겼다. 또한 그의 이름을 산두라 한 것은 그가 태어날 때 북두칠성北斗七星의 광채가 내려 왔기 때문이다. '산山'은 백두산白頭山의 정기를, '두斗'는 북두칠성의 정기를 뜻한다.

최산두는 8세 때에 시문을 지어 보이는 등 어려서부터 학문에 뛰어난 소양을 가지고 있었으며 또한 스스로 공부에 몰입하였다. 그는 문장에 뛰어나 윤구尹衢, 유성춘柳成春과 함께 호남의 3걸傑로 알려졌다.

옥룡면 동곡리 계곡에는 최산두가 소년 시절에 10년 동안 공부한 바위굴 학사대學士臺가 있다. 자연적으로 이루어진 바위굴의 내부는 사람이 자유롭게 움직일 수 있을 정도의 크기에 작은 우물이 있으며, 학사대 주변의 경관 또한 뛰어나다.

이곳 학사대에서 10년을 계획하고 공부하러 들어간 최산두가 8년 만에 바위굴을 나오면서 우뚝 솟은 백운산에 대한 감흥을 시로 표현하였다.

> 泰山壓後天無北 태산압후천무북
> 태산이 뒤를 덮어 하늘엔 북쪽이 안 보이고

그런데 그 다음 구절이 쉽게 떠오르지 않아 머뭇거리고 있는 최산두 곁으로 한 초동이 나타나

> 大海當前地失南 대해당전지실남
> 큰 바다가 눈앞에 있어 땅엔 남쪽이 없다.

라 다음 구절을 말하고는, 공부를 더하라는 말을 남긴 채 사라졌다. 이에 자극을 받은 최산두가 10년을 채워 학문을 완성했다고 한다.

최산두는 학사대에서 10년간 공부한 것을 바탕으로 1504년(연산 10) 22세의 나이로 진사에 오르고 31세인 1513년에는 별시 문과에 급제하고 수찬을 지낸 뒤 사가독서하고 사간, 지평을 거쳐 사인이 되었다.

그는 조광조를 비롯한 당대의 대학자들과 사귀면서 실력을 쌓았으며, 젊고 재주 있는 신하들이 임금의 특명을 받아 공부하던 호당에도 올랐다. 최산두는 출신이나 조상의 배경이 극히 미약했음에도 빼어난 문장과 덕행으로써 홍문관을 거쳤으며, 당시 조광조 등이 주창한 도덕적이고 혁신적인 정치에 뜻을 같이 하며 기존의 부패한 세력으로 권력을 쥐고 있는 훈구파를 비판하였다.

그러나 최산두가 속한 신진 개혁 세력이 지나치게 도학적인 언행에 치중하고 급격한 개혁을 추구하게 되면서 중종의 신임을 잃고 보수 세력인 훈구파의 반격을 받기에 이른다. 권력을 장악하는 것처럼 보였던 사림파는 결국 1519년(중종 14) 기묘사화를 맞아 몰락하게 된다.

당시 의정부 사인으로 있던 최산두 역시 이 일로 37세의 한창 나이에 화순군 동복면으로 유배되었다. 이때 최산두가 있는 유배지로 많은 학자들이 찾아와 학문적인 교유를 가졌으며 그는 인종 때의 대학자 하서河西 김인후金麟厚 등 후진들에게 성리학의 사상을 전수하였다.

최산두는 유배 생활 중에 화순의 적벽赤壁을 오가며 많은 시를 짓기도 하였는데 이 적벽이라는 이름은 그가 지은 것이라고 한다. 적벽은 현재 유명한 관광 명소의 하나로 손꼽히는 곳이다.

그는 유배를 떠난 지 15년 만에 자유로운 몸이 되었으나 벼슬에 나가지 않았으며 불과 3년 뒤인 1536년(중종 31) 53세를 일기로 눈을 감았다. 한편 최산두가 세상을 떠난 뒤인 1578년(선조 11) 현 전라남도 광양읍 우산리牛山里에 봉양사鳳陽祠를 세워 그의 위패를 모셨으며 그 후 동복면에도 도원서원道源書院이 세워졌다.

초계草溪 최씨의 시조인 최산두의 자는 경앙景仰, 호는 신재新齋로 묘소는 전라남도 광양시 봉강면 부저리釜底里에 있다.

도원서원. 전남 화순군 동복면 연월리.

기묘명현 24
태종의 증손자 파릉군 이경

파릉군 이경李璥의 증조부는 태종이다. 태종의 제1서왕자 경녕군 敬寧君의 일곱 번째 아들이 복성군福城君, 복성군의 셋째 아들은 금릉군金陵君으로 금릉군의 첫째 아들이 이경이다.

경녕군 이비 신도비.
충북 충주시 주덕읍.

기묘명현 25
신진 사류의 신원을 상소하다 죽은 안찬

안찬安瓚은 1517년(중종 12) 2월 전의감 안당의 천거로 전의감 주부가 되었으며, 다음해 의학교수로 천거되어 의원 생도를 교습하였다. 그는 어느 환관이 두통을 앓으며 고생하자 그 원인이 낙상에 있음을

안찬이 죽은 연서역터. 서울시 은평구 응암동.

진단하는 정확한 진단을 해 신의神醫라 불릴 정도였다.

조광조 등 신진 사류와 교분이 두터웠던 안찬은 기묘사화에 화를 입은 유림들의 신원을 상소하였다가, 장류되어 가던 도중 연서역延曙驛에서 죽었다.

산수화에도 능하였던 안찬의 본관은 순흥順興, 자는 황중黃中이다.

기묘명현 26
법의 집행이 공정했던 최숙생

최숙생崔淑生은 1492년(성종 23) 문과에 급제해 관직에 올랐으

며, 이후 대사헌으로 있으면서는 법의 집행을 공정하게 하여 신임이 높았다. 그의 벼슬은 우찬성에 이르렀으며 기묘사화에 관작이 삭탈당한 이듬해 세상을 떠났다.

최숙생은 1457년(세조 3) 최철중崔鐵重의 아들로 태어났으며 시문에도 능하였다. 그의 본관은 경주慶州, 자는 자진子眞, 호는 충재忠齋이다.

기묘명현 27
은거하며 후학을 기른 김세필

김세필金世弼은 갑자사화에는 거제도로 유배되었으며, 기묘사화에는 조광조를 사사한 임금의 처사가 부당함을 규탄하다가 유춘역留春驛으로 장배되었다. 그는 1522년(중종 17) 풀려났으나 다시는 벼슬에 나가지 않고 고향 충청도 음성陰城으로 내려가서 십청헌을 짓고 후진 교육에 힘을 쏟았다.

김세필로 인해 충청북도 음성군 생극면笙極面 말마리抹馬里에 경주慶州 김씨 집단촌이 자리하게 되었다. 고향에 내려와 있던 그가 길에서 설광雪光이란 승려를 만난 일이 있다. 그는

만나보면 모두들 벼슬 던지고 간다 하건만
일찍이 산속에선 한 사람도 못 보았네.

하는 당시唐詩를 인용해

　　반생을 뜬 이름 따라 뻔뻔스레 달리다가
　　흰머리 난 오늘에야 한가한 몸이 되었네만
　　산 아래서 중을 만나도 부끄럽기만 하네.
　　벼슬을 버린 게 아니라 쫓겨났기에 말일세.

하는 시를 써 주었다.

조선 시대에는 승려를 천하게 여기던 때였다. 김세필은 그런 승려 앞에서 당대의 선비들이 얼마나 부끄러운 행태를 보이는지를 역설한 것이다.

김세필이 벼슬에서 물러난 것은 마흔아홉 살 때의 일로, 그는 자신의 나이 쉰에야 49년의 삶이 그릇되었음을 회고하였다. 그는 〈행년50이지49년지비行年五十而知四十九年之非〉라 하여 자신의 아호를 지비옹知非翁이라 하고, 집 앞에 흐르는 물을 지비천知非川이라 하였다.

김세필은 1473년(성종 34) 태어나 1495년(연산 1) 문과에 급제해 수찬, 지평을 지내고 갑자사화로 거제도에

「상촌 김(자수)선생 유허비」. 경북 안동시.

유배되었다. 그는 중종반정으로 풀려나 광주廣州 목사, 이조참판을 거쳐 사은사로 북경에 다녀왔다.

그는 다시 기묘사화에 조광조를 사사한 중종의 과오를 규탄한 일로 유배되었다가 풀려났으며 1533년(중종 28) 사망 이후 이조판서에 추증되었다. 그의 자는 공석公碩, 호는 십청헌十淸軒과 지비옹知非翁, 시호는 문간공文簡公이며 저서로 『십청헌집十淸遺稿』이 있다.

김세필은 경주慶州 김씨 김인관金仁琯파로 김인손의 8대손이 판서 김자수金自粹이며 그의 현손이 바로 김세필이 된다. 그의 자손들은 10대에 걸쳐 벼슬에 나아갔으며 그 수는 1백여 명을 헤아린다.

기묘명현 28
유학 진흥에 공을 세운 김안국

김안국金安國은 조광조, 기준 등과 함께 김굉필의 제자로서 도학에 통달하여 지치주의 유학파를 형성하였다. 그는 1503년(연산 9) 문과에 급제해 홍문관박사를 지내고, 중종조에 들어와 예조참의를 지냈다.

그가 경상 감사가 되어 영남에 가 있을 때는 모든 읍에 『소학』을 나누어 주고 가르치게 했으며 농서農書와 잠서蠶書 등을 가르치게 해 교화 사업에도 힘을 쏟았다.

김안국은 다시 한양으로 올라와 1519년(중종 14) 참찬이 되었으나 이해에 기묘사화가 일어나고 조광조 일파의 소장파 명신들이 화를 입으면서, 그는 겨우 죽음을 면하고 관직에서 쫓겨났다.

이후 김안국은 경기도 이천으로 내려가 후진들을 가르치며 조용히 지내다가 1532년(중종 27) 조정의 부름을 받아 좌찬성, 대제학 등을 역임하였다.

성리학에 깊었던 그는 관련 저서를 많이 남기며 유학 진흥에 공을 세웠다. 김안국은 저서로 『이륜행실도언해二倫行實圖諺解』, 『여씨향약언해』, 『정속언해正俗諺解』, 『동몽선습童蒙先習』을 비롯해 『잠서언해』 등을 남겼다.

김안국은 참봉 김연金連의 아들로 1478년(성종 9) 태어나 1543년(중종 38) 세상을 떠났으며 본관은 의성義城, 자는 국경國卿, 호는 모재慕齋, 시호는 문경文敬이다.

기묘명현 29

선조 대에 좌의정으로 추증된 권벌

권벌權橃은 권사빈權士彬의 아들로 1478년(성종 9) 태어나 1507년(중종 2) 문과에 급제하였으며, 예조참판으로 있던 중 기묘사화에 관련되어 파직당하였다.

이후 10여 년을 재야에 묻혀 살던 그는 1533년(중종 28) 복직되면서 지중추부사로 명나라에 잘못 기록된 이성계의 세계를 고쳐 달

권벌 사당. 경북 봉화군 닭실마을.

라 주청하던 종계변무를 위해 연경에 사절로 다녀왔다.

그는 이어 예조판서와 지의금부사를 겸임하였으며 명종 초에 윤원형의 윤임 배척을 반대하다가 삭주朔州에 유배되어 1548년(명종 3) 죽었다. 선조 때에 좌의정으로 추증되었으며 권벌의 본관은 안동安東, 자는 중허仲虛, 호는 충재冲齋, 시호는 충정忠定이다.

기묘명현 30

나라의 폐단을 없애기 위해 힘쓴 김정국

김정국金正國은 1509년(중종 4) 25세로 문과에 급제해 관찰사에 이르렀으나 기묘사화로 퇴관해야 했다. 그는 이후 경기도 고양의 망동芒洞에서 스스로를 팔여거사八餘居士라 칭하고, 여러 유생들을 대상으로 강론을 펼쳐 많은 선비들이 문하에 모여들었다.

그는 이후 전라 감사로 나아가 백성을 편안하게 하고 나라의 폐단을 없애는 수십 조의 안을 상소해 시행되도록 하였다. 김정국은 이어 병조와 공조의 참의를 역임하였다.

김정국은 김굉필의 문하에서 수업하며 당대에 뛰어난 시문을 선보였으며 또한 저술에도 매진해『성리대전절요性理大全節要』,『역대수수승통립도歷代授受承統立圖』,『촌가구급방村家救急方』,『기묘당적己卯黨籍』,『척언摭言』등의 저서를 남겼다.

아버지는 예빈시참봉 김연金璉, 어머니는 군수를 지낸 양천陽川 허씨 허지許芝의 딸이다. 1485년(성종 16) 태어난 김정국은 10세와 12세에 부모를 여읜 뒤, 형 김안국과 함께 이모부인 조유형趙有亨에게서 양육되었다.

그는 1541년(중종 36) 사망한 뒤 좌찬성으로 추증되고 고양의 문봉서원文峰書院과 장단長湍의 임강서원臨江書院에 모셨다. 김정국의 본관은 의성義城, 자는 국필國弼, 호는 사재思齋, 시호는 문목文穆이다.

기묘명현 31
외유내강으로 존경을 받은 구수복

1519년 기묘사화가 일어나던 날 밤, 재상들이 예문관 관원을 파직하기를 청하자 구수복具壽福은 이조좌랑으로서 패초牌招를 받고 대궐에 이르러 항의하였다.

"만약 사관을 다 파면하면 오늘날 역사의 기록은 누가 담당해 닦겠습니까."

또한 조광조 등을 치죄할 때 중종이 적법한 절차를 밟지 않고 성운成雲을 승지에 임명하자, 임명장인 고신告身에 서명하지 않았다. 이는 중종이 배척하려던 사림파의 성향을 띤 것으로 구수복은 파직되었다.

구수복은 1533년 가을에 이준경과 그의 동생 구수담具壽聃 등의 힘으로 구례求禮 현감에 서용되었으나, 재직 중에 죽었다. 그는 1491년(성종 22) 생원 구이具頤와 덕수德水 이씨 현감 이의영李宜榮의 딸 사이에서 태어났다.

구수복은 1510년(중종 5) 생원시에 합격하고 1514년 사가독서 하였으며 1516년 식년문과에 을과로 급제해 승문원 부정자에 제수되

구수담 묘소. 경기도 남양주시.
「증 자헌대부 이조판서 행 가선대부 이조참판 홍문관 부제학 능성구공수담지묘. 증 정부인 원주김씨 증 정부인 한양조씨 합펌」

었다가 곧 검열에 천거되었으며 주서, 부수찬, 정언, 수찬, 이조좌랑 등을 역임하였다.

1545년(인종 1) 하세한 그의 본관은 능성綾城, 자는 백응伯凝과 정지挺之, 호는 병암屛菴과 수재睡齋이다.

구수복은 김정 등과 가깝게 교류하였고, 도의道義가 깊었으며 온화한 듯하면서도 안으로는 강직해 어긋나는 일에는 조금도 굽히지 않았으므로 모두 그에게 경복敬服하였다. 그는 또한 경학에 몰두하며 많은 후진을 양성하였다.

기묘명현 32
왕에게 거짓말을 해 유배된 윤구

윤구尹衢는 생원 윤효정尹孝貞의 아들로 1495년(연산 1) 태어나 1513년(중종 8) 생원시에 합격하고, 1516년 식년문과에 을과로 급제해 사가독서하였다. 그는 다음해 주서에 이어 홍문관수찬, 지제교, 경연 검토관, 춘추관 기사관 등을 역임하다가 1519년 기묘사화에 삭직되었다.

그는 주서로 있으면서 중종에게 거짓말을 한 사실이 드러나 영암靈巖에 유배되었다가 풀려났다. 그는 1538년 복직되었으며 사망 이후 남해향사南海鄕祠에 봉안되었다. 윤구의 본관은 해남海南, 자는 형중亨仲, 호는 귤정橘亭이며 저서로 『귤정유고』가 있다.

기묘명현 33
호남의 삼걸 유성춘

유성춘柳成春은 1519년 기묘사화에 연좌되어 대사헌 이항李沆과 대사간 이빈李蘋 등의 합계合啓에 의해서 좌상 안당, 좌찬성 최숙생 등과 함께 파직되었다. 그는 그 뒤 윤구, 최산두 등과 시로써 교우하였으며 호남의 삼걸이라 불렸다.

그는 1514년(중종 9) 생원으로 별시문과에 병과로 급제해 사가독서하고, 춘추관 기사관을 거쳐 이조정랑에 이르렀으나 기묘사화로 파직되었다. 유성춘의 생몰년은 기록에 남아 있지 않으며 아버지는 유계린柳桂麟, 동생은 대사간 유희춘柳希春이며 그의 본관은 선산善山, 자는 천장天章, 호는 나옹懶翁과 성은城隱이다.

기묘명현 34
어머니를 위해 높은 관직을 거절한 안처순

안처순安處順은 전적 안기安璣의 아들로 1493년(성종 24) 남원에서 태어났다. 그가 6살이던 해 아버지가 돌아가시자 둘째아버지 판서 안침安琛에게 길러졌다.

그는 1513년(중종 8) 진사가 되고, 이듬해 별시 문과에 병과로 급제해 검열, 정자를 지냈으며 1518년 홍문관박사가 되었으나 어머니의 부양을 위해 구례 현감으로 나갔다. 안처순은 이듬해 기묘사화에 다행이 화를 면하고 은퇴했다가 1533년(중종 28) 전적으로 기용된 뒤 봉상시 판관에 이르렀다.

안처순은 1534년(중종 29) 남원의 영천서원寧川書院에 제향되었으며 그의 자는 순지順之, 호는 기재幾齋와 사재당思齋堂이다.

기묘명현 35
향약 정착의 실패로 파직된 이구

이구李構는 1510년(중종 5) 진사가 되고 1519년 식년문과에 병과로 합격해 검열이 되었다가 기묘사화에 투옥되었으나 하루 만에 석방되었다.

향약을 시행하면 도둑이 없어질 것이라는 이구의 건의로 향약이 실시되었으나 도둑은 여전히 횡행하였고, 그 일로 인해 이구는 1521년 파직되어 고향으로 돌아갔다.

그의 사망 이후 직제학에 추증되고, 용궁龍宮의 기천서원箕川書院에 제향되었다. 이구는 이세준李世俊의 아들로 경상도 용궁에서 태어났으며 본관은 성주星州, 자는 성지成之, 호는 연경당燕敬堂이며 그의 생몰년은 기록이 없다.

기묘명현 36
사림파의 처형 뒤 벼슬을 단념한 성수침

성수침成守琛은 동생 성수종과 함께 정암 조광조의 제자로서 형제 모두 명망이 높았다. 기묘사화에 스승 조광조가 처형되고 많은 선비들이 화를 입자 과거를 단념하고 두문불출하며 『대학大學』, 『논어論語』를 읽으며 학문을 닦았으며 〈태극도太極圖〉를 따라 그리며 우주 만물의 이치를 탐구하였다.

성수침은 그 후 후릉厚陵 참봉에 임명되었으나 사퇴하고 파산坡山(파주) 우계牛溪에 있는 처가 근처에 은거하며 일생을 마치기로 마음먹었다. 1552년(명종 7) 조정에서는 성수침에게 특별히 내자시 주부의 벼슬을 내리고 예산 현감에 임명하여 등용하고자 하였으며

성수침 묘비. 경기도 파주시.
「청송 성선생 휘 수침지묘. 증 정부인 파평윤씨 부좌」

파산서원. 경기도 파주시.

그 뒤 토산兎山과 적성의 현감 등의 벼슬을 계속해 주었으나 그는 모두 받아들이지 않았다.

성수침은 1493년(성종 24) 대사헌 성세순成世純의 아들로 태어나 1564년(명종 19) 사망한 뒤 좌의정에 추증되고 파주의 파산서원 坡山書院에 제향되었다. 그의 아들은 우계牛溪 성혼成渾이다.

효성이 지극하고 또한 글씨를 잘 써서 필명이 높았던 성수침의 본관은 창녕昌寧, 자는 중옥仲玉, 호는 청송聽松, 시호는 문정文貞이다.

기묘명현 37
벼슬을 버리고 청빈하게 산 성수종

성수종成守琮은 대사헌 성세순成世純의 아들로 1495년(연산 1) 태어났다. 그의 조부는 증 이조판서 성충달成忠達, 형은 성수침成守琛이다.

그는 조광조의 문인으로 1519년(중종 14) 별시 문과에 병과로 급제하였는데, 문장이 뛰어나고 영특했으며 학문 또한 깊어 장래가 촉망되는 인물로 주목받았다. 이때의 시관試官으로 남곤, 김구, 김식, 조광조 등이 있었다.

이해 기묘사화가 일어나 조광조가 물러나자 성수종 또한 그의 문인이라 하여 대간의 탄핵을 받고 과방에서 삭제되었다. 성수종은 그 뒤 다시 과거에 응시하여 초시에 여러 번 합격했으나 벼슬에 뜻을 버리고 청빈하게 살았다.

그는 1533년(중종 28) 사망한 이후 직제학에 추증되고 물계勿溪의 세덕사世德祠, 파주의 파산서원에 제향되었다. 그의 본관은 창녕昌寧, 자는 숙옥叔玉, 시호는 절효節孝이다.

성수종은 효성이 지극해 19세에 부친상을 당한 뒤 3년 동안 시묘를 할 때, 자신은 죽을 먹으면서도 매일 세 번씩 상식上食을 올리며 자신의 도리를 하였다.

기묘명현 38
관작이 낮음에 불만을 품은 이과

이과李顆는 1475년(성종 6) 태어나 1491년(성종 22) 별시 문과에 을과로 급제해 저작, 부교리 등을 지내며 기주관으로서 『성종실록』 편찬에 참여하고 대사성을 역임하였다.

그가 홍문관에 있을 때 연산군이 후원에서 활쏘기 행사를 한 것에 대해 옳지 않음을 논한 것이 화가 되어 갑자사화 때 전라도로 유배되었다.

중종반정 이듬해 이과는 정국원종공신靖國原從功臣으로 전산군全山君에 봉해졌으나 관작이 높지 않음에 불만을 품고 이찬李纘 등과 모의해 난을 일으키려 하였다. 그는 견성군甄城君 이돈李惇을 추대하고 박원종, 유순정柳順汀 등을 제거하려 하였으나 노영손盧永孫의 밀고로 발각되어 1507년(중종 2) 사형되었다.

이과의 본관은 전의全義, 자는 과지顆之이다.

기묘명현 39
바르지 못한 아전들이 두려워 한 최운

최운崔澐은 1500년(연산 6) 태어나 1518년(중종 13) 19세에 그 유능함을 인정받고 천거되어 벼슬길에 진출하였다. 당시 현량과 천목에서는 그를 가리켜 지조와 행실이 바르고 학식과 재행이 있다고 하였다.

그는 횡간 현감으로 있을 때는 정사를 바르게 펴고, 소송 문제에 있어서도 사리에 맞는 처분을 내리니 백성들이 잘 따랐으며, 공정하지 못한 아전들은 최운을 두려워하였다. 중종은 그의 공정함과 백성을 위한 행정을 기리려 옷감 한 벌을 내려 격려하였다.

그러나 최운은 1519년 기묘사화로 파직되어 고향에 내려가야 했다. 그런데 이듬해 승려 출신으로 김식 밑에 있던 이신이 조정에 고하기를

"대사성 김식이 도망 중에 있을 때 〈나를 받아줄 사람은 최운과 영해 부사 이윤검뿐이다〉라고 말하였습니다."

라고 하여 최운은 체포되어 추국을 받았다. 이후 그의 전 가족은 강계로 추방되어 최운은 1520년(중종 15) 그곳에서 죽었으며, 죄가 풀

린 뒤 최운의 아내는 유해를 가지고 고향으로 돌아와 장사지냈다.

　　최운의 집안은 대대로 충청도 전의全義에서 살았으며 본관은 화순和順, 자는 운지澐之, 호는 삼지三池이다. 그는 어린 시절 김정과 같이 공부하며 우정을 쌓았다.

기묘명현 40
백비白碑를 하사받은 박수량

　　박수량朴守良은 박한주朴漢柱의 후손으로, 그는 일생 동안 부당하게 차별당하는 평민들을 위해 힘을 쏟으며 청백한 정치로 일관했다.

　　그는 1491년(성종 22) 전남 장성군長城郡 황용면黃龍面 아곡리阿谷里에서 평민 박종원朴宗元의 아들로 태어났다. 따라서 신분에 따른 불평등을 피부로 느끼며 자랐으며 부조리한 양반에 대한 저항의식 또한 강했다.

　　상민 출신이 대성해 양반이 되고 나면 여느 양반보다 더욱 양반 행세를 하며 과거를 부끄러워할 수도 있었을 것이다. 그러나 박수량은 양반이 된 후에도 자신의 정체성을 잃고 현실에 순응하지 않았으며 또한 신분 제도를 단지 개인적인 문제로 받아들이지 않고 사회 제도를 개혁해야 한다는 차원으로 성숙시켰다.

　　박수량은 등과에 있어 적자와 서자의 구별을 철폐할 것을 상소하였고, 양반과 상민 간의 신분적인 차별이 없도록 자신이 다스리는 구역에서만이라도 제도적 모순을 없애는 정치를 과감히 시행하였다. 양반들이 행세를 하기 위해 타고 다니는 말이나 소를 상민의 농사에 빌려주는 일을 장려한 것도 그에 따른 일례라 하겠다.

그는 김개金槪의 문인으로 1513년(중종 8) 진사에 합격하고, 이듬해 별시 문과에 을과로 급제해 광주향교廣州鄕校의 훈도로 취임하였으며 이듬해 승문원 부정자로 옮겼다. 박수량은 이어 성균관전적, 예조좌랑, 정언, 충청도 도사 등을 거쳐, 1522년 사헌부지평이 되었다.

박수량은 1525년(중종 20) 양친을 봉양하기 위해 고부古阜 군수로 나갔으며, 1528년 아버지가 돌아가시자 상을 치른 뒤 사간원 헌납, 사헌부장령, 봉상시 첨정, 사도시 부정 등을 역임하였다.

사도시터. 서울시 종로구.

그는 1531년(중종 26)에는 어머니를 봉양하기 위해 성균관사성을 사퇴하고 보성寶城 군수로 나갔다가 이듬해 성균관사예가 되었다. 이어 성균관사성, 내섬시정, 군기시정 등을 역임하였다.

1534년에는 박수량이 함경도 경차관이 되어 지방 관아를 순시하던 중 안원보安原堡, 권관權管, 전주남全周男이 야인들에게 임의로 우마를 준 사실을 알고도 보고하지 않았다가 투옥되기도 했다.

박수량은 1536년 승문원 판교 겸 춘추관 편수관을 역임하고, 이어 통정대부로 승진해 병조참지, 동부승지 겸 경연 참찬관, 춘추관 수찬관을 지내고 좌승지로 옮겼다가 이어 가선대부로 승진해 호조참판에 임명되었다.

같은 해 나주 목사로 기용된 그는 찰리사를 겸하였고, 전위사가 되어 명나라 사신을 전송하였다. 1537년에는 함경도 관찰사가 되었다가 이어 한성부판윤, 동지중추부사, 공조참판, 호조참판 등을 역임하였다. 박수량은 1539년에는 오위도총부 부총관, 예조참판 등을 지내고 다시 어머니 봉양을 위해 담양 부사로 나갔다가 1542년(중종 37) 어머니 상을 당하였다.

그 뒤 박수량은 여러 차례 벼슬을 사양하다가 1546년(명종 1) 상호군에 나아가 곧 동지춘추관사가 되어 『중종실록』, 『인종실록』 편찬에 참여하고, 이어 자헌대부로 승진하여 지중추부사, 한성부판윤, 형조판서 등을 역임하였다. 1550년에는 우참찬에 임명되어 지경연의금춘추관사와 오위도총부 도총관을 겸하였으며 이듬해에는 경기도 관찰사를 겸임하고 숭록대부로 올랐다. 박수량은 이어 1552년에 우참찬을 비롯해 호조판서, 한성부판윤 등을 역임하고 1554년 지중추부사로 있다가 하세하였다.

그는 38년간 관직에 있으면서 서까래가 두어 개 밖에 안 되는 집에 살았으며, 박수량에게 무언가를 청탁하는 것은 바로 죄를 주십사 하는 말이나 마찬가지였다.

박수량이 형조판서로 있을 때의 일이다. 같은 판서직에 있던 자의 친동생이 광주光州 목사로 있으면서 부정을 저질러 걸려들게 되자 동료가 그에게 청탁을 하였다. 그런데 박수량은 공에서 벗어난 일을 자신에게 청탁하였다는 이유로 동료 판서를 파직해 버렸다.

박수량의 면모는 자연히 왕의 귀에도 들어갔고, 명종은 밀사를 시켜 그의 행적을 조사하도록 하고 청백함을 포상하기 위해 장성 고향에 99간짜리 집을 지어 '청백당淸白堂'으로 사명賜名하여 상으로 주었으며 청백리에 올랐다.

1554년(명종 9) 박수량이 죽자 임금은 그의 청백함을 나타내는 가장 강력한 표현인 백비白碑를 세울 것을 하명하였다. 백비란 비면에 아무런 비명을 쓰지 않는 비석으로, 명종은 서해 바다의 하얀 암석을 구해 하사하고 아무것도 없는 흰 빛으로 그의 일생을 강력하게 표현한 것이다. 한편 청백한 벼슬아치나 의롭지 못한 임금 아래 살았던 벼슬아치 그리고 벼슬에 대한 집념이 없었던 벼슬아치들은 자신의 관작을 비면에 새기지 말라고 유언하기도 했다.

장성에는 박수량의 백비가 남아 있으며 그의 후손들은 장성과 울산, 양산梁山 등지에 산재해 살고 있다. 그의 본관은 태인泰仁, 자는 군수君遂, 시호는 정혜貞惠이다.

박수량은 주세붕周世鵬과의 교유가 깊었으며 사람됨이 진실하고 대쪽 같은 신의와 무거움을 지녔고, 예법을 잘 지키고 효성이 지극하였다고 한다.

주세붕 초상

기묘명현 41
기묘사화 뒤 명산을 유랑한 최수성

　최수성崔壽峸은 1487년(성종 18) 생원 최세효崔世孝의 아들로 태어나 학문과 도의를 깊이 구하여 대유大儒가 되었다. 그러나 1519년(중종 14) 일어난 기묘사화를 보고 관직에 나가지 않기로 결심하고 명산名山을 유랑하였다.
　그는 문장, 서법書法, 화격畵格, 음률에 모두 정통한 타고난 재주꾼이었으나 간신 무리들의 모함으로 1521년(중종 16) 죽임을 당하였다. 1541년 중종이 좌찬성, 1545년 인종이 영의정을 추증하였다.
　최수성의 본관은 강릉江陵, 자는 가진可鎭, 호는 원정猿亭·북해거사北侅居士·경포산인鏡浦山人이며 시호는 문정文正이다.

기묘명현 42
폐비 윤씨의 복위를 반대한 이사균

　이사균李思鈞은 판관 이전李壥의 아들로 1471년(성종 2) 태어났다. 그는 1498년(연산 4) 문과에 급제해 관직으로 들어섰으며 1504년(연산 10) 부수찬으로 있을 당시 연산군의 어머니 폐비 윤씨 복위의 부당성을 주장하다가 보은으로 귀양을 갔다.
　그는 1509년(중종 4) 교리로서 중시에 수석으로 합격해 가자되고, 중궁 책봉 주청사로 명나라에 다녀와 공조참판에 승진하였다. 이후 이조판서에 오른 이사균은 김안로의 권세에 밀려 경상 감사로 부임하기 위해 떠나야 했다.

그날 김안로가 흥인문興仁門 밖으로 전송 나온다는 말을 들은 그는 숭례문崇禮門을 통해 한양을 떠났고, 사람들은 이사균의 두려움 없는 강직함을 찬탄하였다.

이사균은 지중추부사에 오른 1536년(중종 31) 세상을 떠났으며 본관은 경주慶州, 자는 중경重卿, 호는 눌헌訥軒, 시호는 문강文剛이다.

기묘명현 43

세상을 개탄하다 과음으로 죽은 유운

유운柳雲은 남곤의 추천으로 대사헌이 되었는데, 기묘사화에 조광조를 비롯한 신진 사림파들을 구하기 위해 애쓰다가 훈구파의 탄핵으로 파직당하고 고향에 돌아갔다. 이후 간당들이 자신을 해치려는 사실을 알게 된 그는 세상을 개탄하며 술을 과음하다 죽었다.

그는 1485년(성종 16) 사지 유공좌柳公佐의 아들로 태어나 진사를 거쳐 1504년(연산 10) 문과에 급제해 호당에 들어갔다가 호서湖西 관찰사가 되었다.

1528년(중종 23) 세상을 떠난 유운은 천성이 호협해 시문 역시도 시원스러웠으며 본관은 문화文化, 자는 종룡從龍, 호는 항재恒齋이다.

기묘명현 44
기묘사화 뒤 요직에서 밀려난 신상

신상申鏛은 기묘사화가 일어난 1519년 한성부판윤을 지내고 곧 이조판서에 발탁되었다. 이때 이장곤과 함께 조광조, 김식, 김정, 김구 등을 비롯한 사림파 학자들의 등용에 크게 노력하였다. 또, 이 시기에 조광조 등의 사림파와 남곤 등 훈구 세력의 대립이 첨예화 되자 양파의 중재를 위해 노력하였고, 기묘사화로 조광조 등이 피죄되자 그들을 구명하기 위해 힘썼다. 그러나 그 역시도 사화의 와중에 휩쓸려 요직에서 밀려나 변방에 머물러야 했다.

그는 1480년(성종 11) 종친부 전첨 신말평申末平의 아들로 태어나 1498년(연산 4) 진사시에 합격하고, 1503년 세자 책봉을 기념한 별시 문과에서 병과로 급제해 예문관검열을 거쳐 승정원 주서가 된 뒤 춘추관 편수관을 겸하며 『연산군일기』 편찬에 참여하였다.

신상의 아버지 신말평 묘비. 서울시 중랑구.
「증 의정부 좌참찬 종친부전추 신공말평지묘. 정부인 안동권씨 부장」

신상은 1508년(중종 3)에는 예조정랑이 되었고 이어서 사간원헌납, 홍문관교리, 사헌부지평 등을 역임한 다음 해 응교, 지제교가 되었다. 이후 신상의 승진은 순조로워 사인, 사간, 사복시정, 직제학, 부제학, 동부승지, 도승지, 평안도 관찰사 등을 역임하였다.

기묘사화 이후로는 경기도, 전라도, 경상도의 관찰사를 역임하며 지방에 머물러야 했으며 1529년 형조판서가 되었지만 병으로 사직하였다.

권람 초상. 신상의 외증조부.

이듬해인 1530년(중종 25) 세상을 떠난 신상의 본관은 평산平山, 자는 대용大用, 호는 위암韋庵, 시호는 문절文節이다. 그의 증조부는 좌의정 신개申槩, 외증조부는 영의정 권람權擥이다.

기묘명현 45

사림파와 훈구파의 중재를 위해 노력한 문근

문근文瑾은 사림파로서 사림파가 추구하던 개혁 정치를 위해 적극적으로 활동하였으나 한편으로 훈구파와의 갈등을 줄이기 위해 완충하는 역할도 담당하였다. 문근은 영남 출신으로서 같은 지역 태생의 권벌 등과 함께 두 파의 긴장 관계를 조절하기 위해 노력한 것이다.

그는 1471년(성종 2) 태어나 1492년(성종 23) 사마시에 합격하고 1496년(연산 2) 식년문과에 병과로 급제하였으며 예문관검열에 보임되어 춘추관 기사관을 겸하며 『성종실록』 편찬에 참여했다. 문근은 이어 승정원 주서, 예조·병조·이조의 좌랑, 헌납을 역임하고 김해 부사, 수원水原 부사, 금산 군수 등의 외직을 지냈다.

문근은 1514년(중종 9)부터 사간, 대사간 등을 역임하면서 노산군과 연산군의 후사 문제, 왕실의 비용을 조달하기 위해 농민들에게 돈이나 곡식을 빌려주고 비싼 이자를 받던 내수사장리의 혁파와 같은 개혁을 주청하는 등 조광조 등과 함께 적극적인 활동을 하였다.

그는 1516년에는 동부승지를 거쳐 이듬해 도승지가 되었으며, 중종의 총애를 받아 형조참판으로 승진되었으나 남곤, 심정 등의 무고로 경상도 관찰사로 전직되었다.

기묘사화가 일어나자 문근은 조광조의 처형을 반대하는 상소를 올렸다가 파직되었다. 그는 1521년 다시 참판으로 기용되었으나, 안처겸의 옥사에 연루되어 도의를 가장해 이름을 도둑질하였다는 죄목으로 관직을 삭탈당하고 용인에서 살다가 죽었다.

그는 부사 문걸文傑의 아들로 동생은 문관文瓘이며 본관은 감천甘泉, 자는 사휘士輝, 호는 쌍괴雙槐이다. 용궁의 기천정사箕川精舍에 제향되었다.

기묘명현 46
모진 고문으로 죽은 이충건

이충건李忠楗은 조광조의 문인으로 1510년(중종 5) 진사시에 합격하고 1515년 별시 문과에 병과로 급제하였다. 그는 1516년 천문이습관天文肄習官을 지내고 1518년에는 사간원정언, 이조좌랑을 거쳐 이듬해에는 사간원헌납, 이조정랑이 되었다.

그러나 그해 남곤, 심정 등의 반대파로서 배척당해 기묘사화에 파직되었다. 긴장된 분위기 속에서 사람들은 조광조의 장례식에도 감히 갈 엄두를 내지 못하였으나 이충건은 이연경, 성수종 등과 함께 가서 통곡하였다. 그는 1521년(중종 16) 안처겸이 훈구 대신들을 몰아내려 했다는 사건에 연루되어, 모진 고문을 받고 귀양을 가던 도중 청파역靑坡驛에서 죽었다.

이충건은 정자 이윤탁李允濯의 아들로, 그가 태어난 해에 대한 기록은 없으며 본관은 성주星州, 자는 자안子安, 호는 눌재訥齋와 목수木叟이고, 영의정 이직李稷의 현손이다.

이직 신도비. 경기도 고양시.
「영의정 문경공 형재 이(직)선생 신도비」

기묘명현 47
하늘이 내린 완인完人 박상

박상朴祥은 조선의 절개 곧은 신하로서 퇴계 이황은 그의 높은

절개와 학식을 일컬어

"박상은 고풍高風스럽고 탁식卓識한 하늘이 내린 완인完人이다."
라는 표현을 썼다. 그 명성에 걸맞게 박상은 청백리로 녹선되었으며, 문장가로도 이름이 높아 당시 성현, 신광한, 황정욱과 함께 서거정徐居正 이래의 사가四家로 높이 칭송되었다. 서거정의 호 사가정四佳亭에 빗대어 그렇게 부른 것이다.

박상의 시재詩才에 대해 정조의 시문과 논음論音, 교지敎旨 등을 모아 만든 『훈제전서弘齊全書』에 기록된 바를 보면 5백 년 조선사에서 으뜸가는 시인 박취헌朴翠軒, 박은朴誾과 박상을 비교하면서 그 시의 우월함을 찬양하였으니 박상의 뛰어난 재능을 짐작할 수 있다.

그의 저서로 『눌재집訥齋集』 8권이 있는데 농촌의 아름다운 풍경과 가난한 농민의 형편을 비롯해, 위정爲政의 잘못을 비꼬는 풍자적인 시들까지 속속들이 담겨 있다.

박상의 아버지는 진사 박지흥朴智興, 어머니는 생원 서종하徐宗夏의 딸로 1474년(성종 5) 전라도 광주 서창면西倉面 사동寺洞 마을(현 광주광역시 광산구)에서 태어났으며, 당대의 명현名賢 사암思庵 박순朴淳과는 숙질 간이다.

맏형 박하촌朴荷村에게서 학업을 닦던 박상은 22세에 진사가 되었고, 1501년 27세로 문과에 급제하였으며 이후 중시에 장원급제하여 교서관 정자, 사간원헌납, 홍문관수찬, 교리를 지냈다. 그는 이어 호당에서 공부하였으며 다시 홍문관응교, 한산 군수, 담양과 순천順天의 부사, 상주尙州 · 충주 · 나주羅州의 목사 등 여러 벼슬을 두루 지냈다.

박상이 전라 부사로 부임했을 때의 일이다. 나주의 천인 우부리 牛夫里가 연산군의 후궁인 딸의 권세를 믿고 과한 횡포를 부리자, 그는 나주 금성관錦城館 뜰에서 우부리를 장살해 버렸다. 연산군 폭정 아래 내린 죽음을 각오한 결단으로 박상의 곧은 성품이 어느 정도였는지를 짐작할 수 있다.

박상은 담양 부사로 있으면서 순창 부사 김정과 함께 부당하게 공신록에 이름을 올린 이들의 추죄를 상소했다가 남평南平에 유배되었고 이 일에 대해 조정은 시시비비를 가리던 중 감정적으로 의견이 대립되며 결국 기묘사화의 원인이 되었다.

박상은 1529년(중종 24) 병으로 벼슬을 사임하고 낙향한 이듬해 56세를 일기로 사망한 뒤 이조판서가 추증되고 청백리에 녹선되었다. 그의 본관은 충주忠州, 자는 창세昌世, 호는 눌재訥齋, 시호는 문간文簡이며 광주光州의 월봉서원月峯書院, 순창의 화산서원華山書院, 담양의 구암서원龜岩書院에 제향되었다.

충주 박씨의 시조는 박영으로 박상은 시조의 10대손이 된다. 박상의 동생은 청백리에 오른 감사 박우朴祐, 박우의 아들은 선조 때의 명상으로 영의정에 이른 박순朴淳이다.

한 덩이 맑은 얼음

어려서부터 총명했던 박상은 소탈했으나 일을 함에 있어서는 단호하여 범접하지 못할 기개가 있었다. 박상은 생리적으로 악惡을 참지 못하는 결벽이 있었기에 부정과 사욕으로 휘둘리는 조정에 있지 못하고 항상 외방의 벼슬로만 돌아다녔다.

그러나 그로 인해 그는 왕비 책립 문제로 인한 유배 등을 비롯해 누차 풍파를 겪었음에도 초연히 화를 면할 수 있었다.

당대의 권신 심정이 양천陽川에 소요당을 짓고 시명이 높았던 박상에게 현판을 써 달라 부탁한 일이 있다. 이에 박상은 그 부탁을 들어주었으나 시 가운데 다음과 같은 구절을 써 놓았다.

반쪽산(반산半山)에 음식상을 차렸고
가을 구릉(추학秋壑)에 술통이 비었다.

반산半山은 북송北宋의 정치가 왕안석王安石의 호이고, 추학秋壑은 남송南宋 말기의 재상 가사도賈似道의 호인데, 이들은 모두 송나라를 망친 대신들이었다.

심정은 나중에야 박상이 시로써 자신을 비난했음을 알고 떼어 불태우고 박상에게 원한을 품기 시작했다.

박상은 고결하게 선비의 도리를 지키고자 하던 이들의 경제적 어려움을 도와주는 것을 또한 일생의 신조로 삼았다. 기묘사화 이후 화를 당한 선비들이 의지할 곳이 없어지자 정치적 피해를 입을지 모르는 상황에서도 박상은 그들을 충주의 집으로 불러 머물도록 했다. 그 선비 가운데는 김세필, 이자, 이연경 같은 명인도 속해 있었다.

또 한때 여주에 들른 박상이 김안국, 신광한 등이 몹시 궁색하게 사는 것을 보게 되었다. 여주에는 이희보가 살고 있었는데 그는 연산군조에 장녹수의 비위를 맞추며 평탄한 관직 생활을 하며 부유한 생활을 누리고 있었다. 이에 박상은 이희보에게 말해 쌀 1백 곡斛을 빌려 힘든 선비들에게 나누어 주고 충주에 돌아온 뒤 뱃길로 빌린 쌀을 이희보에게 갚은 일도 있었다.

「문헌공 고봉 기(대승)선생 숭모비」
경기도 고양시.

박상에 대한 당대의 평가가 어떠했는지를 보면 그의 인물됨을 더욱 확실히 알 수 있게 된다.

"박순은 송죽松竹 같은 절조와 지조가 있고 수월水月 같은 정신이 있다." － 명종明宗

"박순과 상대하면 한 덩이의 맑은 얼음과 같아서 정신이 갑자기 시원해짐을 느낀다." － 이황李滉

"의리를 분석하여 밝고 또 절실하게 변론하는 점은 내가 미치지 못한다" － 기대승奇大升

기묘명현 48
산중에 은거하며 학자를 길러낸 조욱

조욱趙昱은 조정암操靜庵, 김충암金冲庵의 제자로 19세에 생원과 진사 양시에 급제해 관직으로 들어섰다. 그는 기묘사화에 연좌되었으나 나이가 어려 화를 모면하고, 이후 추천을 받아 선원전璿源殿(조선 왕의 어진을 모신 전각), 순릉順陵(성종 비 공혜 왕후 능), 영릉寧陵(효종과 인선 왕후 능)의 참봉을 역임하였다.

그러나 조욱은 곧 사임하고 용문龍門의 산중에 은거하며 경서를 가르쳐 많은 학자가 모여 들었으며, 제자들은 조욱을 가리켜 용문 선생이라 칭하였다. 조욱은 서화담徐花潭, 이황, 김모재金慕齋 등 당세의 현사와 벗하였으며 그만큼 시문詩文과 필화筆畵에 뛰어났다. 그는 명종조에 들어서는 현사賢士로 뽑혀 선무랑, 내섬시 주부

조욱 묘소(좌)와 신도비(우). 경기도 양평군 용문면.
「증 문강공 신도비명 유명조선국 증 자헌대부 이조판서 겸 지의금부사 성균관좨주 오위도총부총관 행 통훈대부 장수현감 남원진관 병마절도위 조욱 신도비」

를 명받고 이어 장수長水 현감을 지냈다.

조욱은 1498년(연산 4) 판관 조수함趙守諴의 아들로 태어나 1557년(명종 12) 세상을 떠났으며 저서로 『용문집龍門集』이 있다. 그의 본관은 평양平壤, 자는 경양景陽과 보진재葆眞齋, 호는 우암愚菴이다.

기묘명현 49
송사련의 무고로 혹독한 형장을 받은 조변

조변趙汴은 소년 시절부터 안처겸과 뜻이 맞아 서로 가깝게 지내다가 커서 그의 이질서가 되었다. 그런 안처겸이 1521년(중종 16) 신사무옥에 기묘사화를 일으킨 심정, 남곤 등의 숙청과 경명군景明君 이침李忱의 추대를 모의했다는 송사련의 무고를 받고 국문을 당하게 되었다. 이때 조변은 들것을 메는 하인으로 변장하고 옥문에 출입하면서 안처겸의 안부를 탐문하였다.

송사련이 무고한 사람 가운데는 조변의 이름도 들어 있어 그도 붙잡혀 혹독한 형장을 받고 강진으로 귀양갔다가 19년 만에 풀려났다.

성종의 아홉 번째 아들 경명군 이침 묘비.
경기도 의정부시.
「왕자 경명군 증시 정민공지묘.
강양군부인 파평윤씨 부장」

1500년(연산 6) 부사 조광언趙光彦과 유제柳悌의 딸 사이에서 태어난 조변의 학식은 그리 풍부하지 않았으나 천성이 매우 명석하였다. 학자이며 대사헌을 지낸 조광조가 그의 족숙族叔이다. 좌찬성에 추증된 조변의 본관은 한양漢陽, 자는 호연浩然, 호는 금재琴齋, 시호는 정익貞翼이다.

기묘명현 50
신사무옥에 누명으로 처형당한 신변

1470년(성종 1) 태어난 신변申抃의 아버지는 감찰 신영화申永和, 할아버지는 정랑 신수복申守福이다. 그는 1501년(연산 7) 진사시에 합격하고, 1515년(중종 10) 별시 문과에 병과로 급제하여 곧 성균관 학유가 되었다.

이때 중종이 유능한 인재를 발굴하려 하자 병조판서 고형산이 변방 판관의 적임자로 신변을 추천하였다. 1517년에는 이조판서 남곤 등이 정자 유용柳庸과 그의 재능을 인정해 6품직에 승급시켰다. 신변은 1519년에 지평을 거쳐 황해도 도사가 되었으나 사직하고, 지평砥平에 잠시 은거하였다가 병조좌랑이 되었다. 이해 기묘사화가 일어나자 그는 파직되어 다시 지평에 은거하였다.

신변은 1521년(중종 16) 동생인 생원 신철申哲이 송사련의 무고에 의해 일어난 신사무옥에 연루되었을 때 알고도 고하지 않은 죄와 역신과 교류를 하였다는 누명을 쓰고 처형당하였다.

　신변은 후일 이조판서에 추증되고, 지평의 운계서원雲溪書院에 제향되었다. 그의 본관은 평산平山, 자는 낙천樂天과 낙옹樂翁, 호는 귤우정橘宇亭, 시호는 정신貞信이다.

기묘명현 51
쇠 집게를 창안한 봉천상

　봉천상奉天祥은 생원으로 있던 1517년(중종 12) 시정책 10개를 건의하였고, 중종은 이를 채택하였다. 어떤 이들은 시세에 영합하는 것이라 하여 논란이 있었으나, 조광조 등은 그를 옹호하였고 봉천상은 희릉 참봉에 임명되었다.

　한편 이전까지는 제향에 쓰는 잣(해송자海松子)의 껍질을 모두 치아로 벗겨냈기 때문에 침이 묻어 불결했다. 그러던 것을 봉천상이 쇠 집게(철겸鐵鉗)를 창안해 제작하였고, 이후로는 집게 속에 잣을 넣고 압착해 까게 한 것이 지금까지 준행되고 있다.

　그는 1519년 기묘사화에 조광조 일당으로 연좌되어 삭탈관직당하고, 고향 배천에 가 있던 중, 1521년(중종 16) 다시 안사련의 고변에 의한 신사무옥에 관련되어 좌의정 안당과 그의 아들 안처겸 등과 함께 변란을 모의한 죄로 가산이 적몰되고 능지처참되었다. 인종 때에 이르러서야 연좌되었던 처자식이 석방될 수 있었다.

연안에서 태어난 봉천상의 본관은 하음河陰, 자는 상지祥之로 조광조의 문인이었다.

기묘명현 52
음운학에 조예가 깊던 노우명

노우명盧友明은 정여창의 문하에서 수학하던 중 1508년(중종 3) 형 노우량盧友良, 동생 노우영盧友英과 함께 진사시에 나란히 합격하여 인근에서는 노씨 삼주盧氏三珠라 불렀다.

1518년 김안국이 경상도 관찰사로 있을 때 노우명은 안우安遇, 노필盧㻶, 김대유와 함께 천거되어 현릉顯陵(문종과 현덕 왕후 능) 참봉에 임명되었으나, 이듬해 기묘사화에 연루되어 파직당하였다.

그는 음운학音韻學에 조예가 깊어 사성四聲과 육예六藝에 능통하였고 글씨를 잘 썼으며, 특히 해서楷書에 능하였다고 한다.

노우명은 1471년(성종 2) 경상도 함양 출생으로 아버지는 증 이조판서 노분盧昐, 어머니는 거창居昌 신씨로 동지중추부사 신광경慎光庚의 딸이다. 노우명의 본관은 풍천豊川, 자는 군량君亮, 호는 신고당信古堂으로 1523년(중종 18) 하세한 뒤 함양의 도곡서원道谷書院에 제향되었다.

기묘명현 53
이기의 모함으로 유배를 떠난 성세창

성세창成世昌은 1504년(연산 10) 일어난 연산군의 생모를 폐비 시킨 사건에 그의 아버지가 관련되어 유배되자 함께 영광으로 유배되었다. 중종반정 후 풀려나 과거에 급제하고 직제학에 올랐으나 1519년(중종 14) 기묘사화가 일어나자 벼슬을 버리고 3년간 은퇴하였다.

성세창은 그 후 다시 등용되어 여러 벼슬을 거쳤으나 명나라에 다녀온 다

성세창 묘비. 경기도 파주시.

음 대사헌, 부제학으로 있으면서 김안로를 탄핵하다 평해平海로 유배를 가야 했다. 성세창은 김안로가 처벌되자 풀려나와 형조판서, 홍문관제학을 겸하였다.

그러나 그는 이기의 모함으로 파직되어 관직을 박탈당하고 장연長淵으로 유배되었다가 1548년(명종 3) 그곳에서 죽었으며, 선조 때 관직이 회복되었다. 성세창은 판서 성현의 아들로 1481년(성종 12) 창녕에서 태어났으며 그의 자는 번중蕃仲, 호는 둔재遯齋, 시호는 문장文莊이다.

기묘명현 54
소윤 윤원형의 탄핵으로 사사된 유인숙

유인숙柳仁淑은 1485년(성종 16) 사간 유문통柳文通의 아들로 태어나 1507년(중종 2) 진사시와 생원시에 합격하고 1510년 식년문과에 병과로 급제한 뒤 이조좌랑, 직제학, 동부승지, 대사헌을 지냈

이조터. 서울시 종로구.

다. 그가 부제학과 도승지를 역임하던 1519년(중종 14) 기묘사화가 일어나자 조광조의 일파로 투옥되었다가 영의정 정광필의 도움으로 석방되어 이듬해 경주慶州 부윤이 되었다.

그는 1521년에는 조정에 협력하지 않고 시국을 관망하기만 한다는 탄핵을 받고 삭직되었다가 1537년(중종 32) 직첩을 돌려받고 이듬해 호조참판으로 진하사가 되어 명나라에 갔다. 유인숙은 그 뒤 한성부의 좌윤과 우윤, 대사헌, 대사간에 이어 형조·공조·호조·이조의 판서가 되었다.

유인숙은 1545년 명종이 즉위하자 대윤大尹 윤임의 일파로서 명종의 즉위에 반대하고 계림군을 옹립하려 했다는 소윤小尹 윤원형의 탄핵을 받았다. 이 을사사화로 그는 무장茂長에 유배된 뒤 사사당하고 부관참시되었다.

계림군 이유 묘소. 경기도 고양시.

유인숙의 시호는 문정文貞, 자는 원명原明, 호는 정수靜叟이며 1570년(선조 3) 신원되고 1577년(선조 10) 복관되었다.

기묘명현 55
사림파와 함께 처벌 받기를 원한 이성동

이성동李成童은 1489년(성종 20) 생원시에 합격하고 1495년(연산 1) 별시 문과에 병과로 급제해 지평을 지내고, 1507년(중종 2) 사간, 1517년(중종 12) 부제학, 직제학, 대사간 등을 역임하였다. 그는 이듬해 충청도 관찰사로 나갔다가 돌아와 1519년 예조참의를 거쳐 대사간이 되어 사헌부 관원인 이청李淸, 송호지, 김익, 권전 등과 함께 정광필, 신용개申用漑, 안당 등 삼공의 인물됨에 대해 논한 뒤 중종에게 알렸고, 이때의 인물평은 이후 조신들 사이에서 자주 인용되었다.

그는 또한 조광조 등과 함께 합사하여 정국공신 가운데 적합하지 않은 사람들을 삭제하도록 하였다. 이어 이해에 기묘사화가 일어나자 이성동은 전 대간 유인숙, 김익, 권전 등과 함께 예궐해 조광조 등과 함께 처벌받기를 청하였다.

이성동은 이듬해에는 안처겸이 훈구 대신들을 제거하고 성종의 열 번째 아들 경명군의 추대를 모의했다는 사건에 연루되어 관직을 삭탈당하였으나 다시 등용되어 1521년 강원도 관찰사, 예조참의를 지냈다. 그러나 결국 조광조 일파라는 이유로 죄가 추론되어 삭직당하였다.

이성동의 아버지는 판관 이희안李希顔, 할아버지는 참판 이중손李仲孫, 증조부는 수량의 이증손이다. 그의 생몰년은 알 수 없으며 본관은 인천仁川, 자는 차옹次翁, 호는 졸옹拙翁으로 묘소는 경기도 용인시 처인구 남사면 봉명리鳳鳴里에 있다.

기묘명현 56
기묘사화 연루자의 무죄를 주장한 공서린

공서린孔瑞麟은 1483년(성종 14) 현령 공의달孔義達의 아들로 태어나 1507년(중종 2) 문과에 급제하였다. 그가 승지로 있던 1519년 기묘사화가 일어나자 관련자로 붙잡힌 조광조 등과 같이 갇혀 벌받기를 자청했으나 곧 풀려났으며, 경기 감사로 있으면서는 기묘사화에 관련된 신진 사류의 무죄를 극력하게 주장하였다.

그는 1538년(중종 33) 대사헌, 이듬해에 황해 감사가 되었다가 1541년(중종 36) 세상을 떠났다. 공서린의 본관은 창원昌原, 자는 희성希聖, 호는 휴암休巖, 시호는 문헌文獻이다.

기묘명현 57
범 그림에 뛰어났던 고운

고운高雲은 1495년(연산 1) 태어나 조선 중종 대에 활약한 문장가이자 화가이다. 범을 특히 잘 그렸으며 수묵水墨과 담채淡彩를 주로 활용한 남종화南宗畫 풍을 따랐다. 그의 작품으로 〈맹호도猛虎圖〉가 있다.

그는 1519년(중종 14) 문과에 급제해 좌랑에 이르렀으나 기묘사화에 연좌되었다. 고운의 아버지는 고자검高字儉이며 본관은 장흥長興, 자는 종룡從龍, 호는 하천霞川이다.

기묘명현 58
조광조를 동정하다 파면당한 윤세호

윤세호尹世豪는 직장 윤지준尹之峻의 아들로 1470년(성종 1) 태어

계림군 이유를 죽게 한 김극핍 묘소. 경기도 양주시.

나 1503년(연산 9) 문과에 급제해 검열이 되었다. 그는 1519년(중종 14) 전라도 관찰사가 되어 부임 도중 충청 감사 신제申濟에게 조광조를 동정하는 말을 한 것이 재상의 귀에 들어가 1520년 파면되었다.

1531년 삼간三奸으로 불린 심정, 이항, 김극핍이 처형당하자 윤세호도 조정에 돌아왔다. 그는 1536년(중종 31) 공조판서로 사은사가 되어 명나라에 다녀온 후 기로소耆老所에 들어갔다. 윤세호의 본관은 파평坡平, 자는 사영士英, 시호는 공간恭簡이다.

기묘명현 59
현량과 폐지를 반대하다 파직당한 이영부

이영부李英符는 1487년(성종 18) 장단 부사 이반李攀과 송희열宋

希烈의 딸 사이에서 태어났다. 그는 진사로서 1516년(중종 11) 식년 문과에 갑과로 급제해 종부시 직장, 형조좌랑을 거쳐 사헌부지평, 사간원헌납, 사헌부장령, 세자시강원 문학을 역임하였다.

이영부가 지평으로 있을 때 현량과 폐지 의견이 제시되자 그는 불가함을 거론하면서

"이 과거가 비록 불공평하다고는 하지만 만약 파하면 그 사람들은 종신토록 금고를 당하는 것이니 어찌 쓸 만한 사람까지 다 버릴 것인가!"

라고 적극 반대하며 사직을 요청하였다. 그러나 이것이 도리어 화근이 되어 탄핵을 받아 파직되었다.

1523년(중종 18) 하세한 이영부의 본관은 광주廣州, 자는 응서應瑞이다.

기묘명현 60
이단의 혁파를 적극 주장한 임권

임권任權은 1486년(성종 17) 공조판서 임유겸任由謙과 청단靑丹 찰방 이신李愼의 딸 사이에서 태어났다. 그의 증조부는 보은 현감 임효돈任孝敦, 할아버지는 수안遂安 군수 임한任漢이다.

그는 1507년(중종 2) 사마시에 합격해 진사가 되고, 1513년(중종 8)에는 식년문과에 을과로 급제해 승문원 권지부정자에 제수되었

다. 임권은 그 뒤 예문관검열을 시작으로 정자, 저작, 부수찬, 수찬 등 주로 문필에 관한 업무를 수행함으로써 그 문학적 실력을 인정받은 것으로 보인다.

그러나 임권은 그 외에도 정언으로 옮겨 간쟁에 관한 경험 또한 쌓았으며, 병조정랑과 이조정랑이 되어 관료의 인사권을 발휘하는 낭관의 청직과 요직을 두루 역임하였다. 그는 집의, 전한으로 있을 때는 여러 재상의 비위 사실을 논박하기도 하였다.

임권의 아버지 임유겸 추모비.
경기도 양주시.
「시 소간 풍천임공 휘 유겸 추모비」

1519년 사헌부지평이 된 임권은 사림의 공론을 지지하며 정국공신의 명단을 개정할 것을 주청했고, 기묘사화로 인해 사림파가 크게 희생되면서 그도 사헌부 헌납에서 승문원 박사로 좌천되었다.

그는 1520년(중종 15)에는 종부시정으로서 종친宗親들의 비행을 막았으며, 다시 집의로 있으면서 김안로의 폐정을 논박하다가 대사간 심언광沈彦光의 모함으로 파직되어 예산禮山으로 퇴거해 농사를 벗하였다.

임권은 1524년(중종 19) 이후 지평을 다시 역임한 뒤 세자시강원 필선이 되어 왕세자를 보필하고, 의정부에 들어가 사인이 되었으며 세자시강원 보덕, 집의, 전한 등을 역임한 뒤 1527년에는 직제학에 올랐다. 그는 1530년(중종 25)에는 다시 사인을 거쳐 종부시정이 되었는데, 이때 종친들의 잘못을 철저히 규찰하였다.

그러나 임권은 같은 해 사헌부집의로 전보되고, 이조판서 장순손張順孫의 미움을 사서 사섬시정으로 좌천되는 아픔을 겪어야 했다.

그는 1537년(중종 32) 김안로, 허항許沆 등 원흉들이 제거되자 봉상시 부정을 거쳐 예조참의로 중용되고 병조참지를 지냈다.

인동 장씨 장순손 묘비.
경기도 파주시 봉일천.
「대광보국숭록대부 의정부 영의정 인동장공순손지묘. 배 정경부인 상산김씨지부」

임권은 1539년에는 동지사로 주청사인 권벌과 함께 명나라에 가서 종계宗系의 잘못된 기록을 정정해 줄 것을 주청하였다. 그는 이후 전라도 관찰사, 병조판서, 지중추부사 등을 두루 거치고 1544년(중종 39)에는 예조판서로서 지의금부사를 겸하고, 빈전殯殿 제조提調를 맡아 중종의 국장 의례를 관장하는 중요한 역할을 수행하였다.

1546년(명종 1) 위사원종공신衛社原從功臣에 녹훈된 임권은 지춘추관사를 겸임하며 『중종실록』과 『인종실록』 편찬에 참여하였다. 그는 이어 의정부의 좌참찬과 우참찬에 오르고, 동지경연사와 오위도총부 총관을 겸하였다.

임권은 1551년(명종 6)에 불교의 교종敎宗 및 선종禪宗 그리고 승려에게 도첩을 내릴 때 실시하던 선과禪科가 다시 설치되자 이단이라 여기며 혁파할 것을 적극 주장하였다.

1557년(명종 12) 사망한 임권의 본관은 풍천豊川, 자는 사경士經, 호는 정곡靜谷, 시호는 정헌貞憲이며 묘소와 신도비는 경기도 양주시 회천읍 율정리에 있다.

기묘명현 61
무서울 정도로 중립을 지켰던 홍언필

홍언필洪彦弼의 집안인 남양 홍씨 토홍土洪의 계보도 연산군 대에 희생당한 이들이 많다. 중시조 홍선행의 9세손인 절도사 홍귀해洪貴海의 아들 승지 홍형洪泂은 문무를 겸비한 장수로 중용되었는데 연산군의 어릴 적 소행을 보고 그 미래가 짐작이 되어 일찍 퇴관하였으므로 모두들 현명하다고 하였다.

홍형 묘비. 경기도 화성시.
「통정대부 홍문관부제학 증 의정부 영의정 형지묘」

갑자사화에 피살당한 승지 홍식洪湜, 무오사화에 유배가다 죽은 참의 홍한洪瀚, 김안로의 세도에 대

홍한 묘비. 경기도 화성시 서신면.
「증 가선대부 이조참판 행 통정대부 이조참의 홍공한지묘.
배 정부인 창녕성씨 부좌」

장민공 홍숙 신도비. 경기도 양주시.

항하다가 유배지에서 죽은 홍숙洪淑 등은 홍형의 사촌동생들이다. 인조조의 명상 영의정 홍언필은 홍형의 아들로 1476년(성종 7) 태어났다.

홍언필은 1504년(연산 10) 문과에 급제하였으나 갑자사화에 연좌되어 진도에 귀양갔다가 중종반정 후 사면되어 전시에 합격되었다. 그는 그 뒤 여러 벼슬을 거쳐 우부승지에 이르렀으나 기묘사화에 조광조 일파로 지목되어 옥에 갇혔다. 그러나 영의정 정광필의 변호로 풀려 나온 뒤 이조·호조·병조·형조의 판서를 역임하고 우찬성에 올랐다.

홍언필은 당시의 권신 김안로와 뜻이 맞지 않아 고향 남양으로 떠났다가 김안로 실각 이후 다시 호조판서로 돌아왔다. 그는 이어 우의정에 올랐다가 좌의정을 거쳐 인종이 즉위하자 영의정이 되었다.

홍언필은 옳고 그름에 대한 기준과 상관없이 사회적으로 파장을 일으킨 선비들을 무조건 기피하였다. 홍언필은 조광조와는 내외종간이었음에도 그를 몹시 싫어했으며, 또 조광조가 죽은 뒤 신원하는 것마저도 앞장서 막았다. 조광조와의 인척관계 때문에 피해를 입게 될까봐 미리 손을 쓴 것인지도 모르지만 그로 인해 세간의 비난을 받기도 했다.

한편 홍언필의 집안 법도는 상당히 엄격했다. 그의 아들로 영의정과 청백리에 오른 홍섬이 판서가 되었을 때, 항상 당상관의 승교 乘轎(가마)인 초헌軺軒을 타고 다니자 그의 어머니 송宋씨 부인은 그것이 자랑스러워 홍언필에게 말하였다. 그러나 홍언필은 그 말을 듣고 놀라 홍섬을 당장에 불러들였다.

"내가 정승 지위에 있고 네가 또 판서가 되었은즉 항상 가세가 성만盛滿한 것을 두려워하는데 네 어찌 감히 초헌을 타고 다닌단 말이냐. 이것은 우리 집의 복이 아니다."

이렇게 나무란 홍언필은 아들을 질책하는 뜻으로 초헌에 태워 마당을 세 바퀴 돌게 하였고, 그 후 홍섬은 영의정이 되어서도 초헌

「영의정 묵재공 홍언필 영의정 인재공 홍섬 묘소 입구」
경기도 화성시 서신면.

홍서주 묘소. 경기도 양주시 울대리.

을 이용하지 않았다.

홍언필의 본관은 남양南陽, 자는 자미子美, 호는 묵재默齋, 시호는 문희文僖로 1549년(명종 4) 74세를 일기로 세상을 떠났다. 그는 명종 때에 위사공신이 되어 익성부원군益城府院君에 피봉되었으며 하세한 뒤 시호를 받고 인종의 묘정에 배향되었다. 홍언필의 아내 송씨 부인은 영의정 송질의 딸로서 영의정의 아내가 되었고, 또 영의정 홍섬의 어머니가 되어 94세까지 장수하였다.

한편 홍언필의 조카는 청백리에 오른 이조판서 홍운洪雲, 홍숙의 아들은 관찰사 홍서주洪叙疇, 홍서주의 아들은 중종의 부마 홍여洪礪, 홍서주의 증손은 병자호란 때 청나라에 항복하는 것을 반대한 삼학사三學士의 한 사람 장령 홍익한洪翼漢이다.

홍익한의 아들 홍수원洪粹元은 아버지가 병을 앓자 아버지의 변을 맛보는 상분嘗糞을 하며 병세를 살피는 효도를 하였고, 강화도가

당성위 홍여 묘소. 중종의 딸 혜정 옹주와 혼인.

삼학사 홍익한 택지.
경기도 강화군 화도면 흥왕리 19번지로 현재는 터만이 남아 있다.

함락되어 청나라 병사가 계모 허씨를 겁탈하려는 것을 막다가 칼에 찔려 죽임을 당하였다. 홍수원을 따라 그의 아내 이씨도 목매어 순절했다.

기묘명현 62
사람됨의 상반된 평을 얻었던 정충량

정충량鄭忠樑은 침착하고 행동이 곧으며 말이 없고, 근검할 뿐 아니라 남의 잘못을 들추지 않는 담박한 성격으로 명리에 급급하지 않았다. 그러나 아버지 정광세鄭光世의 가자加資를 대신 받아 급제하는 손쉬운 이익을 취하였기에 상반된 평을 동시에 받았다.

1480년(성종 11) 태어난 정충량의 증조부는 정사鄭賜, 할아버지는 첨지중추부사 정난손鄭蘭孫이며, 그는 영의정 정광필의 당질이 된다. 아버지 정광세는 형조판서에 이르렀다.

정충량은 1501년(연산 7) 사마 양시에 합격하고 1506년 별시 문과에 정과로 급제해 예문관검열, 대교를 거쳐 1507년(중종 2) 봉교가 되었다.

이때 정충량은 동료 김흠조金欽祖와 함께 1498년의 무오사화에 화를 입은 김종직, 김일손 등 사림파의 인물들을 신원하고, 유자광을 처벌할 것, 사관의 직필直筆을 제도적으로 보장해 줄 것을 주청하였다. 그는 이어 전적, 공조좌랑, 형조좌랑, 장례원 사의, 황해도 도사, 병조정랑, 공조정랑, 예조정랑 등을 역임하고 1511년(중종 6) 헌납이 되었다. 이후에는 지평, 장령, 집의, 승문원 참교, 내자시정, 사섬시정, 사재감정을 역임하였다.

정충량은 1518년 홍문관직제학을 거쳐 이듬해 도승지가 되었으나 사헌부와 사간원으로부터 적합한 인물이 아니라는 탄핵을 받아 이조참의로 자리를 옮겨야 했다. 그해 홍경주, 심정, 남곤 등이 기묘사화를 일으키자 그는 훈구파 대간들의 탄핵을 받았으나 화를 당하지 않고 공조참의의 직을 수년간 수행하다가 1523년(중종 18) 세상을 떠났다.

정충량의 본관은 동래東萊, 자는 국간國幹이며 그의 묘는 경기도 광주시 장지동墻枝洞 담안 마을 내 동래 정씨 세장지에 아버지 정광세의 묘소 좌측 구릉에 있다. 묘역 입구에는 1998년에 건립한 신도비가 서 있다.

기묘명현 63

정치의 잘못을 개탄하던 서경덕

서경덕徐敬德은 18세 때에 『대학』을 배우다가 '격물치지格物致知'라는 말에 크게 깨달음을 얻었다. 격물치지는 실제 사물의 이치를 연구해 자신의 지식을 완전하게 한다는 뜻으로 이때부터 서경덕은 그 원리에 의지하며 학문을 연구하였다.

서경덕은 과거에 뜻이 없었으나 어머니의 강경한 뜻을 받들어 사마시에 합격했을 뿐으로, 이후 그는 벼슬은 단념하고 도학에만 전념하였다. 세상에 뜻이 없으니 그의 집은 극히 가난하였으나, 서경덕은 며칠을 굶주려도 태연자약했다고 한다.

산림 속에 은거해 세상에 뜻을 두지 않고 다만 제자들의 학문이 진취하는 것에 기뻐하고 만족하는 것 같아 보였지만, 정치의 잘못을 들 때에는 탄식을 금하지 못하였다.

마지막까지 학문에 정진하며 서경덕은 많은 유고를 남겼는데 그의 저서로 『원리기原理氣』, 『이기설理氣說』, 『태허설太虛說』, 『귀신생사론鬼神生死論』이 있다.

서경덕은 1489년(성종 20) 서호번徐好蕃의 아들로 태어나 1546년(명종 1) 세상을 떠났으며, 선조 때에 우의정을 추증받았다. 그의 본관은 당성唐城, 자는 가구可久, 호는 복재復齋와 화담花潭, 시호는 문강文康이다. 서경덕의 손자 서우신徐佑申은 무과에 급제해 남도 절도사를 지냈다.

기묘명현 64

을사사화의 공범 윤개

윤개尹漑는 김안국의 제자였으며, 중국어에 능란해 세상에 이름이 알려졌다. 그는 1516년(중종 11) 문과에 급제해 이조좌랑이 되었으나 기묘사화에 관련되어 외직으로 나갔다.

1545년(인종 1) 예조판서가 된 윤개는 명종의 외숙인 소윤 윤원형과 함께 을사사화를 일으켜 인종의 외숙이자 대윤의 거두인 윤임 일파를 제거하였다.

그는 위사공신으로 영평부원군鈴平府院君에 수봉되고 1551년(명

윤개 신도비. 경기도 이천시.
「대광숭록대부 좌의정 파평윤공 개 신도비명」

종 6)에는 우의정이 되었으며 좌의정에 이르러 궤장几杖을 받았다. 그러나 선조 초에 훈작을 추삭당하였다. 윤개는 1494년(성종 25) 태어나 1566년(명종 21) 세상을 떠났으며 본관은 파평坡平, 자는 여옥汝沃, 호는 회재晦齋이며, 증조부는 윤형尹炯이다.

기묘명현 65
엄격한 법의 집행을 실행한 김인손

김인손金麟孫은 권신 김안로와 가까이 지내 비난을 받기도 했으나, 성품이 강직해 관직을 역임하는 동안 법을 엄격히 지켜 공정히 처리함으로써 큰 신뢰를 받았다.

그는 1479년(성종 10) 현감 김기金璣의 아들로 태어나 1509년(중종 4) 문과에 급제해 승문원 정자, 성균관전적, 예조·형조·병조의 좌랑을 거쳐 1515년(중종 10) 의금부도사, 지평을 역임하였다. 이어 그는 1518년 갑산甲山 부사를 지내고 이듬해 장령이 되었으며 사간, 집의, 사인, 정언, 내섬시정 등을 거쳐 1527년(중종 22)에는 대사간이 되었으며 다음으로 동부승지, 형조참의를 거쳤다.

김인손은 1531년 경상도 관찰사로 재직하던 중 유배중인 이종익의 상소문을 전달한 것이 화근이 되어 파직되었다.

그러나 그는 이듬해 함경도 관찰사로 기용되었으며 1534년(중종 29) 형조판서, 이듬해 동지성균관사, 1536년 좌참찬을 역임하였다. 김인손은 1537년에는 특진관, 병조판서, 예조판서를 차례로 역임한 뒤 평안도 관찰사로 나갔으며 1540년(중종 35)에는 사은사로 명나라에 다녀와 한성부판윤이 되었다.

김인손이 1547년(명종 2) 경기도 관찰사로 있을 때 가뭄이 심하게 들었는데 이때 백성들이 굶어 죽지 않도록 문제를 해결해 칭송이 자자했다. 그는 1551년(명종 6)에는 평안도 관찰사, 지중추부사, 지돈령부사를 역임하였다.

1552년(명종 7) 세상을 떠난 김인손의 본관은 경주, 자는 정서庭瑞이다.

기묘명현 66
사관의 직분을 수행하다 파직당한 채세영

채세영蔡世英은 1490년(성종 21) 첨정 채자연蔡子涓과 유효용柳孝庸의 딸 사이에서 태어났다.

그는 1510년(중종 5) 진사시에 합격하고, 1517년 별시 문과에 병과로 급제해 승문원에서 뽑혀 사국史局에 들어갔으며 1519년 검열을 거쳐 춘추관 기사관이 되었다. 이해 기묘사화가 일어나자 그는 궁중에 들어가 영의정 정광필과 남곤에게 사유를 물었으나 올바른 대답을 듣지 못했다. 그리고 가승지 김근사金謹思가 죄안罪案을 고치려고 채세영에게서 사초史草를 빼앗자 이는 아무나 쓰는 것이 아니라 말하며 다시 빼앗는 기개를 보였다. 그러나 그는 이 일로 인하여 파직당하고 만다.

채세영은 4년 후 재등용의 권유를 받았으나 응하지 않다가 1533년(중종 28) 세자시강원에 들어가 문학 필선, 보덕, 사간, 집의를 역임한 뒤 옥당에 들어가 홍문관의 응교, 전한, 직제학을 거쳐 1537년 대사성, 1539년(중종 34) 형조참의에 이르렀다. 그는 1545년(명종 즉위)에는 첨지중추부사로서 천추사가 되어 명나라에 다녀왔으며 이어 호조참의, 병조참의, 우승지, 경상도 관찰사를 지냈다.

채세영은 중국어에도 능하여 1548년(명종 3) 이문정시吏文庭試에 장원을 차지하기도 했다. 이어 그는 1550년 호조참판으로 동지춘추관을 겸직하였으며 『중종실록』 편찬에도 참여하였다. 이후 호서 안렴사를 거쳐 공조판서, 호조판서를 지내고 우참찬을 거쳐 벼슬이 좌참찬에 이르렀다. 채세영은 천문과 의약에도 밝았다.

1568년(선조 1) 세상을 떠난 채세영의 본관은 평강平康, 자는 영지英之, 호는 임진任眞이며 묘소와 신도비는 경기도 의왕시 포일동에 있다. 그곳에 정수장이 건설되면서 그의 묘소는 북쪽으로 이장되어 묘역을 새로 조성하였다. 채세영의 증조부는 채효순蔡孝順, 할

아버지는 채담蔡潭이다.

기묘명현 67
직간으로 왕을 불쾌하게 만든 허자

허자許磁는 1496년(연산 2) 서령 허원許瑗의 아들로 태어나 진사에 합격하고 1523년(중종 18) 문과에 급제해 이조좌랑에 이르렀다. 김안로가 권력을 잡고 있던 시절 그는 외직으로 밀려나 양근楊根 군수를 거쳐 황주黃州 목사를 지냈다.

그러나 1545년 명종이 즉위하자 그는 공조판서로서 윤원형 등과 윤임 등을 제거한 공로로 보익공신保翼功臣 1등에 책록되었다.

허자 묘비. 경기도 연천군.
「증 대광보국숭록대부 의정부 영의정 행 숭정대부 의정부 좌찬성 양천허공 자 지묘」

1546년(명종 1) 좌찬성으로 있던 허자는 사간 진복창陳復昌을 논핵하다가 양사의 탄핵을 받고 판중추부사가 되어 서호西湖의 이우정二憂亭에서 지내게 되었다. 그는 1550년(명종 5)에는 이조판서로 있던 중 이무강李無彊 등으로부터 죄인 민제인閔齊仁의 동생 민제영閔齊英을 두호했다는 탄핵을 받고 홍원洪原으로 귀양 갔다가

민제인 묘비. 경기도 구리시.
「숭정대부 의정부 좌찬성 겸 판의금부사 지경연
춘추관사 홍문관제학 예문관제학 오위도총부부총관
증시 ○○공 민제인지묘.
정경부인 고성이씨지묘」

1551년(명종 6) 그곳에서 죽었다.

허자는 천성이 강직해 왕에게 자주 직간하였기에 명종을 매우 불쾌하게 한 일이 많았다고 한다. 허자는 사망 이후 다시 관작을 돌려받았으며 영의정으로 추증되었다. 허자의 본관은 양천陽川, 자는 남중南仲, 호는 동애東崖이다.

기묘명현 68

대윤의 몰락으로 사사당한 정원

정원鄭源은 1495년(연산 1) 현감 정유강鄭有綱의 아들로 태어나 1519년(중종 14) 문과에 급제해 공조와 형조의 좌랑을 역임하였다. 이후 그는 김안로의 배척을 받아 외직을 전전하다가 형조정랑과 사간을 역임하였다.

정원은 1544년 인종이 즉위하자 사간, 직제학, 동부승지 등을 지냈으나, 이듬해 발생한 을사사화에 대윤 일파로 몰려 삭직당하고 1546년(명종 1) 창성昌城에서 사사당했다. 그의 자는 중원仲遠이다.

기묘명현 69
남곤을 두려워하지 않았던 충신 이홍간

지중추부사 이홍간李弘幹은 어떠한 세도의 압력 밑에서도 소신을 밝혔던 곧은 선비였다. 그는 용인龍仁 이씨로 이홍간의 형은 진주晋州 목사로서 선정을 펼친 이원간李元幹이다.

이홍간은 조광조, 김정 등과 교유하면서도 김정 등의 편협함이나 과격함에 대해서는 경계하였다. 또한 1519년 기묘사화가 일어났을 때에는 당시 절대적인 세도를 갖고 있던 남곤을 두고 그가 고변告變하는 잘못을 저질렀다고 나무랐다.

남곤 일파에 의해 조광조 등 신진 사류가 축출당한 기묘사화 당시 이홍간은 평안도平安道 병마평사로 있었는데, 그는 남곤의 사위 이선李墠에게 남곤에 대한 규탄의 말을 하면서 조금도 서슴지 않았다.

"지정止亭(남곤)은 오늘날 가장 명망 높은 분인데 두 번이나 고변의 이름을 받는다는 것은 부끄러운 일이다."

사위 이선은 이 말을 남곤에게 일러바쳤고 이로 인해 이홍간은 남곤이 살아 있는 동안 변방에서만 벼슬자리를 해야 했다.

남곤이 죽은 다음 1527년 5월 사헌부장령에 오른 이홍간은 11월 경연에 참여해 박영문, 신윤무의 옥사에 연루되어 반역 혐의로 귀양을 가게 된 성종成宗의 13남 영산군寧山君 이전李恮의 무고함을 역설하였다. 공명을 바라는 한 천인이, 영산군이 왕으로 추대될 것

영산군 이전 신도비.
서울시 은평구 진관동.
「성종 왕자 충희공 영산군 신도비」

이라는 혐의를 조작해 영산군은 귀양을 떠나 있었다. 이때 이홍간은 중종에게,

"천륜天倫이란 지극히 중한 것이온데 분명하지 못한 일로서 형제가 서로를 지키지 못하는 것이 어찌 한 사람뿐이겠습니까. 이제 영산군이 귀양으로 쫓겨났으니 엎드려 원하옵건데 전하께서는 한나라 사람들이 풍자한 노래를 거울삼아 조그마한 은사를 베푸시옵소서."

살벌한 분위기에서 대담하게 건의하는 이홍간으로 인해 주변 사람들은 손에 땀을 흥건히 쥐었으며, 중종은 결국 마음을 바꾸어 영산군을 석방하였다.

을사사화에 곽순郭珣이 장살당하였을 때에도 이홍간은 국문당할 위험에도 불구하고 그에게 부의를 하였다.

이홍간은 시류와 반대되더라도 자신의 주장을 펼쳐 크게 현달하지는 못했으나 20여 년간 외관으로 재직하면서 선치를 행함으로써 효행, 학행과 강직한 언사로 명망이 있었다.

이홍간은 1486년(성종 17) 사간 이효독李孝篤과 최명근崔命根의 딸 사이에서 태어났다. 그는 1507년(중종 2) 생원시에 합격하고 1513년(중종 8) 식년문과에서 병과로 급제해 권지승문원정자에 임명된 뒤 곧 예문관에 들어가 1517년 11월 평안도 평사로 파견될 때까지 검열, 대교, 봉교를 역임하였다.

그는 1520년 2월에는 사간원정언에 발탁되고 그 뒤 홍문관교리, 세자시강원 사서, 호조·예조·병조의 좌랑, 정랑, 세자시강원 필선, 수원·곤양·옥천沃川의 군수를 역임하였다. 1527년 영산군의 무고함을 주장해 파직당했던 그는 영산군 석방 뒤 곧 복직되어 사옹원·군기시·종부시의 정正과 공주·청주·광주의 목사를 역임하고, 봉상시정을 지냈다.

이홍간은 1545년(명종 즉위) 11월 인종의 빈전도감에 참여한 공로로 첨지중추원사에 승진되고, 이듬해인 1546년(명종 1) 12월 동지부사로서 명나라에 갔다가 귀국 도중 사류하沙流河에서 죽었다. 그의 본관은 용인龍仁, 자는 대립大立, 호는 쌍괴雙槐이다.

기묘명현 70
살벌한 정치에 정신 이상을 가장한 김필

김필金珌은 김식의 문인으로 1519년(중종 14) 별시 문과에 갑과로 장원급제하며 전적이 되었으나 그해 기묘사화가 일어나 스승 김식이 유배되자 그를 전송하다가 처벌을 받았다.

김필은 이후 벼슬을 버리고 집에서 독서에만 열중하였으며, 이어 그가 전적으로 있던 1521년 신사무옥에 연루되어 겨우 죄를 면한 뒤부터는 정신이 이상한 것처럼 꾸민 채 공적인 일에는 일체 관여하지 않았다.

그의 생몰년은 기록이 없으며 아버지는 교감 김맹강金孟綱, 증조부는 김정경金定卿이며 김필의 본관은 안산安山, 자는 자수子修, 호는 모기재慕箕齋이다.

기묘명현 71
중종실록 편찬에 참여한 장옥

장옥張玉은 1493년(성종 24) 집의 장충보張忠輔의 아들로 태어나 1515년(중종 10) 문과에 장원급제하고 정언, 부수찬, 천문예습관, 응교 등을 거쳐 1521년 시강관이 되었다. 그러나 장옥은 그해 일어난 신사무옥에 연루되어 유배되었다가 1529년(중종 24) 풀려나 병조정랑, 군자감 부정 등을 지내다가 김안로 일당에게 몰려 유배되었다.

김안로의 몰락 뒤 풀려난 장옥은 1550년(명종 5) 예빈시정으로 춘추관 편수관이 되어 『중종실록』 편찬에 참여한 후 판교에 올랐다. 그의 사망한 해는 알 수 없으며 자는 자강子剛, 호는 유정柳亭이다.

기묘명현 72

서장관으로 명나라에 다녀온 허백기

허백기許伯琦는 1493년(성종 24) 직제학 허정許楨의 아들로 태어나 1519년(중종 14) 진사시를 거쳐, 같은 해 별시 문과에 을과로 급제한 뒤 사관과 주서가 되었다. 1524년에는 형조와 병조의 좌랑을 지내고 1526년 형조정랑, 1528년(중종 23) 경상도 도사, 그리고 이듬해에는 진위사의 서장관으로 명나라에 다녀왔다.

허백기는 1541년(중종 36)에는 헌납과 장령, 1544년 사간, 교리, 동부승지를 역임하고 이듬해 형조참의, 1553년(명종 8) 판결사를 지낸 다음 첨지중추부사를 거쳐 1562년(명종 17) 동지중추부사로서 관직에서 물러났다.

허백기는 조광조의 문인이었으며 본관은 김해金海, 자는 여진汝珍, 호는 삼송三松과 호재浩齋, 시호는 정헌正憲이다. 그의 사망한 해는 기록이 없다.

기묘명현 73

부당한 공신 책록을 바로잡도록 주청한 조광좌

조광좌趙廣佐(또는 趙光佐)의 아버지는 군수 조훈趙勳, 증조부는 도총제 조모趙慕이다. 1483년(성종 14) 태어난 조광조는 1507년(중종 2) 성균관 유생으로서 박경, 김공저金公著의 옥사에 연루되어 투옥되었다. 박경과 김공저는 중종반정에 공을 세운 유자광, 박원종 등 왕의 측근을 간신으로 규정하고, 그들을 제거하고 해평부원군海平府院君 정미수鄭眉壽를 영의정에, 김감金勘을 병조판서에 추대하려 했다. 그런데 이를 알게 된 유숭조, 남곤, 심정 등의 고발로 사건은 발각되어 박경과 김공저는 참형에 처해지고, 정미수는 울진으로 귀양 보내졌다.

그는 1518년 좌랑을 거쳐 1519년 지평이 되어 중종반정 당시 공

경혜 공주와 부마 정종의 아들 정미수 묘비.
문종의 외손자이자 단종의 생질.
경기도 남양주 사릉(단종 비 정순 왕후 송씨 묘) 내.
「병충분의정국공신 보국숭록대부 행 의정부 우찬성 겸 영경연사 판의금부사 해평부원군 증시 소평 정공지묘. 정경부인 전의이씨지묘」

신으로 책봉된 자들 중에는 공도 없이 책봉되어 녹을 받는 자가 매우 많으니 잘못된 공훈을 바로잡을 것을 간하였다.

"지금 용단을 내려 가려내지 않으면 뒤에 폐단이 많을 것입니다."
라고 조광좌는 중종에게 주청하였으나

"공功의 유무를 다시 확인하기가 어려울 뿐 아니라 이미 공신으로 정하여진 바를 고친다는 것은 옳지 않다."
는 하답으로 거절당하였다. 조광좌는 이해 일어난 기묘사화에 조광조의 붕당으로 몰려 삭직되고, 1521년(중종 16) 신사무옥에 다시 연루되어 장살당하였다. 그의 본관은 한양漢陽, 자는 계량季良, 시호는 회곡晦谷이다.

기묘명현 74
기묘사화로 좌천당한 권색

권색權穡은 권발權撥의 동생으로 1519년(중종 14) 식년문과에 을과로 급제해 검열, 홍문관박사 등을 역임하였다. 그는 신진 사류로 촉망을 받았으나 기묘사화가 일어나자 경상도 금산金山 군수로 좌천되어 중도에서 병사했다.

권색은 이후 부제학에 추증되고 예천醴泉의 봉산서원鳳山書院에 제향되었으며 그의 본관은 안동安東, 자는 제보濟甫, 호는 우암寓菴이다.

기묘명현 75
파직 뒤 병으로 세상을 떠난 박소

박소朴紹는 1493년(성종 24) 이조정랑 박조년朴兆年과 현감 윤자선尹孜善의 딸 사이에서 태어났다. 그의 본관은 반남潘南으로 집안 대대로 한양에서 살았으나 아버지가 박소의 어린 시절 돌아가시자 편모 윤씨를 따라 합천 야로현冶爐縣에 있는 외가에서 성장했다.

박소는 천성이 총명하고 학문을 좋아하여, 이미 성인이 되기 전에 도道를 구하려는 의지가 강했다고 한다. 이를 위해 그는 『근사록』, 『성리대전』 등의 서적을 갖고 해인사海印寺에 들어가 성리학을 탐구하였으며 이후 송당松堂 박영에게 수학하였다.

「반남박씨 선조 묘역 입구」 표석. 경기도 김포시.

박소의 아버지 박조년 묘비. 경기도 김포시. 「유명조선 증 좌찬성 행 이조행랑 박공조년지묘. 증 정경부인 파평윤씨 부」

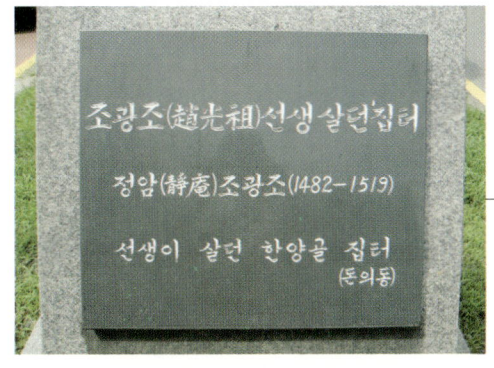

조광조 집터.
서울시 종로구 돈의동, 옛 지명으로 향교동에 위치하고 있다.

그는 1518년(중종 13) 생원에 오른 뒤, 이듬해 사마시에 합격하였으며 현량과에도 천거되었으나 벼슬에 오르지는 못하였다. 박소는 1519년(중종 14)에는 진사가 되고 이어 식년문과에 장원급제하였다.

그는 이어 강석講席에 나아가서는 차분한 가운데서도 자세하게 응함으로써, 모두들 박소를 보고 옥당玉堂 정자正字를 얻었다고 치하하였다. 또 조광조는 그의 인물됨에 대해

"박소의 용모를 보니 남의 아래에 설 사람이 아니니, 어찌 정자로만 기대하겠는가. 대과에 장원할 것이다."
라고 평가하였다.

그는 1522년 홍문관부수찬, 사간원정언, 사헌부지평, 사인, 시강원 필선을 역임하고, 1529년(중종 24)에는 평안도 암행어사로 파견되었다가 사간원사간에 임용되었다.

박소는 조광조 등 신진 사류와 함께 왕도 정치의 구현을 위해 노력하였는데, 이듬해 김안로가 중신들을 몰아내자 전한 조종경趙宗敬과 함께 훈구파를 탄핵하려 하였다. 그러나 일이 착수되기도 전에

허항이 김안로에게 고함으로써 도리어 사성司成으로 좌천되었다. 그는 그 뒤에도 여러 번 훈구파에게 권력이 부당하게 쏠림을 탄핵하다 그들의 미움을 사서 파직당하고 고향인 합천에 내려가 학문에 전념했다.

세상사를 잊고 독서로 나날을 보내던 박소는 병을 얻어 42세인 1534년(중종 29) 세상을 떠났다. 그의 자는 언주彦冑, 호는 야천冶川, 시호는 문강文康이며 뒤에 영의정에 추증되고 합천의 이연서원伊淵書院, 나주의 반계서원潘溪書院에 제향되었다.

그는 평생 성현의 책을 손에서 놓지 않았으며 이야기를 나눌 때면 덕德으로서 사람을 감화시켰기에 박소를 가리켜 모두들 명도明道의 기상이 있다고 하였다.

기묘명현 76
김식에게 은신처를 제공한 이중

이중李中은 1488년(성종 19) 이분李蕡의 아들로 태어나 조광조와 김식의 문하에서 수학하며 사림파 사이에 명망이 높았으나 벼슬을 단념하고 영산에서 후진을 양성하였다. 그는 1519년(중종 14)의 기묘사화에 스승 김식이 화를 피해 도주하자 은신처를 제공했으나 밀고자에게 고발당해 부령으로 유배를 가야 했다.

이중은 1532년(중종 27) 예조정랑에 임명되었으나 사직하고 훈학에 힘썼다. 그의 초명은 충忡이며 자는 이강而强, 호는 명암明巖이고 영산의 덕천서원德泉書院에 제향되었다. 이중의 사망한 해는 기록에 남아 있지 않다.

기묘명현 77
조카 조광조에게 염려의 편지를 보낸 조원기

청백리에 오른 판서 조원기趙元紀는 찬성 조온의 증손이자, 고려의 명장 조양기의 6대손이다. 조광조는 조원기의 조카로 그는 조광조의 명망이 너무 갑자기 높아지자 이를 무척 경계하며 서신으로 훈계하였다. 숙부 조원기가 조광조를 훈계한 그 내용을 간추리면 다음과 같다.

〈요직은 곧 원망이 모이는 자리라. 네가 천거를 받은 것은 진실로 하

조온의 묘소 뒷면. 경기도 파주시.

례할 일이나 기쁜 중에 근심이 따르는구나.

위태로운 말과 지나치게 교만한 것으로 몸을 해치고 실패하는 것과 같은 경계는 내가 너에게 깨우칠 필요도 없을 것이다. 대개 사람들이 천지 가운데 같이 살아야 하는데 새처럼 높이 날거나 짐승처럼 멀리 달아날 수는 없는 것이니, 반드시 조금은 세속과 같이 하여야 남의 미움을 면하는 것이다.

옛날 두기공杜祁公이 문인들을 경계하여 말하기를 자기 재주를 숨기며 감추고, 모난 것을 헐어 둥글게 만들어, 특별한 옥이 되지 말고 보통의 기와 노릇을 하라 하였다. 지금 나의 지식은 두기공에게 미치지 못하고 너의 아는 것은 두기공의 문인보다 지나치니 이 말로 너를 경계할 수는 없을 것이로다. 그러나 지금의 때가 두기공의 시절보다 험하길 만 배나 더하니 나의 이 경계가 어찌 조금도 쓸모가 없겠느냐.〉

조원기는 벼슬이 재상에 달했으면서도 쓰러지는 집과 낮은 담이 겨우 비바람을 가렸으며 부엌에 있는 것이란 소금과 나물이 고작이었다. 그는 죽으면서 자신의 일생을 돌아보면서 티끌만큼도 후회하지 않는다고 자신 있게 말하였으니 부러운 일이다.

그는 어려서부터 충효가 깊어 그 기상이 남달랐으며 검소함을 좇아 재상을 지내면서도 집은 비바람을 가릴 정도에 음식은 소금과 나물에 그쳤다.

조원기는 1457년(세조 3) 이조정랑 조충손趙衷孫의 아들로 태어나 1496년(연산 2) 문과에 급제하고 전적에 올랐다. 그가 수찬을 지

의정부터. 서울시 종로구.

낼 때 연산군이 사초를 보려고 하자 이를 거부하다가 파면당하였다. 1500년(연산 6)에는 변반의 백성이 해랑도海浪島로 도망하자 조원기는 부장의 직책으로 그들을 붙잡아 데려왔으며, 봉상시 첨정이 되었다.

그러나 조원기는 이전 사초 사건으로 말미암아 연산군의 눈 밖에 난 상태였기에 횡성橫城으로 유배를 가야했다. 그는 중종 즉위 뒤 사성이 되었으며 경원 부사로 있으면서 백성들을 잘 다스려 좋은 평을 받았으며 대사간, 좌부승지를 거쳐 형조판서, 의정부 좌참찬에 이르렀다.

1533년(중종 28) 세상을 떠난 조원기의 본관은 한양漢陽, 자는 이지理之, 시호는 문절文節이다.

기묘명현 78

의학에도 정통했던 박영

박영朴英은 태종의 장남이자 세종의 형인 양녕讓寧 대군의 외손자이며 그의 아버지는 박수종朴壽宗이다. 박영은 어려서부터 익혀 뛰어난 궁술弓術과 마술馬術을 바탕으로 21세에 원수元帥 이극균李克均을 따라 건주위建州衛를 토벌한 공을 세우고 사복이 되었다.

양녕 대군 묘비.
서울시 동작구 상도동 지덕사 내.
「양녕 대군 증시 강정공 휘 제지묘.
수성부부인 광산김씨지묘」

그는 1492년(성종 23) 무과 급제 후 선전관, 조방장, 황해 현감, 강계 부사, 의주 목사, 동부승지를 거쳐 1519년(중종 14) 병조참판에 이르렀다.

박영은 의학에도 정통해 많은 사람을 살렸으며 의술서로 『경험방經驗方』, 『활인신방活人新方』을 저술하였다. 1471년(성종 2) 태어나 1540년(중종 35) 세상을 떠난 박영의 본관은 밀양密陽, 자는 자실子實, 호는 송당松堂, 시호는 문목文穆이다.

기묘명현 79
군직으로 내의원을 겸한 박세거

1524년(중종 19) 평안도 지방에 유행성 열병(여역癘疫)이 퍼지자, 왕은 의관들에게 명하여 치료법을 편찬하도록 했다. 이에 의관 박세거朴世擧는 김순몽金順蒙, 유영정劉永貞 등과 함께 열병의 병후 증상, 약의 이름, 병을 다스리는 법, 병을 피하는 법 등을 간명하게 서술하고, 각 항목마다 한글로 주석을 달아 1525년『간이벽온방簡易辟瘟方』을 편찬하였다.

박세거는 1526년(중종 21)에는 내의원 직장이 되어 우의정 권균權鈞의 병세를 돌보았으며 2년 뒤인 1528년(중종 23)에는 세자빈의 간병 의원으로 병을 돌본 뒤 새끼 말 한 필을 하사받았다. 그는 1532년(중종 27)부터는 중종의 종기를 돌보았으며 이듬해 내의內醫로서 왕실 진료에 세운 공이 많다고 하여 준직동지准職同知로 가자되고 또 군직軍職으로 내의원을 겸하였다.

그는 1542년에는 행호군직行護軍職으로 사맹司猛을 겸하였고, 또 내의원 의원들과 함께『분문온역이해방分門瘟疫易解方』을 편찬하였다. 박세거의 벼슬은 가의대부 첨지중추원사에 이르렀으며 그의 생몰년은 미상이다.

일이 잘못되려니 그런 것인지 명나라에서 남곤은 병까지 들어 위독하게 되었다. 이때 한충은 남곤의 간사함에 대한 미움과, 저자가죽지 않으면 반드시 사림들을 쓸어버리고 말 것이라는 판단으로 남곤이 은근히 죽기를 바라며 구할 생각을 하지 않았다.
이때 일행으로 같이 갔던 이자 역시 남곤을 미워하였으나 타국에서 같은 민족으로서 죽도록 둘 수 없었기에 간호해 남곤의 목숨을 구해 주었다. 남곤은 이 사정을 당연히 알았고, 기묘사화와 신사무옥 때 한충에게 보복을 한 것이다.

기묘사화의 인물1
한 베개 세 친구와 간신 남곤 이야기

기묘사화로 신진 사류들의 희생을 야기한 남곤南袞이 1518년(중종 13) 주청사로 명나라로 가는 길에 요양遼陽에서 있었던 일이다. 이때 남곤을 상사로 모시고 가던 이는 한충으로 그 역시 이듬해 남곤으로 인해 일어난 기묘사화에 거제도巨濟島로 유배당하는 화를 입어야 했다.

한충은 명문 벌족인 청주淸州 한씨의 시조 한란韓蘭의 7대손인 한사기韓謝奇의 9세손이다. 한충은 조광조, 김정 등 혁신파와 도의로서 결의를 맺고 가깝게 지냈으며 공청公廳에 나오면 반드시 큰 이불 하나에 큰 베개를 만들어 함께 베고 잘 정도로 가까운 벗이었다.

한편 요양에서 남곤과 한충이 길을 걷는데, 앞에 가던 행인이 물건을 떨어뜨린 것을 모른 채 그냥 지나치자 한충은 행인을 불러서

청주 한씨 시조 한란 묘소. 충북 청원군.

물건을 돌려주려 했다. 그러나 남곤은,

"저 사람이 잃고 얻는 것이 우리에게 무슨 상관이 있는가. 못 본 체 한 것만 같지 못하다."

하였고 이로 인해 둘은 의견 차를 벌이게 되었다. 그들의 작은 다툼은 정치에 있어 적극적인 참여의 중요성과 소극적으로 방관하는 것은 문제가 있다는 논쟁으로까지 번졌다. 한충은 조선의 침체가 그같은 방관주의에 있다고 규탄을 하여 그들 사이는 벌어지기 시작했다.

일이 잘못되려니 그런 것인지 명나라에서 남곤은 병까지 들어 위독하게 되었다. 이때 한충은 남곤의 간사함에 대한 미움과, 저자가 죽지 않으면 반드시 사림들을 쓸어버리고 말 것이라는 판단으로 남곤이 은근히 죽기를 바라며 구할 생각을 하지 않았다.

이때 일행으로 같이 갔던 이자 역시 남곤을 미워하였으나 타국에서 같은 민족으로서 죽도록 둘 수 없었기에 간호해 남곤의 목숨을 구해 주었다. 남곤은 이 사정을 당연히 알았고, 기묘사화와 신사무옥 때 한충에게 보복을 한 것이다.

사화 당시 한충은 무고당한 상태였기 때문에 이 사실을 안 중종은 그를 풀어줄 것을 명하였으나, 남곤은 왕명이라고 속이고 옥졸을 시켜 없애버리고 말았다. 남곤은 반면 자신의 목숨을 구해준 이자의 은혜를 생각해 이자의 목숨은 살려 주었다.

한충이 사화에서 목숨을 잃고 만 것은 그의 강경한 성품 때문이었을 것이다. 한충은 재물에 집착하지 않았으며, 곤궁한 사람을 보면 그들을 위해 도움을 주는 것을 좋아하였다. 그의 집에는 수백 석의 양곡이 쌓여 있었는데 한충이 조용히 그의 아버지 한창유韓昌愈에게 말하기를,

"사군자士君로서 재물을 모으는 것은 옳지 않습니다."

하였다. 아들의 말에 아버지 역시

"네 말이 옳다. 네게 처리하기를 일임하겠다."

말하였다. 한충은 기재가 호협한 것은 물론 음률을 즐겨, 자주 거문고를 타며 사람들과 교류하였다.

의령 남씨 문중에서 나왔다는 『유자광전』

영의정 남곤은 의령宜寧 남씨 남을진南乙珍의 증손이다. 남을진은 고려의 신하로서 두 임금을 섬길 수 없다 하여 조선 개국 후 두문동에 은거한 72현의 한 분이다. 절개를 지킨 남을진과 달리 증손자 남곤은 심정과 함께 조광조 등의 현량한 선비 수십 명을 얽어 죽인 기묘사화의 원흉이 되는 길을 선택하였다.

율곡 이이가 『석담일기石潭日記』에 남긴 남곤에 대한 기록을 보면

남을진 묘비. 경기도 양주시.
「고려 자헌대부 참지문하부사 겸 판전의감사 남공을진지묘.
배 군부인 순창임씨」

〈참소하는 입이 칼날보다 날카로워 착하고 어진 사람을 베어 없애고 국가를 병들게 했으니 죄를 따라 형을 정하자면 다섯 가지 형벌을 한꺼번에 하여도 오히려 경한 것이었으나 목숨을 보전하고 늙어서 집안에서 죽었다. 죽은 후에 삭직한 벌쯤은 그 죄의 1만분의 1에도 당할 수 없는 것이니 한탄할 일이로다.〉

따라서 간신 남곤이『유자광전柳子光傳』을 썼다는 이야기는 신빙성이 없는 듯하다. 책 중에 사화를 정확히 묘사한 부분이 있는데 누군가가 이 대목 옆에 다음과 같은 시를 써 놓았다.

> 그의 폐부와 간담은 필경 누구를 닮았는고.
> 자기 몸이 이 글속의 사람이 된 줄은 알지 못했네.

반면 남곤의 동생 직제학 남포南褒는 남곤과 대조적인 삶을 살았다. 그는 연산군 재위시 거짓으로 맹인 행세를 하며 적성積城 감악산紺岳山에서 숨어 살았으며 연산군의 정치에 협조하지 않았다.

남포는 항상 무명실로 짠 베로 만든 갓에 떨어진 옷을 입고 국내 산천을 두루 돌아다니며 스스로를 창랑거사滄浪居士나 소요자逍遙子라 하며 자신의 본 이름을 말하지 않았기에 그의 얼굴을 아는 이는 아무도 없었다 한다.

남포의 아들은 장령에 오른 남정진南廷縉으로 그는 아들에게 다음과 같은 경계의 말을 하여 권력에 대한 욕심을 경계할 것을 주지시켰다.

남을진의 형 남을번 묘비.
경기도 남양주시.
「의령부원군 경열남공을번지묘.
부인 계림최씨 부」

남을번의 아들 남재 묘비.
경기도 남양주시.
「조선개국공신 의정부 영의정 충경남공재 묘」

남을번(뒤)과 남재(앞) 부자 묘소.

"네가 여덟 번 고을 벼슬에 제수되어 세 번 사양하고 다섯 번 나간 것은 부모가 있음으로써 뜻을 굽힌 것이다. 그러나 우리 집에는 선대로부터 물린 토지와 집이 있어 집은 족히 바람과 비를 가릴 만하고 토지는 죽이나 밥을 이어 먹을 만하니 나 죽은 뒤로는 다시 벼슬에 나갈 생각을 말거라."

남을진의 형 남을번南乙蕃의 아들은 조선개국공신 영의정 남재南在이니 그의 숙부가 남을진이 된다. 남재의 동생 남은南誾의 아들은 판중추 남경우南景祐, 남경우의 현손은 공신 남찰南巀이다.

연산군의 총신 남세주

고성固城 남씨는 남곤이 속한 고령 남씨와 같은 시조에서 갈린 혈족이다. 전한 남세주南世周는 연산군 때 임금의 황음을 직간하다가 화를 입었음에도 연산군에 대한 절의를 지킨 인물이다.

연산군에게 화를 당한 신하들은 중종반정 이후 대개 복직하였으나, 남세주는 다른 신하와 달리 고질이 있다 핑계하고 입사하지 않으며 구주舊主 연산군을 섬기며 일생을 마쳤다. 남세주는 홍언충洪彦忠, 유기창兪起昌, 김숭조金崇祖와 함께 연산군에게 신의를 지킨 신하들이다.

장원급제한 남세주는 글재주로 명성이 자자했다. 이에 남곤은 남세주의 시가 보고 싶어 불러서는 화분에 심은 소나무를 가리키며 시를 짓도록 하였다.

한 그루 분에 꽂힌 줄기는 약하다만
천추에 눈을 견딜 그 자태 씩씩하다.
꾸부러진 너의 허리 뉘 능히 펴주며
높이 낀 커문 구름을 곧추 올라 헤치게 할까.

남세주가 남곤에게 위의 시를 지어 바치자, 노한 남곤은 얼굴이 붉어져 안절부절 어쩔 줄을 몰랐다. 남세주는 그 후부터 벼슬에 별 뜻을 두지 않고 살았다.
　그의 누이 남씨도 시인으로서 전적 남추南趎와 더불어 대구對句를 이룬 시를 곧잘 짓곤 했다. 남씨가 눈을 주제로 '홍紅'과 '녹綠'을 운자로 한 즉흥시 한 편이 전해 내려온다.

하얀 눈 땅에 지니
그 소리, 누에가 푸른(綠) 뽕 먹듯 하고
공중에 흩날리매
그 모양, 나비가 붉은(紅) 꽃 엿보듯 하다.

고성 남씨 시조 1세 남광보 신도비.
경기도 파주시.
「고성군 남공 휘 광보 신도비」

남금 묘비. 경기도 파주시.
「증 대광보국숭록대부 좌의정 정헌대부 행 병조판서 고 성남공 휘 금 지묘 유좌.
배 정경부인 지곡이씨 배 정경부인 순흥안씨 동좌」

남추 역시 고성 남씨의 한 명인이다. 이밖에 고성 남씨 명인으로는 시인으로서 을 지낸 남추가 있다. 고령 남씨의 시조는 남광보南匡甫, 시조의 9세손은 병조판서 남금南琴, 남금의 아들은 세종 때 최초의 호당으로 뽑힌 직제학 남수문南秀文이다.

세종은 전국에서 유수한 학자들에게 녹을 주면서 공부를 할 수 있는 기관으로, 호당을 설치하고 이곳에서 글을 읽게 하였는데 호당에 뽑히는 것은 학자로서 최대의 영광이었다. 그 최초의 영광을 남수문이 차지했던 것이다. 남세주는 남금의 손자이다.

기묘사화의 인물 2
흰 눈의 흰빛과 같았던 백인걸의 일생

1497년(연산 3) 태어난 백인걸白仁傑은 돌도 미처 못 지나 왕자의 사부師傅였던 아버지 백익견白益堅이 세상을 떠나게 되면서 편모 밑에서 자랐다. 그가 8살 때까지는 집이 한 채 있었으나 그마저도 연산군의 수탈에 의해 강제로 철거를 당하고 말았다.

이후 그의 어머니가 셋방을 하나 얻어 바느질삯을 팔아 하루하루를 겨우 연명해야 했으며, 백인걸은 이후 참찬에 오르고 83세의 나이로 죽을 때까지도 가난한 어린 시절을 돌아보며 생활의 규모를 별달리 키우지 않았다.

또 백인걸이 일생 동안 지킨 다른 한 가지 습성은 어머니가 주무시

백인걸 묘비. 경기도 양주시.
「증 좌찬성 행 우참찬 시 충숙 휴암백선생 휘 인걸 묘.
증 정경부인 순흥안씨 부좌」

대사헌 청양군 심의겸 신도비.
경기도 파주시.

기 전에 잠자리에 든 일이 없다는 것이다. 이에 어머니는 늘 불을 켜놓고 자는 체를 하여 아들 백인걸이 먼저 잠자리에 들도록 하였다.

율곡 이이는 백인걸에 대해

"나이가 여든인데도 학문을 연구하기에 힘쓰며 토론하기를 좋아하고 다른 얘기를 좋아하지 않은 이는 오직 이 분(백인걸)뿐이다."

라고 말하였는데, 그는 그만큼 세속적인 것에 신경을 쓰지 않고 근원을 좇는 삶을 지향하였다.

백인걸은 왕의 외척 심의겸沈義謙의 세도 아래서도 줄곧 저항적이었으며 대윤과 소윤의 당파 싸움 속에서도 그 분위기에 휩쓸리지 않았으니 그가 관직 생활을 하면서 겪은 풍파는 만만치 않았다.

백인걸은 공신으로서 판서의 자리에 오른 허자와 이웃에 살면서 가깝게 지냈다. 그런데 백인걸이 워낙 가난했기에 만약 허자가 이웃에 살지 않았다면 한 해가 지나도록 소고기 한 점도 먹지 못했을 것이라는 말이 있을 정도였다.

　을사사화 이전, 허자는 술상을 차리고 이 가난한 이웃 친구 백인걸을 초대하여 사화에 가담할 것을 권고하였다. 백인걸이 끝까지 거절하자 허자는 내일이면 자네가 죽을 것이라는 협박까지 하였으나 그럼에도 백인걸은 태연히 인사하고 물러나왔다. 그러자 허자는 백인걸의 손을 잡고

　"내일은 자네가 군자가 되고 나는 소인이 되는 날이네."

라고 말하며 친구의 인격적인 위대함에 정치적 이득을 따지는 자신을 대비시켰다.

　흰 눈雪의 흰 빛白은 그대처럼 희도다.
　사랑이 맘속에 절로 나니 걸傑이 아닐쏘냐.

　양주의 관가에는 이같이 쓴 현판이 후일까지 걸려 있었는데, 이것은 백인걸이 양주 목사로 재임했을 당시 선정을 구가한 글로서 동요로도 널리 구전되었다.

수원 백씨 혈맥

　백인걸은 수원水原 백씨로 시조는 백우경白宇經이다. 백우경은 신라 시대 대관으로서 경주 안강安康에 만세암萬歲菴을 짓고 살았는데 그곳으로 왕이 직접 와서 어필로 작시해 현판을 만들어 걸었

으며, 그 유적은 조선 중기까지 남아 있었다.

백우경의 9세손 백사유白思柔는 20여 년간 풍병을 앓다가 나이 60에 한 신승神僧을 만나 병을 고친 다음 아들을 하나 낳았는데 그가 백휘白揮로 백휘를 수원 백씨의 시조로 삼기도 한다.

백휘의 아들은 고려 성종 때 국가의 모든 문장을 지어낸 판병부사 백간미白簡美이며 백간미의 아들은 백양신白良臣으로 그가 호적을 옮겨 직산稷山 백씨의 시조가 되었다. 현재는 다시 수원 백씨로 통합된 상태이다.

백휘의 후손은 고려 원종조에 우정승과 한림학사를 지낸 백천장白天藏이며 백천장의 증손은 대제학 백장白莊이다. 정몽주의 문하인 백장은 공민왕 때 조정이 문란해지자 처자식을 거느리고 원주 치악산으로 들어가 은거하였으며 조선이 개국된 뒤 태종이 판서 벼슬로 불렀으나 나가지 않았다.

백휘의 증손은 상장군 백경신白景臣이며 백경신의 10세손이 좌참찬으로 청백리에 오른 백인걸이다.

모략 역사의 아픈 치부를 겪은 백인걸 일가

부제학 백유양白惟讓은 부사 백인호白仁豪의 아들로 백인걸의 조카가 된다. 그는 정여립鄭汝立의 반란에 무고죄로 잡혀가 아버지 백유양은 물론 그의 아들들 백진민白振民, 백흥민白興民, 백득민白得民, 백수민白壽民 다섯 부자가 모조리 장살당하였다.

백유양의 삼촌인 백인걸에게는 장성한 딸이 있었는데 가난해서 혼인하려는 자가 없었다. 이때 백인걸은 의령군義寧君 이호李琥를 마음에 두고 그를 사위로 삼고자 조카 백유양에게 상의하였다. 의령군은 성종의 열세 번째 서왕자 영산군의 증손자이다.

　　이때 백유양은 대답하기를

　　"의령군은 종친 중에서도 천한 서얼입니다. 그 어미나 숙모들은 다 머리에 수건을 쓰고 다니는 시정市井의 여자들인데 어찌 그와 혼인하겠습니까."

하였다. 그러나 백인걸은 이 말을 듣지 않고 의령군을 사위로 삼았고, 혼인한 뒤 시집간 딸이 백유양의 말을 의령군에게 일렀으므로 백유양과 의령군 사이는 벌어지게 되었다.

　　이 일로 감정을 품고 있던 의령군의 아들 이춘영李春英이 뒷날 정여립의 옥사가 일어나자, 백유양의 아들 백수민이 정여립의 형 정여복鄭汝復의 딸에게 장가를 가 사돈 관계에 있음을 빌미로 무고하였다. 조정에 압수된 정여립의 문서 중에서 백유양이 보낸 편지가 발견되었는데 그중 한 구절에 〈내 아들이 곧 그대의 아들〉이란 구절이 있었다.

　　이 구절을 보고 백유양을 잡아다가 국문하자 백유양은

　　"신의 자식 수민이 어리석고 배운 것이 없는데 마침 여립의 집과 혼인하였으므로 여립에게 글이나 배우라고 보내면서 한 말입니다."

말하였고, 결국 대단치 않은 혐의로 인정되어 포천으로 귀양을 가는 선에서 끝이 났다.

그런데 정여립 일파라는 이유로 잡혀 들어간 선홍복宣弘福에게 금부도사가 말하기를

"명사 세 사람만 여립과 공모했다고 공초하면 놓아주겠다."

고 하자 이에 말에 솔깃해 백유양을 공모자로 무고하였다. 이춘영의 무고에 겹쳐 같은 일파로 붙잡힌 선홍복까지 백유양에 대해 그와 같은 말을 함으로써 그는 억울한 혐의를 입은 것이다. 백유양이 자신의 억울함을 해명하기 위해 대질을 요구했을 때는 이미 선홍복을 때려죽인 뒤였다.

정여립의 옥사 자체가 무고인데다가 모략으로 인한 백유양 부자의 억울한 몰살은 한국 역사에서 반복되었던 아픈 기억이라 하겠다.

현감 백의민白義民의 증손은 숙종 때 군사 장비를 체계적으로 준비하였던 병사 백시구白時耈이며 백시구의 일곱 아들 가운데 백상기白尙琦가 지중추부사의 가장 높은 벼슬에 올랐다.

또 백휘의 후손으로 홍경래의 난에서 용맹스럽게 싸우다 전사한 부사 백경한白慶翰과 백경한의 동생 좌윤 백경제白慶梯가 있다.

총관 백인환白仁煥은 일생을 고향의 풍속을 개선하기 위해 노력하였으며, 학자 백시원白時源은 홍경래의 난에 의병을 일으켜 싸웠고, 백인환의 증손이자 백시원의 아들인 학자 백유행白愈行은 학문을 꾸준히 닦으며 후학을 가르쳤다. 위 4대 3명은 정주定州 삼현사三賢祠에 배향되었다.

한편 안주 기생과의 사랑으로 소문난 서평사 백광홍白光弘(서평

백광홍

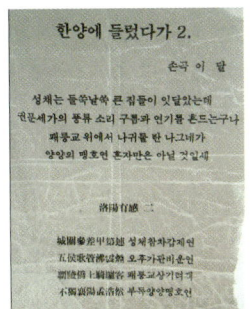

손곡 이달 「낙양유감」 시비.

사西評事)과 백광홍의 동생으로서 한시漢詩의 명인으로 꼽힌 백광훈白光勳, 백광훈의 아들 진사 백진남白振南은 글재주가 뛰어났다. 임제林悌, 이달李達 등 명시인들은 백진남에 대해 과연 백광훈의 아들이라고 칭찬을 아끼지 않았다.

중시조 백경신白景臣의 18세손은 수원 백씨 무인으로서의 맥을 이끈 훈련대장 백동원白東遠이며 백동원의 조카는 어영대장 백은진白殷鎭이다.

기묘사화의 인물 3
성리학의 실천자 김충갑

1515년(중종 10) 진사 김석金錫의 장남으로 태어난 김충갑金忠甲은 총명해 마을에서는 어린 그를 두고 장래 큰 그릇이 될 인물이라며 촉망하였다.

그는 처음에는 정암 조광조에게서 학문을 닦았으나 조광조가 기묘사화로 화를 입자 퇴계 이황 문하에서 성리학을 닦았다. 김충갑은 젊어서부터 절의가 굳은 선비로 스승 조광조에게 성리학을 사사 받으면서 더욱 성리학을 깊게 연구하며 대의大義를 실천할 것을 다짐했다.

그러나 조광조는 1519년(중종 14) 남곤과 심정의 모함으로 이상 정치 실현의 꿈을 이루지 못하고 죽임을 당하였고, 조광조를 따르던 조신들과 학자들도 연루되어 사사당하거나 귀양을 가고 삭탈관직을 당하였다.

김충갑은 스승과 어진 사람들이 참혹한 처형을 당하는 것을 보고 가만히 있을 수 없었다. 그는 당시 어린 나이로 벼슬길에도 나가지 않은 백면서생이었으나 스승을 구하는데 앞장섰고 결국 옥에 갇히는 신세가 되었다.

그는 얼마 안 되어 옥에서는 풀려났으나 기피 인물로 낙인되어 벼슬길에 나가기 힘들게 되었고, 고향인 괴산槐山을 오르내리며 힘든 시간을 보내야 했다.

김충갑은 옥에서 풀려난 뒤 고향으로 향하였는데, 가는 도중 머물렀던 충청도 천안군 병천면 가전리(잣밭)에서 살기로 결심하게 된다. 이후 이곳에는 김충갑의 후손뿐 아니라 일가 족척도 많이 이주해 와 안동安東 김씨 세거지로 발전하는 계기가 되었다.

김충갑이 가전리에서 지내던 도중 아들 김시민金時敏 장군이 태어났고, 이후

김시민 초상

로 역학자인 손자 김치金緻, 천하 문장으로 이름을 알린 증손자 김득신金得臣이 이곳에서 태어났으니 김충갑이 가전리에 주거를 정한 뒤 크게 대창했다 하겠다. 또한 김석은 김충갑을 비롯한 다섯 아들을 두었는데, 모두 과거에 급제해 현관으로서 가문을 빛내었다.

한편 『대록지大麓誌』에는 김충갑이 명종 초에 사마의 양과에 급제했다고 되어 있으나 1543년(중종 38)에 급제한 것이 맞다. 그는 1546년(명종 1) 별시에 등과해 관직에 나갈 수 있게 되었는데 이는 그해 명종 즉위를 경하하기 위해 특별 과거를 실시한 때문이었다.

김충갑은 기묘사화로 과거에 응시할 생각을 하지 않았으나 사화 이후 중종도 내심 조광조를 사사한 것을 후회해 사화에 연루된 자들의 추국과 제척除斥을 중지한 상태였다. 그러던 중 중종이 승하하고 명종이 즉위하자 김충갑은 과거에 응시해 괴원槐院(승문원)과 양사兩司인 사헌부와 사간원에 출사한 것이다. 괴원과 양사는 학문이 높고 지조가 있는 선비라야만 임명될 수 있는 곳이었다.

김충갑은 그의 곧은 성격으로 조정의 비리를 보고 그대로 넘어가지 못했기에 평탄한 환로宦路를 걷지 못했음은 당연했다.

중종이 승하한 뒤 중종의 아들이자 윤임의 생질인 인종仁宗이 즉위하였으나 재위한 지 불과 8개월에 서거하자 그의 이복동생인 명종이 즉위하였고, 명종은 나이가 어렸기에 친정을 하지 못하고 모후인 문정 왕후가 수렴청정을 했다. 그런데 문정 왕후는 독실한 불교 신자로 억불 정책을 시행하던 국책을 바꾸어 승과僧科를 회복해 승려를 등용하기 시작했다.

명종조의 승려 보우 사리탑.
경기도 양주시 회암사지 내.

그리고 명승으로 이름난 보우普雨를 우대해 자주 궁중 출입을 허용하니, 불교를 배척하던 유생들의 마음이 편할 리 없었다. 유생들이 상소를 올려 보우를 배척할 것을 주청하였으나 가납되지 않자, 김충갑은 성균관의 유생들을 인솔하고 보우 배척 운동을 벌였다. 이로 인해 그는 불교계에서는 몹시 미움을 샀으나 유학자들 사이에서는 이름이 높아져 사림의 중견으로 부상하였다.

한편 중종 연간부터 장경 왕후의 동생인 윤임과 문정 왕후의 동생 윤원형은 정치적 알력 속에서 서로 반목이 심하였는데, 문정 왕후는 자신이 수렴청정하게 되자 윤임 일파를 숙청해 버린다. 1545

윤원형 묘비. 경기도 파주시. 「대광보국숭록대부 의정부 영의정 파평윤공원형지묘」 뒤편은 정난정 묘소이다.

윤원형의 애첩으로 을사사화에 관여한 정난정의 묘소. 「초계정씨난정지묘」

정난정 묘표석 뒷면. 「영의정 윤원형지첩실 청계군 정윤겸지서녀」

년(명종 즉위)의 일로 이를 을사사화라 한다.

윤원형은 비리를 아무렇지 않게 저지르고 지나친 권세를 부렸기에, 반대파인 윤임은 자연히 사림들의 동정을 받게 되었다. 김충갑은 이때에도 을사사화를 일으킨 소윤 일파의 배척에 앞장서 탄핵하였다. 당시 윤원형을 정점으로 하던 세력은 나는 새도 떨어뜨릴 수 있을 정도로 왕권을 뒤흔들던 때였음에도 소윤을 탄핵하는 상소를 계속해 올린 것이다.

이로 인해 문정 왕후의 노여움을 사게 되면서 김충갑은 청주淸州로 귀양을 가게 되었고 다시 그의 관로는 막히게 된다.

또한 김충갑의 매제인 이휘李輝 역시 을사사화에 죽음을 당하였다. 이휘는 대과에 급제한 뒤 홍문관수찬으로 출사하였는데, 윤원형 일파의 비행을 묵과할 수 없어 문정 왕후께 직간하다가 윤원형 일파에게 몰려 화를 당한 것이다.

김충갑은 이휘의 시신을 어루만지며 장송가長松歌 한 수를 지어 그 옆에 놓았다.

伐之耳伐之耳　　벌지이벌지이
落落長松伐之耳　낙락장송벌지이
焉頃置之　　　　언경치지
棟樑材成之耳　　동량재성지이
大廈將傾式于　　대하장경식우
何以柱之　　　　하이주지

베었네 베었네.
낙락장송을 베었네.
베지 않고 기른다면
들보감으로 자랄 텐데.
장차 큰 집이 무너지면
어디 나무 있어 기둥으로 쓸고.

김충갑은 이휘를 큰 인물로 여겨 애지중지 하였는데 사화로 억울한 죽음을 맞아야 했으니 크게 애통해하며 위와 같은 시를 바친 것이다.

그리하여 김충갑은 명종 시대에는 빛을 보지 못하고 불운한 세월을 보내다가 선조가 즉위하자 유서宥恕의 은전을 입어 벼슬길에 다시 나와 사간원 헌납에 이르렀다. 그는 당대의 민감한 사안에 앞장서면서 정치적 탄압을 받아 높은 벼슬에 오르지 못했으나. 증직은 보조공신補祚功臣 상락군上洛君에 봉해졌으며 의정부 좌찬성에 추증되었다. 그의 아들 충무공 김시민이 부원군府院君에 봉해지고 의정부 좌의정에 증직되었기에 부친인 김충갑을 상락군에 봉하고 좌찬성에 증직한 것이기는 하나 김충갑을 충주 향사에 모신 것만으로도 증직의 요인이 된다고 하겠다.

김충갑의 학문이 높고 인품이 고결했기에 충주 지역의 선비들이 조정에 아뢰어 서원을 세우고 봉사한 것이다. 김충갑은 안동 김씨(구 안동)로 자는 서초恕初, 호는 구암龜岩과 오죽산인悟竹山人이다. 그의 할아버지는 종사랑을 지내고 이조 참판에 증직된 김언묵金彦默이며 아버지 김석은 영의정에 추증되었으며 동생은 임진왜란에 순절한 김제갑金悌甲이다.

김제갑 충렬비.
강원도 원주시 도심 교차로에 있다.

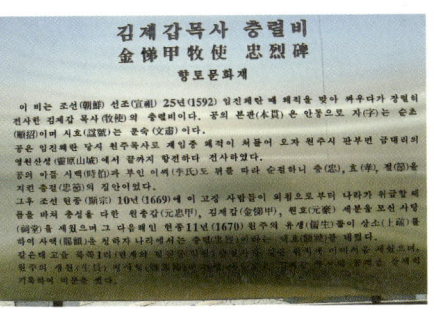
김제갑 목사 충렬비 설명문.

기묘사화의 인물 4
신묘삼간辛卯三奸 심정 집의 쥐구멍

1531년(중종 26) 정권을 잡은 김안로에 의해 간신으로 몰려 처형된 심정沈貞은 언동이 교활하고 모사를 잘했으며 임기응변에 강했기에 꾀주머니라 불렸다. 그는 기묘사화를 일으켜 권력의 핵심이 되는가 싶었으나, 죽은 뒤에는 오명으로 가득 찬 꾀주머니가 되고 말았다.

한편 형제간의 우의는 지극해 심정의 동생 심의沈義는 형의 간악함을 바꾸어 보려 무척 애를 썼다. 하루는 심의가 집으로 들어오다가 심정과 남곤이 작은 사랑에서 일을 의논하고 있자 창을 열어 제치며

"두 소인이로군."

하며 형에게 깨우침을 주고자 했다. 심의는 항상 형 심정이 화를 면하지 못할 것을 염려하며 여러 번 말했으나 심정은 동생의 충언에 오히려 그를 어리석다 하며 상종하지도 않았다.

또 어느 날 심정의 집을 찾아간 동생 심의가 쥐구멍을 보고 가리키면서 말하기를

"이 구멍은 형이 다음날에 나가고 싶어도 찾지 못할 구멍이니 오늘 시험 삼아 한번 나가보는 게 어떠시오."

했다. 이에 심정은 아무 대꾸도 하지 않았고 1531년(중종 26) 심정이 신묘삼간으로 지목되어 죽임을 당하자 형의 집을 찾아와 울면서,

"쥐구멍은 저기 있는데 형은 어데 갔는고."

했다 한다.

형을 살리는 데 실패한 심의는 오히려 형 때문에 연좌되어 곤경에 처하기도 했다.

심의는 심정이 위험에 처할 것을 예상했고, 형이 화를 입기 전부터 침묵과 어리석음으로 처세하였다. 물론 그랬기에 벼슬에서도 현달할 수가 없었다. 심의는 주변 사람들이

"그의 어리석음을 다른 사람은 따른 수 없다."

고 할 만큼 영리하게 어리석었기에, 당시 심정에게 쏟아지던 세상의 시선에서 자신을 소외시킬 수가 있었다.

진晋나라의 왕담王湛은 어리석기로 유명했는데 후일 그 재주를 감추었던 것이 드러나 '왕담'은 현명하게 어리석은 자를 뜻하는 말이 되었다. 심의 또한 왕담처럼 지혜를 감추고 어리석게 굴었기 때문에 그를 '심담沈湛'이라 속칭하였다.

심정은 풍산豊山 심씨로 시조는 상서 심만승沈滿升이다. 태종 때의 좌명공신佐命功臣 지삼군사知三軍事 심구령沈龜嶺(또는 심귀령)은 그 8세손이며, 심구령의 손자가 적개공신敵愾功臣 심응沈膺이다. 심응의 아들로 공신 심형沈亨과 공신으로 좌의정에 이른 심정, 심의가 있다.

심정의 아들은 문무를 겸전한 선비이자 기략이 뛰어난 체찰사로서 중종의 사랑을 받았던 심사손沈思孫과 익명서匿名書 사건으로 죽음을 당한 심사순沈思順이다. 심사손의 아들은 심수경沈守慶이

심구령 묘소(좌)와 묘비(우). 경기도 광주시 남종면.
「수충분익대좌명공신 정헌대부 풍천군 시 정양 심공구령(귀령)지묘. 배 정화택주 강릉김씨 공묘후」

다. 심정은 간흉으로 남아 있으나 그의 동생과 두 아들, 손자들은 모두 칭송받은 충신이었다.

반골反骨 개성에서 최초의 선정비를 받은 심수경

심수경은 심정의 손자로 조선에 대한 반골 기질이 강한 개성開城에서 최초로 선정비善政碑를 받은 인물이다. 고려의 수도였던 개성에 선정비가 섰다는 사실은 여타 지역의 그것과 전혀 뜻이 달랐다. 개성은 고려 멸망 이래 조선에 대한 반감이 은연중에 체질화되어 있었기에 벼슬에 대해 백안시하는 경향이 매우 강했다. 그것은 개성 출신의 인사를 높이 기용하지 않았던 정책에도 이유가 있었다. 그랬기에 누군가 아무리 선정을 베풀었다 해도 개성 사람들은 그것을 우러러보지 않았던 것이다.

심정의 아들 심사순 묘소.
서울시 강서구 방화동.
「통정대부 홍문관부제학 지제교 겸
경연참찬관
심공사순지묘. 정부인 덕수이씨지묘」

심수경 묘소. 서울시 강서구.

　심수경이 개성 유수로 있을 때의 일이다. 그는 그곳 유생들의 소청을 받아들여 번성하던 음사淫祠와 무당 집을 일제히 두들겨 부수고 추방했다. 이에 궁중과 내통을 하고 있던 무당들이 문정 왕후를 내세워 소청을 한 유생들을 잡아 가두게 하자 심수경은 임금에게 그것은 자신이 한 일이지 유생은 상관이 없다는 자핵소自劾疏를 올렸다.

　이 같은 선정으로 개성에서는 심수경에 대한 선정비를 세우고 선정가를 지어 널리 퍼뜨려 그 노래는 근대까지도 전해 내려왔다.

그는 『상제잡의喪制雜儀』, 『유한잡록遺閑雜錄』, 『귀전창수歸田唱酬』 등의 문집을 남긴 유학자이면서, 말을 달리며 활을 쏘는데도 뛰어난 무반이었다. 명종은 그런 심수경을 가리켜 항상 파목頗牧이라고 불렀다. 파목이라 함은 조趙나라의 명장 염파廉頗와 이목李牧을 말하는 것으로 심수경의 실력이 어느 정도인지를 말해 준다 하겠다.

한편 심수경은 75세와 81세에 아들을 낳아 화제가 되기도 했다. 그는 1516년(중종 11) 태어나 1599년(선조 32) 세상을 떠났으며 우의정에 이르고 청백리에 녹선되었다.

기묘사화의 인물 5
정막개가 고변한 박영문과 신윤무는 반역자가 아니었다

계유년인 1513년(중종 8) 10월 14일 밤, 크게 천둥과 번개가 치며 폭우가 쏟아졌다. 중종은 그 이튿날 천참泉站에 사냥 가기로 한 것을 하늘이 말린 것으로 알고 계획을 중지시켰다. 그런데 큰비가 쏟아진 지 나흘 뒤에는 구름도 없는데 갑자기 우박이 쏟아지고 천둥과 번개가 심했다.

중종은 이를 자신에 대한 어떤 불길한 하늘의 계시로 이해하고 정전正殿을 피해 기거하였다. 당시에는 자연의 변화를 두고 하늘이 어떤 뜻을 보여주는 것이라고 믿었기에 중종 역시 도대체 어떠한 징조인가를 알고 싶었지만 알 길이 없었다.

그런데 또다시 나흘이 지난 22일 의정부의 관노 정막개鄭莫介로 부터

〈박영문朴永文과 신윤무辛允武가 반란을 꾀한다.〉

는 고변이 있었다.

중종은 이 고변을 잇따른 기상이변의 계시로 확신하게 되었다. 박영문은 중종의 천참 사냥에 호위대장으로 가게끔 되어 있었는데, 정막개에 의하면 그날의 사냥을 계기로 반란을 꾀했다고 하니 당일의 폭우는 자신에 대한 반역을 막아 준 하늘의 뜻이라 하여 왕은 천제天祭를 지내기까지 했다.

박영문과 신윤무는 박원종과 같은 무인으로서 연산군을 폐하는 중종반정의 공이 컸고 그로 인해 판서까지 올랐으나, 조정의 문관들이 무관을 배척하기 시작하면서 둘 다 세력을 잃은 상태였다. 한편 정막개는 본래 천한 종으로서 박영문과 신윤문의 집을 자주 드나들어 친숙하던 차였다.

박영문이 임금의 사냥길에 호위대장으로 가게 된 것을 계기로 신윤무를 찾아가 모의를 하는 도중, 마침 신윤무의 집에 갔던 정막개가 여우처럼 엿들었던 것이다.

정막개는 이 일을 두고 주야로 생각하다가 다음과 같은 꿈을 꾸었다. 자신의 몸이 결박되어 수레 위에 실려 형장으로 나아가는데 군기감 앞에 다다르자 문득 자신이 준마를 타고 시종을 거느린 귀인이 되어 달리는 것이었다. 그는 이 꿈을 상서로운 징조로 해석하고 거짓을 고변하였다.

정막개에 의하면 중종을 폐하고 영산군을 왕위에 올려 좌의정과 우의정을 죽인 다음, 홍경주를 영의정에 자신들은 좌·우의정으로 들어앉아 무인 정권을 세우려고 했다는 것이다.

그러나 사실 구체적인 모의가 있었던 것이 아니라, 무인들을 괄시하는 조정에 억울했던 박영문과 신윤무가 화가 치밀어 과격한 말을 하며 울분을 터뜨린 데 지나지 않았다.

이 고변으로 정막개는 박영문의 집과 재물을 송두리째 물려받고, 당상관인 상호군 벼슬에 따로 은대銀帶와 의장儀章으로 안마鞍馬를 하사받았다.

박영문과 신윤무가 새로운 왕을 세우려 했다는 말을 사실로 믿은 중종은 분노하여, 재상 반열의 두 무인을 극형으로 죽이고 그들의 어린 자식들까지 모조리 목 졸라 죽여버렸다. 아무런 영문도 모르는 영산군은 이 일로 유배를 가야 했다.

고변이 사실이 아니란 사실을 알게 된 백성들은 조정을 원망했고 고변한 정막개를 천하게 여겼다. 정막개의 집은 사복시 냇가에 있었는데 그가 붉은 띠를 띠고 당상하 차림으로 거리에 나서면 동네 아이들이 곳곳에서 뒤따라 다니며 돌을 던지다 큰소리로

"고변한 막개야, 홍대紅帶가 가소롭다."

하며 희롱하였다. 거짓으로 영화를 누리고, 사람을 죽게 만든 정막개는 괴로움을 이기지 못해 뛰어 도망치곤 했다 한다. 보는 사람마다 그에게 침을 뱉고 욕하며 시장에서도 상종을 하지 않으니 정막개는 끝내 굶어 죽고 말았다.

마지막에 신윤무가 형틀에 묶이러 나가면서 집의 김협金協을 불러 말했다.

"나라에서 한 간사한 자의 말을 듣고 약간 불만이 있었을 뿐인 대신을 가엾게 죽이는데 그것을 알고도 바른말하는 이가 조정에 한 놈도 없으니 죽어서 원귀가 되는 것을 면하지 못하겠다."

겁쟁이인 김협은 죽은 신윤무가 귀신이 되어 나올까 봐 그날 밤 촛불을 밝힌 채 잠들지 못하고, 종들을 시켜 아침까지 시끄럽게 떠들도록 시켰다. 그 일은 사람들 사이에 소문이 퍼져 김협은 정막개와 함께 웃음거리가 되었다.

정막개의 무고 이후 공명을 바라는 소인들이 거짓으로 고변하는 일이 잇달아 발생했다. 정막개의 무고가 있은 지 4년 후에 또 병조판서 유담년과 동지사 이장생李長生이 공명을 바라는 한 천인의 무고로 잡혀들었다.

이 무고는 철저하게 조작된 사건이었다. 반역을 무고한 천인은 고변하기 이전에 병조판서 유담년의 말이라 하며 변방에 외적이 침략한다는 소식이 있다며 무반들에게 궐문 앞으로 모이도록 전갈을 띄웠다. 그리고는

"유담년이 반역하려고 무반을 궐문으로 모이게 했다가 여의치 않아 흩어졌다."

고 무고하였다.

기묘사화의 인물 6
시詩를 싫어한 정여창

정여창鄭汝昌은 김종직의 문하로서 그 제자들은 같은 스승을 모셨어도 추구하는 학풍이 달랐다. 표연말表沿沫, 유호인, 조위, 김일손, 김맹성金孟性은 서정적인 집단이었고, 김굉필, 권오복權五福은 서사적인 학문을 추구하던 집단이었다.

정몽주 이후 우리나라 성리학은 김굉필로부터 주창됐다고 할 수 있는데 뜻을 같이 한 이가 곧 정여창이다. 김굉필은 이理에 밝고 정여창은 수數에 밝았는데 둘 모두 불행하게도 1504년의 갑자사화에 목숨을 잃었다.

정여창은 1450년(세종 32) 정육을鄭六乙의 아들로 태어났으나 아버지 정육을이 1467년(세조 13) 이시애의 난으로 죽고 편모슬하에서 자랐다. 정여창의 이름은 그가 여덟 살 때 명나라 사신 장녕張寧이 들른 길에 능히 가문을 창성할 것이라 하여 지어준 것이었다.

정여창이 어머니에 대해 보인 효도는 성격을 드러내는 듯 극단적이었다. 『연원록淵源錄』을 보면 정여창은 어머니가 이질을 앓자 종여창은 향을 피워 놓고 어머니의 아픈 몸을 자신의 것과 바꿔달라고 빌면서 고통을 함께 느끼기 위해 기둥에 자신의 머리를 부딪쳐 피가 적삼을 적셨다고 한다.

또한 젊은 시절 폭음을 즐겼던 그가 술을 마시지 않게 된 것도 어머니의 꾸지람 때문이었다.

"너의 아버님은 이미 돌아가시고 네가 이와 같이 행동하면 내가 누구를 믿고 살겠느냐."
는 말을 듣고는 바로 금주를 하였다.

정여창은 소고기도 먹지 않았는데, 그 계기도 어머니 때문이었다. 정여창이 어느 향회鄕會에 참석했는데, 그곳에서 당시 가뭄으로 국금國禁에 해당되었던 소고기를 내어 놓았다. 그 일로 정여창이 문책을 받자 어머니가 근심하는 모습을 보고 역시 고기를 먹지 않을 결심을 하고 지킨 것이다.

"네 행실을 들으니 나도 모르게 눈물이 나는구나."

성종은 위와 같이 말할 정도로 정여창의 강박적일 정도의 반듯함을 인정하였다.

이렇듯 교조적敎條的이었던 정여창은 서사파로 '반시론反詩論'을 주장하였으며 시로써 이성을 추구하는 사람들과는 사귀지 않으며 감성적인 것을 철저히 배척하였다.

그는 시란 성정性情에서 발로하는 것이니 타고난 본성 자체를 훈도하고 함양하는 건 몰라도 시를 애써 공부한다는 건 성정을 왜곡하는 것이라고 생각했다. 정여창은 평생에 걸쳐 시를 딱 한 편 남겼는데, 그조차도 매우 직설적인 작품이었다.

바람에 잎사귀가 새록새록 하니

사월 화개花開 고을

벌써 보릿가을 이고녀.

두류산頭流山 첩첩만첩 돌아본 후에

의로운 배 타고

큰 강 따라 내린다.

그와 같은 강직한 성품으로 정여창은 자신의 일생에 있어 풍류와 낭만도 배재해 버렸다. 언젠가 그는 서정파에 속하는 김일손과 지리산智異山에 오른 일이 있었다. 그 산정에는 성모聖母를 기리는 사당이 있었는데, 김일손은 이 여신에게 글을 짓고 제를 지내자고 하였다. 그곳은 산신 숭배의 가장 오래된 토속신앙을 상징하는 사당이었다.

그러나 정여창은 공자의 고사를 들며 그것은 예의에 어긋나는 일이므로 제사를 지낼 수 없다고 주장하였다. 자연 속에서 우러나는 본연의 경건함을 가지고 성모에게 예를 갖추는 풍류마저도 배제하고 돌아선 그였다. 성모 사당은 현재도 지리산에 자리하고 있다.

정여창과 대비를 이루던 짓궂은 익살가 표연말

표연말은 짓궂으리만치 익살이 가득했던 정치가였다. 어느 날 그가 연산군의 한강 뱃놀이에 호종을 하게 되자, 표연말은 왕의 뱃놀이를 보는 백성들의 인심이 좋지 않음을 두고 놀이를 그칠 것을 직접 여쭈었다.

그러자 연산군은 매우 말라 뼈가 앙상할 정도인 직신直臣 표연말을 들어 한강에 쳐 넣고는 한나절이 지난 뒤에야 꺼내도록 하였다. 그리고 연산군은 그에게 물속에 들어가 무엇을 보았느냐고 물었다.

표연말은 바른 간언을 해도 받아들여지지 않자 미뤄강(汨羅江멱라강)에 빠져 죽은 초楚나라의 충신 굴원屈原을 만나보았다고 말했다. 이에 연산군이 굴원이 무어라 말하더냐고 되묻자,

"굴원이 말하기를 자신은 옹졸한 임금을 만나 이곳에 왔지만 너는 명군名君을 만나고서 어찌 여기까지 왔느냐 하고 물었습니다."

답하였다. 반나절을 물에 잠겨 있다 나온 신하의 심정을 전하는 반어적 표현의 극치하 하겠다.

하동 정씨 혈맥

경상남도 출신으로 유일하게 문묘에 배향된 하동河東 정씨 정여창의 시조는 정세유鄭世裕이다. 정세유는 고려 명종明宗 때 서북면 병마사와 형부상서를 지낸 분이다. 그 뒤로 다섯 명의 중시조가 하동 정씨의 명맥을 이끌었는데 정도정鄭道正, 정계鄭棨, 정지의鄭之義 등이 그들이다. 현재는 정도정, 정응鄭膺, 정손위鄭遜位를 계통으로 하는 3개의 파가 있다.

하동 정씨들은 경상남도 함양군咸陽郡 지곡면池谷面 하개평리下介坪里에서 세거하였는데, 이것은 고려 말 정지의 때부터의 일이다.

중시조 정지의의 아들은 고려 말 판사직을 지낸 정복주鄭復周이며, 정복주의 손자가 연산군조의 정여창이다. 정복주의 후손 정수

민鄭秀民, 정홍서鄭弘緖, 정윤헌鄭胤獻, 정환의鄭煥義, 정재기鄭在箕는 모두 서원에 배향된 학자들이다. 한말 충청도 관찰사 재판소 판사였던 정태현鄭泰鉉이 그의 후손이다.

또 다른 중시조 정계의 후손은 증손인 찬성 정희鄭熙로 그는 권신 조준趙浚과 정도전鄭道傳 등의 죄를 규탄하다가 유배를 당했다. 정희의 아들은 김조金銚와 정초鄭招이다. 이조판서와 대제학을 지낸 정초는 천재적인 기억력을 자랑했던 인물로, 김돈金墩 등과 함께 천문 기계를 만든 세종조의 명신이다. 정초의 조카는 세조 대의 정난공신定難功臣으로 효자로서도 유명했던 판중추 정수충鄭守忠이다. 정수충은 아홉 아들을 두었는데 그 가운데 정화鄭和, 정직鄭稷, 정목鄭穆, 정온鄭榲, 정적鄭績은 벼슬이 대부大夫에 이르렀고 정육鄭稑, 정조鄭稠는 삼상參上의 벼슬에 정세鄭稅, 정균鄭稇은 삼하參下 벼슬로 대성하였다.

정도정의 또 다른 후손으로 6세손 정지연鄭芝衍이 있다. 정지연은 고려 충선왕忠宣王 때 중대광, 첨의, 찬성사를 지냈다. 정지연의 현손은 공신으로서 영의정에 오른 정인지鄭麟趾이다.

정인지는 깊은 밤중 침실에서 불의에 손목을 잡힌 두 번의 사건으로 인해 시련을 겪어야 했다. 그가 하동의 향리에서 젊은 서생으로 있을 때 이웃집 처녀에게 손목을 잡힌 일이 있었다. 처녀는 정인지에 대한 연정을 감

정인지 초상

당하지 못하고 야반에 담을 뛰어넘어 와 정인지와 혼인을 맺고자 했다.

두 번째 사건은 수양首陽 대군(후일 세조)이 반란을 음모하고 있을 때 야반에 정인지의 집을 불시에 방문한 것이다. 수양 대군은 종을 부르지도 않고 침실로 곧장 들어가 아무 말 없이 정인지의 손을 잡고는

"공公과 혼인을 맺어야겠소."

라는 말로 자신의 난에 가담할 것을 설득하였다.

정인지가 수양 대군의 뜻에 부합한 것은 적극적인 정치 참여를 추구한, 불행한 정치가 정도전의 문하생이었던데 영향을 받았을 것이다. 정도전은 고려 왕王씨에 출사했으며, 또 왕씨 혈통이 아니라는 이유로 배척당했던 우왕禑王과 창왕昌王에게도 출사했으며, 이성계 정권에도 출사하였고, 또 이태조가 그토록 싫어했던 태종의 난에도 참여하려다가 참살당했다.

정인지는 태종 때 이미 임금으로부터

"문文은 정인지, 무武는 홍사석洪師錫."

이란 말을 들을 정도로 능력을 인정받았고, 세종 때는 성삼문成三問, 신숙주申叔舟, 최항崔恒과 훈민정음訓民正音을 만들었으며 단종端宗 때는 김종서 등을 제거해 좌의정이 되었고, 1456년(세조 2)에는 사육신死六臣 사건을 다루어 공신이 되었다.

정인지는 이어 단종 손위遜位와 노산군魯山君 제거에 참여하며 영의정에 올랐으며, 그 후 다시 남이南怡의 옥사를 다스려 세 번째

공신이 됨으로써 화려한 관력을 자랑했다. 세조가 일으킨 불의한 난에 참여했다는 이유로 정인지의 이름은 오랫동안 때가 묻어 있었으나, 그가 문화에 끼친 막중한 공적은 인정받아야 할 것이다.

정인지의 아들은 공신이자 세조의 부마였던 정현조鄭顯祖와 공신으로 호조판서를 지낸 정숭조鄭崇祖, 감사 정경조鄭敬祖이다. 정인지의 손자는 판중추 정세호鄭世虎이며, 정인지의 7세손은 광해군 때의 지사 정택뢰鄭澤雷이다. 정택뢰는 이원익이 이이첨 등 간당奸黨들을 제거해야 한다고 상소했다가 위기에 빠지자 구제소를 올렸다가 유배당해 그곳에서 눈이 멀고 비참하게 죽어야 했다. 정숭조의 현손은 선조의 서거 뒤에 조정에 출입하지 않다가 반정 이후 출사한 판중추 정광적鄭光績과 감사 정희적鄭熙績이다.

성삼문 영정

하동 정씨 무맥

하동 정씨 무맥 가운데 백미는 임진왜란 때의 명장 삼도통제사 정기룡鄭起龍과 병사 정봉수鄭鳳壽를 들 수 있다.

정기룡이 무과에 등과해 창방唱榜할 때 선조가 종루를 타고 올라가는 용꿈을 꾸었기에 '기룡起龍'이라 사명賜名했다 한다. 정기룡은 전투에 나섰다 하면 승리를 이끌었는데 그만큼 그의 용력, 지략, 용기가 비범했다.

임진왜란의 금산錦山 싸움에서 조경趙儆이 적에게 생포되어 붙잡혀 가자 정기룡은 그 작은 키에 장검을 내어 흔들며 적진으로 뛰어들어 빼앗아 올 정도였고, 그가 거느린 군사는 용력의 '감사군敢死軍'이라 불렸다. 죽음에 대한 공포도 뛰어넘은 전투력을 보여주었기 때문이다.

정기룡은 전시가 아닌 상황에서는 둔전屯田에 병력을 전용해 군량에 필요한 병참을 스스로 조달하고, 그 나머지는 기민飢民이나 빈민貧民을 구제하였기에 그의 아래 있으면서 목숨을 바치겠다는 용사는 늘었다.

그들이 싸우는 곳에서는 항상 적장의 목을 베어 왔고, 크고 작은 60여 전투에 참여하며 패한 적이 단 한 차례도 없었기에 정기룡은 무패의 '감사군 대장'으로 팔도에 소문이 났으며, 명나라에서도 그를 두려워했다.

정기룡 장군 신도비각. 경북 상주시.

또 병사 정봉수와 정기수鄭麒壽 형제는 정묘호란丁卯胡亂 때 수령이 도망치자 용천龍川의 용골산성에서 1천여 명의 적을 죽이고 대승을 거두었다. 용골산성을 지키던 이희건李希建은 성을 버리고 도망치다 죽고, 첨사 장사준張士俊은 적에게 항복해 지도자가 없는 상황이었다. 이에 정봉수는 자제들과 함께 가족으로 소대를 만들어 입성한 다음 기율을 세우고 이 같은 전투를 치렀다.

기묘사화의 인물 7
조광조의 정치적 성장을 도운 김정

김정金淨은 1486년(성종 17) 호조정랑 김효정金孝貞의 아들로 충청북도 보은에서 태어났다. 그는 3세의 이른 나이부터 할머니 황씨에게 수학하기 시작했으며 20세 이후에는 최수성, 구수복 등과 성리학의 연구에 몰두하였으며, 관료 생활을 하면서도 성리학에 대한 정진을 게을리하지 않았다.

김정은 1507년(중종 2) 증광 문과에 장원으로 급제해 성균관 전적에 보임되고 홍문관수찬, 병조좌랑, 병조정랑, 홍문관부교리, 헌납, 홍문관교리, 이조정랑 등을 거쳐 1514년에는 순창 군수가 되었다.

이때 김정은 왕의 구언求言에 응해 담양 부사 박상과 함께 중종이 왕후 신씨를 폐출한 처사는 명분에 어긋나는 일이므로 신씨를 복위할 것과 신씨 폐위의 주모자인 박원종 등을 추죄할 것을 상소하였다가 왕의 노여움을 사서 보은으로 유배되었다.

　이때 권민수, 이행 등은 김정 일파를 엄중히 치죄할 것을 주장한 반면, 영의정 유순 등은 치죄를 반대했다. 조광조는 이에 더해 치죄를 주장한 대간의 파직을 주청하였고, 이 문제를 둘러싸고 대간 사이에도 대립이 일어나게 되었다. 대간들 사이에서는 양 파를 각각 지지하는 사람들에서부터 사림파와 훈구파 모두 옳다는 설까지 의견이 분분하였다.

　그러던 얼마 뒤 사건은 김정은 박상과 함께 재등용이 되고 권민수와 이행이 파직되는 것으로 마무리되었는데, 그것은 중앙 정계에서 사림파의 승리를 뜻하는 것이었다.

　김정은 조광조와 함께 사림파의 대표적 인물로 일찍부터 사림 세력을 중앙 정계에 추천하였으며 조광조의 정치적 성장을 뒤에서 도왔다. 그들은 왕도 정치를 실현하기 위한 개혁 정치를 펼쳤으며, 자신들의 세력 기반을 굳히기 위해 현량과 설치를 적극 주장하였다. 또한 개혁의 일환으로 미신 타파와 향약의 실시, 정국공신의 위훈 삭제 등을 추진하였다.

　김정은 이후 응교, 전한 등에 임명되었으나 부임하지 않다가 뒤에 사예, 부제학, 동부승지, 좌승지, 이조참판, 도승지, 대사헌 등을 거쳐 형조판서에 임명되었다. 이러한 그의 가히 괄목할 만한 급격한 성장은 당시 사림파의 정치적 성장과 궤를 같이하는 것이었다.

　1519년 발생한 기묘사화로 인해 김정은 극형에 처해질 위기에 빠졌으나, 영의정 정광필 등의 옹호로 금산에 유배되었다가 진도珍島

를 거쳐 다시 제주도濟州島로 옮겨졌다. 그러나 김정은 신사무옥에 연루되면서 1521년(중종 16) 사림파의 주축인 생존자 6명과 함께 중죄에 처해져 결국 사사당하고 만다.

김정은 한편으로 시문에도 능하였을 뿐 아니라 그림에도 뛰어나 새나 짐승 등을 잘 그렸다. 그는 1545년(인종 1) 복관되고, 1646년(인조 24) 영의정에 추증되었으며 보은의 상현서원象賢書院, 청주의 신항서원莘巷書院, 제주의 귤림서원橘林書院, 금산의 성곡서원星谷書院 등에 제향되었다. 김정의 본관은 경주慶州, 자는 원충元冲, 호는 충암冲庵과 고봉孤峯이며 시호는 처음에 문정文貞이었다가 문간文簡으로 고쳐졌다.

김정의 제자로 조카인 김천부金天富, 김천우金天宇와 김봉상金鳳祥, 김고金顧, 최여주崔汝舟 등이 있으며 그의 저서로는 『충암집』이 있다.

기묘사화의 인물 8
소쇄원을 지킨 조광조의 제자 양산보

1503년(연산 9) 양사원梁泗源의 세 아들 가운데 장남으로 출생한 양산보梁山甫는 어릴 때 정암 조광조의 문하에서 수학하였다. 양산보가 15세 되던 해 아버지 양사원이 한양의 조광조에게 아들을 직접 데리고 가 그 문하에 들게 했던 것이다. 이때 성수침成守琛, 성수종

소쇄원. 전남 담양군.

成守琮 형제가 같은 시기에 입학하여, 양산보는 그들과 친하게 지냈다.

양산보는 17세인 1519년(중종 14)에 시행한 현량과에 응시해 급제하였으나 합격자의 수가 많은 가운데 그의 나이가 어리자, 대신들이 관직을 주지 말 것을 요청해 벼슬은 받지 못했다. 이해 일어난 기묘사화로 조광조가 능주로 유배되자 양산보는 스승을 따랐다.

같은 해 12월 조광조가 유배지에서 사약을 받고 세상을 뜨자 양산보는 큰 충격을 받고 고향으로 돌아왔다. 자연에서 조용히 살기를 결심한 그는 전라도 담양 산기슭 계곡에 소쇄원瀟灑園을 꾸미게 되었다. '소쇄瀟灑'는 원래 공덕장孔德璋(공치규孔稚珪)의 저서 『북산이문北山移文』에 나오는 말로 '상쾌하고 맑고 깨끗하다'는 뜻이다.

양산보는 25세 때 부인 광산 김씨와 사별한 이후 계속하여 소쇄원을 지키다 1557년(명종 12) 3월 55세를 일기로 세상을 떠났다. 그의 장남 양자홍梁子洪은 어린 나이에 죽고, 차남 고암鼓巖 양자징梁子澂은 현감에 이르렀으며 하서河西 김인후金麟厚의 사위가 되었다. 뒤에 우암尤庵 송시열宋時烈이 양자징의 행장行狀을 썼으며, 목판화〈소쇄원도瀟灑園圖〉에는 소쇄원의 광풍각光風閣 옆에 그의 호를 따라 이름 붙인 고암정사鼓巖精舍가 보인다. 셋째 아들 양자정梁

子淳은 교도教導 벼슬을 하였다.

양산보의 본관은 제주濟州, 자는 언진彦鎭, 호는 소쇄옹瀟灑翁이며 그의 작품으로『효부孝賻』,『애일가愛日歌』등이 있다. 양산보의 아버지 양사원의 호가 창암蒼巖이므로 소쇄원이 있는 마을을 일명 창암촌이라고도 불렀다.

기묘사화의 인물 9
기묘사화 뒤 고향으로 내려온 임계중

임계중任繼重은 1481년(성종 12) 경기도 연천군漣川郡 무이촌武夷村에서 태어났으며 자라면서 김안국, 김정국 형제 등과 교유하였다.

그는 1507년(중종 2) 생원이 되고, 1514년(중종 9) 별시문과에 병과로 급제해 영의정 유순 등이 사유師儒를 뽑을 때 함께 뽑혔다. 이어 승문원 저작을 시작으로 정자와 박사를 거쳐, 1518년에는 전적을 역임하였다.

그러나 임계중은 이듬해 기묘사화로 조광조 등 사림 일파가 처벌되

임계중 묘비. 경기도 연천군.
「유명조선국 통훈대부 행 성균관사성 임공계중지묘. 숙인 충주지씨 부우」

임계중이 세운 연천군에 있는 임장서원 전경.

자 고향인 연천 동막리東幕里로 내려와서, 무이정사武夷精舍를 짓고 성리학 연구에 전념하였다. 무이정사는 뒤에 임장서원 건립의 모태가 되었다.

임계중은 그 뒤 병조와 호조의 좌랑을 역임하고 이어 지평, 정언, 헌납 등 감찰 및 간쟁 기관에서 활동하였으며 이어 교리, 전한 등의 청직과 요직을 역임하였다. 그는 1530년(중종 25)에는 고양高陽 군수를 지내고 이어 연안 부사를 역임한 뒤 1541년에는 풍천豊川 부사를 역임하여 많은 치적을 쌓았다.

1543년(중종 38) 사망한 임계중의 본관은 곡성谷城, 자는 자술子述, 호는 만절당晩節堂이며 묘소는 경기도 연천군 연천읍 동막리 부물현에 있다. 그의 아버지는 교수 임효원任孝源, 어머니는 김맹은金孟殷의 딸이며 할아버지는 임간보任幹甫, 증조부는 중랑장 임복룡任伏龍이다.

기묘사화의 인물 10
칭병하고 조정에 나가지 않은 정구

　정구鄭球는 1501년(연산 7) 진사가 되고, 1510년(중종 5) 식년문과에 병과로 급제해 예문관검열, 사간 등을 역임하였다.

　정구는 성품이 정직하고 영리榮利의 추구를 좋아하지 않았기에 요인과 굳이 사귀지 않았고, 1519년 조광조를 제거하는 기묘사화가 일어나자 경기도 포천군 신북면 기지리 두문동에서 두문불출하며 우거하였다. 그는 다리뼈가 말썽을 일으켜 일어날 수 없다고 칭병하고 자리에 앉아 살기를 18년 동안 계속하였다.

　아들인 장령 정희등鄭希登이 재혼할 때 정구가 일어나자 그 모습을 본 집안사람들이 모두 깜짝 놀랐다고 한다.

　정구는 문장으로 스스로를 위로하며 평생을 보냈으며 저서로 『괴은집』 4권을 남겼다. 정구의 생몰년에 대한 기록은 남아 있지 않으며 무안務安 현감 정유의鄭有義와 조찬趙瓉의 딸 사이에서 태어났다. 그의 증조부는 정자순鄭子順, 할아버지는 정결鄭潔이다. 정구의 본관은 동래東萊, 자는 대명大鳴, 호는 괴은乖隱이다.

기묘사화의 인물 11
권신 김안로를 따르지 않고 외직을 선택한 임추

　임추任樞는 26세인 1507년(중종 2) 생원시에 합격하고, 그해 식년문과에 3등급으로 급제해 기사관, 봉교 등을 거쳐 1513년 지평, 이듬해에는 교리가 되었다. 그는 1516년(중종 11) 조광조 등과 함께 천문이습관天文肄習官이 되었고, 이어 장령이 되어서는 언관의 역할 및 언로의 개방에 대해 상소하였다.

　임추는 또 경연에 참여하여 중국 사신이 올 때마다 일어나는 처녀 선발 및 그에 따른 헛소문의 금지를 건의하였다. 그는 이후 전한, 직제학, 좌부승지 등을 역임하고 1526년(중종 21) 대사간이 되어 시정時政에 대한 장문의 소를 올렸으나 받아들여지지 않았다.

　1530년 좌승지로 경상도 감사에 발탁된 임추는 이듬해 한성부 우윤이 되었으나 권신 김안로의 세력을 따르지 않아 1532년에는 강원 감사의 외직으로 나가야 했다.

　1533년(중종 28) 임추는 동지사로, 그의 아들은 서장관으로 함께 명나라에 파견되었는데 이듬해 돌아오던 중 고령역高嶺驛에서 세상을 떠나고 만다.

　1482년(성종 13) 판서 임유겸과 이신의 딸 사이에서 태어난 임추의 본관은 풍천豊川, 자는 사균士均이며 묘소와 신도비는 경기도 양주시 회천읍 율정리에 있다. 비문은 동생인 임권이 지었다. 임추의 증조부는 임효돈任孝敦, 할아버지는 임한任漢이다.

기묘사화의 인물 12
높은 학문으로 조광조 등 대신들을 가르친 윤탁

윤탁尹倬은 사림파의 거두로서 동료와 후배들의 추앙을 받은 인물이다. 그는 김굉필의 문인이었으며, 종실의 이심원李深源에게도 수학하였다. 윤탁의 학문은 매우 높은 경지였기에 조광조 등 여러 대신들에게 도학을 가르쳤으며 송인수宋麟壽, 이황 등은 그의 강의를 들었다.

이황 영정

1472년(성종 3) 태어난 윤탁은 1501년(연산 7) 식년문과에 병과로 급제해 사관史官을 거쳐 전적이 되었으나, 1504년 갑자사화 때 삭녕朔寧으로 유배를 가야 했다. 그는 1506년의 중종반정으로 다시 등용되어 사성, 대사성, 동지성균관사를 역임하였으나 1519년(중종 14) 기묘사화로 다시 파직되었다.

윤탁은 1525년 대사성으로 복귀하였으며 1527년(중종 22) 동지중추부사를 역임한 뒤 한성부좌윤이 되었다. 그는 1531년 동지성균관사를 거쳐 1534년에는 개성부 유수를 역임하였다. 윤탁은 주로 성균관에서 벼슬 생활을 했는데, 그가 심은 것이라고 전해지는 은행나무가 지금도 성균관대학교 명륜당明倫堂 앞에 있다.

1534년(중종 29) 세상을 떠난 윤탁의 본관은 파평坡平, 자는 언명

彦明, 호는 평와平窩이
며 묘소는 경기도 연천
군 왕징면 기곡리에 있
다. 윤탁의 아버지는 현
감 윤사은尹師殷, 어머
니는 운봉雲峯 박씨 박
종우朴從遇의 딸이며,
증조부는 검교 참의 윤

성균관 내 명륜당

희제尹希齊, 할아버지는 장령 윤배尹培이다.

기묘사화의 인물 13
연산군의 총희 장녹수를 탄핵한 이맥

이맥李陌은 1455년(세조 1) 이지李墀와 정보鄭保의 딸 사이에서 태어났다.

그는 1474년(성종 5) 진사가 되고 1498년(연산 4) 문과에 급제한 뒤, 성균관전적을 시작으로 교서관 교리, 예조정랑, 춘추관 편수관 등을 지냈다.

이맥은 1503년(연산 9) 장령으로 있던 중 연산군의 총애를 받던 장녹수를 탄핵하다가 유배당하였다. 중종반정 이후 성균사예가 된 그는 장령을 거쳐 1507년(중종 2) 사복시 부정, 대사간, 우부승지를 지냈다. 이맥은 이듬해에는 첨지중추부사, 공조참의, 1517년(중종 12) 돈령부 도정을 지내고 1520년 장예원 판결사를 역임하였다.

그는 1525년(중종 20) 동지돈령부사가 되었다가 1528년(중종 23) 병으로 죽었다.

성품이 매우 강직하고 매사에 공정했던 이맥의 본관은 고성固城, 자는 정부井夫로 묘소는 경기도 성남시 분당구 도촌동에 있으며, 신도비는 호조판서 성세창成世昌이 지었다. 문하시중 밀직부사 이강李岡은 이맥의 증조부, 할아버지는 좌의정 이원李原이다.

기묘사화의 인물 14
성질이 탐오했던 황희의 후손 황맹헌

황맹헌黃孟獻은 성질이 탐오해 남의 사유지를 멋대로 빼앗는 등 파렴치한 일이 잦았으나, 형제와 친척이 모두 요직에 있었던 관계로 죄를 받지 않았다.

그는 1498년(연산 4) 식년문과에 병과로 급제해 정언을 지내고, 1506년 중종반정에 가담해 정국공신 4등에 책록되고 사인에 올랐다.

이듬해 동부승지가 된 황맹헌은 이과의 옥사를 다스린 공으로 정난공신 3등에 책록되고 장원군長原君에 봉해졌으며, 대사헌을 거쳐 호조참판이 되었다.

그는 1509년에는 신창령新昌令 이흔李訢의 역모와 관련된 혐의로 조사를 받았으나 죄가 없어 풀려나왔다. 황맹헌은 이후 형조·공조·예조의 참판과 강원도 관찰사를 역임하다가 1519년 조광조 등이 추진한 정국공신에 적합하지 않은 인물에 지목되어 훈적에서 삭제되고 선산 부사로 좌천되었다.

기묘사화로 조광조 일파는 몰락하였으나, 신진 사류인 김식이 선산으로 귀양을 왔다가 도망치자 황맹헌에게 그 책임을 물어 공훈 1등급이 감해졌다.

황맹헌은 1524년 경상도 관찰사로 특제되었으며 곧 예조참판 겸 동지의금부사로 옮겼다. 그러나 그는 이듬해 자헌대부로 한성부판윤에 올랐다가, 앞서 강원도 관찰사로 있으면서 송사 문제에 있어 사사로운 인정을 베푼 혐의로 경기 감사로 전직된 뒤 벼슬에서 물러났다.

황맹헌의 생몰년에 대한 기록은 남아있지 않으며 본관은 장수長水, 자는 노경魯卿, 호는 월헌月軒, 시호는 소양昭養이다.

그는 김해 부사 황관黃瓘의 아들로서, 영의정 황희黃喜의 현손이자 정국공신 3등 황탄의 재종질이다.

황희 초상

기묘사화의 인물 15
청백리의 대표 양권

양권梁權은 조선 시대 청백리의 본으로 여겨질 만큼 청백하였다. 그가 의주義州 목사가 되어 부임하러 가는 길에 세간붙이라고 실은 것은 『소학』, 이백李白과 두보杜甫의 시, 그리고 거문고, 피리, 활이 전부였다.

양권의 깨끗함에 대해 암행어사의 보고를 받은 중종은 양권이 배를 타고 출사나가는 모습을 벽화로 그려 어전에 걸어 놓고 사령을 받으러 오는 수령들에게 말없는 훈계를 하였다. 당시 〈양권梁權의 뱃짐인가〉하는 숙어까지 생길 정도였으니 그의 상징성은 설명이 필요 없는 정도였다.

그의 손자는 대사간 양희梁喜, 양희의 아들은 임진왜란에 평양平壤 탈환에 공이 컸던 양홍주梁弘澍이다. 경상남도 함양군의 지곡地谷과 마천馬川 마을에는 남원南原 양씨들이 많이 사는데 모두 양권의 후손들이다.

기묘사화를 기록한 책들

『**기묘록보유**己卯錄補遺』 기묘사화를 기록한 책으로는 김정국의 『기묘당적己卯黨籍』, 안로安璐의 『기묘록보유』, 김육의 『기묘록己卯錄』(일명 기묘제현전己卯諸賢傳), 저자 미상의 『기묘록속집己卯錄續集』, 안방준安邦俊의 『기묘유적己卯遺蹟』 등이 있다. 그중 『기묘록보유』는 조선 명종 때 안로가 『기묘당적』을 보충한 책으로 상하 2권 1책의 필사본으로 전한다.

『기묘록』을 편찬한 김식의 현손 김육.

안로의 집안은 원래 훈구파에 속하였다. 그러던 것이 그의 할아버지 안당이 조광조 등 기호 사림파가 정계로 진출하는 데 결정적 계기를 제공하고, 그의 아버지 안처겸은 조광조와 가까이 지내며 현량과에 급제함으로써 사림파적 성향을 띠게 되었다. 그리고 안당과 안처겸 모두 신사무옥에 연좌되어 처형되었으므로 뒷날 사림파로 인정받게 되었으며, 안로가 『기묘록보유』를 저술하게 된 것도 이러한 맥락에서 이루어진 일이다.

이 책은 안로의 가계와 관련된 인물들 외에도 『기묘당적』을 바탕으로 기록한 것이므로 사림파의 인적 구성을 파악하는 데 커다란

가치가 있다. 『기묘록보유』는 1638년(인조 17) 기호 사림파로서 중종 때 개혁정치의 주도적 인물인 김식의 현손 김육金堉이 다시 정리하여 『기묘록』으로 편찬되었다.

본래 김정국이 지은 『기묘당적』은 기묘사화 때 화를 입은 94명의 생년, 급제, 최종 관직만을 간략하게 기록하였는데 안로가 이를 보완하여 엮은 것이 『기묘록보유』다. 안로는 본문 끝에 보補라 표시하고 호와 시호, 그들의 모습, 특별한 재능, 시편詩篇, 사람 됨됨이, 관력, 겪은 사건, 친척 관계, 사망 연도 등을 자세하게 적었으며, 인물의 수도 94명 외에 35명을 추가로 보충하였다.

『기묘록보유』 상권에는 정광필, 안당 등 64명의 전기를 보충한 것 외에도 현량과 급제자 28명의 목록을 추가하였으며, 하권에는 경세인, 이령 등 35명의 기록을 수록하였다.

『기묘유적己卯遺蹟』

기묘사화로 조광조가 축척당한 일을 모아 조선 인조 때 안방준이 기록한 책이다. 조광조의 5세손 조창현趙昌賢이 초본을 정리하려다 완성하지 못한 것을 안방준이 편집한 것으로 3권 2책의 필사본이 전하고 있다. 이 책은 기묘사화와 관련된 각종 사건이나 여러 인물들을 집대성한 것으로서, 중종 때의 사림파를 이해할 수 있는 자료이다.

1권에는 조광조가 집권했던 4, 5년간의 업적에 대한 논의 및 경연에서 진설陳說한 내용, 그리고 당시 있었던 여러 행사를 수록하였다. 1권에서는 사림파들이 행했던 개혁 정치의 방향이나 과정을 엿

볼 수 있다.

2권에는 남곤, 심정 등이 조광조 일파를 무고한 사실과 이신李信의 고변으로 화를 당한 사람들에 관한 일, 송사련의 고변으로 일어난 신사무옥에서 안처겸 등 11명이 주살된 일을 기술하고 있다.

3권은 남곤의 죽음과 김안로의 탄핵으로 심정 등이 처형당한 일과 기묘사화에 화를 입은 이들의 사적을 수록하였다.

노수신 초상

부록으로는 이황이 지은 조광조의 행장과 노수신이 지은 신도비문, 이이가 지은 묘지명과 사원祠院에 대한 기록이 수록되어 있다.

『기묘제현전己卯諸賢傳』 1638년(인조 16) 김육이 충청도 관찰사로 재직 중에 간행한 인본印本 1권으로 『기묘록』이라고도 한다. 이 책은 기묘사화 때 화를 당한 기호지방 출신 사림파의 대표적 인물의 한 사람인 김정국이 지은 『기묘당적』과 안당의 손자이자 안처겸의 아들인 김안로에 의해 저술된 『기묘록보유』를 바탕으로 조광조, 김정, 김육이 찬술하였다.

『기묘제현전』은 『기묘당적』과 『기묘록보유』를 바탕으로 218명의 정보를 다음과 같은 항목으로 분류해 수록하였다. 먼저 정광필, 안당, 이장곤, 김정, 조광조, 기준, 김식, 신명인 등 8현八賢의 전기가 자세히 실려 있다. 이어 김구와 한충 등 유배당한 9명, 문근文瑾과 공서린 등 삭직과 파직을 당한 33명, 성세창과 신상 등 18명의 산직散職, 파릉군巴陵君과 숭선군崇善君 등 종실 5명, 이연경과 경세인 등 과거 응시를 제한받은 17명, 서경덕과 박소 등 과거를 거치지 않고 천거된 92명, 박광우와 최수성 등 29명의 성균관 유사儒士를 순서대로 기록하고 마지막으로 신영과 조원기 등 9명을 보충해 놓았다.

여기에 실린 인물들을 보면 사림파에 속한 인물 가운데에도 훈구파 가문에서 나온 인물이 상당수에 이르며, 지역적으로는 영남 출신보다 기호지방 출신이 우위를 차지하고 있음을 알 수 있다. 그리고 사림파가 성립되던 초기에는 김종직의 문인이 압도적이었으나, 중종 대에 와서는 조광조, 김안국, 김정국 등 김굉필의 문인이 주축이 되어 개혁 정치를 이끌어 갔음을 알 수 있다.

『기묘당적』은 김정국의 문집인 『사재집思齋集』 4권에 수록되어 있는데, 여기에 수록된 인물은 김정국이 자신과 같은 동류이자 공동으로 피해를 당한 사람들로 여겼다고 보아도 좋을 것이다. 『기묘록보유』에 수록된 인물도 『기묘당적』과 거의 일치해 사림파 구성 파악에 큰 도움이 되는 사료이다.

『기묘제현전』은 사림파 주도의 정치가 중심이었던 시기에, 중종 대 사림파의 계보를 어떻게 파악하고 정리하였는가를 이해하는 데 도움이 되는 기록이다.

『기묘록별집己卯錄別集』 기묘사화와 관련된 상소문 6편을 수록한 책으로 이는 기묘사림에 속하는 인물들이 기묘사화로 화를 당하기 이전에 올렸던 것들이다.

첫 상소문의 내용은 1517년(중종 12) 「제현봉사諸賢封事」라는 제목으로 김식이 짓고, 이충건李忠楗이 연명해 올린 폐비 신씨의 복위 주장이 수록되어 있다.

중종 비 단경 왕후 신씨는 연산군 때의 좌의정 신수근의 딸로서, 신수근이 중종반정에 동조하지 않았다는 이유로 정국공신에 의해 폐출되었다. 이에 사림파는 신씨의 복위를 주장해 명분을 회복하면서 공신 세력을 견제하려 하였고, 그 과정에서 이 봉사문이 제출되었다.

두 번째 상소문은 1517년 한충이 지평 벼슬을 사임하면서 당시의 폐단을 임금에게 상소한 것이다. 한충은 자신이 사임하는 이유를 먼저 말한 다음 농촌의 피폐한 상황을 개진하면서 조정의 정치가 정도正道로 나가지 않은 데 그 이유가 있음을 밝히며, 훈구 대신의 작폐를 비난하고 성리학적 통치 질서 수립을 요청하였다.

세 번째 상소문은 1518년(중종 13) 조광조가 홍문관부제학으로 재직하면서 도교적 제사 기관인 소격서를 혁파하자는 주장을 상소한 것이다. 여기에는 소격서가 이단과 괴설에 근거한 기관이므로 『주자가례朱子家禮』에 의거한 기관으로 대체되어야 한다는 명분을 내세우고 있다. 이 역시 당시 사림파가 추진하던 개혁 정치의 한 갈래로서 옛 제도의 폐해를 없애고 '지치至治'를 실현하려던 그들의 이상을 보여주는 것이라 하겠다.

네 번째 상소문은 1519년(중종 14) 대사간 이성동 외 사림파에 속한 사간원의 관원들이 올린 상소이다. 그들은 당시 계속 되던 각종 천재지변과 그에 따른 민생의 어려움을 말하며, 임금이 중정中正과 인의仁義의 도를 지킬 때 재해가 사라질 것이라고 하였다. 이 역시 개혁정치의 한 갈래인 철인 군주의 이상을 실현하려는 의도를 보여준다.

다섯 번째 상소문은 1539년(중종 34) 이약빙이 폐첩 박씨와 그 아들을 죽인 것은 부당하다는 것을 중종에게 상소한 것으로 역시 성리학적 명분에 입각하고 있다.

여섯 번째 상소문은 1517년 생원 권전이 짓고 성균관 학생이 연명으로 올린 것으로 정몽주를 공자묘에 같이 배향하자는 주장이다.

이렇듯 『기묘록별집』에 실린 6편의 상소문은 모두 개혁 정치를 주장한 사림파의 현실에 대한 의식을 파악할 수 있는 중요한 자료이다. 『대동야승大東野乘』 11권에 『기묘록속집』과 함께 수록되어 있어, 같은 인물에 의해 편찬된 것으로 추정되기도 한다. 『기묘록보유』, 『기묘록속집』, 『기묘록별집』은 모두 『대동야승』에 수록되어 있다.

『기묘록속집己卯錄續集』 1519년(중종 14) 기묘사화에 화를 입은 사람은 물론, 그 사건을 꾸며낸 사람들의 전기도 함께 수록한 것으로 1책이 필사본으로 전한다.

이는 기묘사화를 기록한 다른 책들과는 체계를 달리하는데 작자는 미상이나 내용과 체계가 광범위하고 짜임새가 있어 그 가치가 높게 평가된다. 『기묘록속집』의 내용은 크게 별과에 천거된 인물을 다룬 별과시천거인別科試薦擧人, 기묘사화로 죄를 입은 사람들의 명단인 좌당인원坐黨人員이나 구화사적構禍事蹟 등 크게 세 부분으로 나누고, 각각을 다시 세분하여 기술하고 있다.

별과시 천거인에는 '경외 관동 천인京外官同薦人'이라 하여 현량과에 천거되었으나 급제하지 못한 78명의 전기를 간략히 기록하였고, '미란시 인물未亂時人物'이라 하여 기묘사화가 일어나기 이전의 의정부, 육조, 대간, 시종, 방백 등 74명의 기록과 기묘사화 이후 죄를 물을 때의 의정부, 육조, 대간, 시종 등 44명의 전기와 관직을 서술하였다.

좌당인원은 기묘사화에 관련된 인물을 정리한 것으로 찬축류竄逐類 23명, 삭탈류削奪類 18명, 파직류罷職類 26명, 피척류被斥類 28명, 피죄류被罪類 13명, 김대성의 문인 95명 등의 이름과 약전을 기록한 것이다.

마지막으로 구화사적에는 3개의 작은 조항을 세워서 서술했는데 먼저 기묘사화를 조작한 사실을 자세하게 기록하고 이어 '주간죄목誅奸罪目'이라는 조항을 설정해 심정, 이항 등의 간사한 무리를 처벌한 죄목을 구체적으로 설명하였으며 '화매禍媒' 조항에서는 기묘사화와 신사무옥을 만들어낸 중심인물인 심정, 남곤, 홍경주, 이항, 이빈, 성운, 이신李信, 송사련, 정상 등 9명의 전기를 서술하였고 '신원소장조伸冤疏章條'에서는 기묘명현의 신원을 요청하는 생원

성운 묘비. 경기도 고양시.
「조선국 자헌대부 병조판서 시 경숙 성공 휘 운지묘. 정부인 양천허씨 부좌」

성운 사당 덕원문. 경기도 고양시.

이종익李宗翼 등 7명의 상소문을 수록하였다.

『기묘록속집』은 『대동야승』 제11권에 수록되어 있으며 『기묘당적』, 『기묘록보유』, 『기묘제현전』 등에서 미처 언급하지 못하였던 것을 보충하고 있다.

참고문헌

『경기 인물지』, 경기도, 1991.
『연천군지』, 연천군, 1987.
이병휴, 『조선 전기 기호 사림파 연구』, 일조각, 1984.
강주진, 『이조 당쟁사 연구』, 서울대학교출판부, 1971.
현상윤, 『조선유학사朝鮮儒學史』, 민중서관, 1949.
신석호申奭鎬, 「기묘사화의 유래에 대한 일고찰」『청구학총 20』, 1935.
오세창, 『근역서화징槿域書畵徵』, 1928.
강효석, 『전고대방典故大方』, 1924.
안종화, 『국조인물지國朝人物志』, 1909(조선 순종 3).
정원용, 『경산집經山集』, 1896(조선 고종 33).
『광주읍지光州邑誌』, 1879(조선 고종 16).
홍직필, 『매산집梅山集』, 1866(조선 고종 3).
이건창, 『당의통략黨議通略』, 조선 고종.
홍양호, 『이계집耳溪集』, 1843(조선 헌종 9).
송시열, 『송자대전宋子大全』, 1787(조선 정조 11).
심진현, 『인물고人物考』, 조선 정조.
저자 미상, 『조야집요朝野輯要』, 조선 정조.
홍봉한 등 편찬, 『증보문헌비고』, 1770(조선 영조 46).
오두인, 『양곡집陽谷集』, 1762(조선 영조 38).
이존중 엮음, 『국조명신록國朝名臣錄(해동명신록海東名臣錄)』, 조선 영조.
조경, 『용주유고龍洲遺稿』, 1703(조선 숙종 29).
김육, 『해동명신전海東名臣傳』, 1696(조선 숙종 22).
이언적, 『관서문답록關西問答錄』, 1665(조선 현종 6).
이이, 『율곡전서栗谷全書』, 1611(조선 광해 3).
이황, 『퇴계집』, 1598(조선 선조 31).
김정국, 『사재집思齋集』, 1591(조선 선조 24).
남효온, 『추강집秋江集』, 1577(조선 선조 10).
어숙권, 『패관잡기稗官雜記』, 조선 명종.
『을사전문록乙巳傳聞錄』, 1542(조선 중종 37).
이행·홍언필, 『신증동국여지승람新增東國輿地勝覽』, 1530(조선 중종 25).
이자, 『음애일기陰崖日記』, 조선 중종.
이긍익, 『연려실기술燃藜室記述』, 조선 후기.
『패림稗林』, 조선 후기.
정구, 『괴은집乖隱集』, 조선 중기.
김안국, 『모재집慕齋集』, 조선 중기.
『기묘록보유己卯錄補遺』, 조선.
김육, 『기묘록己卯錄』, 조선.
『기묘유적己卯遺蹟』, 조선.
박동량, 『기재잡기寄齋雜記』, 조선.
『국조방목國朝榜目』, 조선.
『국조인물고國朝人物考』, 조선.
박세채·이세환, 『동유사우록東儒師友錄』, 조선.
『대동야승大東野乘』, 조선.
권문해 편저, 『대동운부군옥大同韻府群玉』, 조선.
『사마방목司馬榜目』, 조선.
송징은, 『약헌집約軒集』, 조선.
김시양, 『자해필담紫海筆談』, 조선.
『조선왕조실록實錄』, 조선.
『해동잡록海東雜錄』, 조선.

도서출판 타오름의 한국사 시리즈
발로 뛰며 찾아낸 역사 기행이 더해주는 생생한 현장감

문밖에서 부르는 조선의 노래 이은식 저 / 12,000원
노비, 궁녀, 서얼... 엄격한 신분 사회의 굴레 속에서 외면당한 자들이 노래하는 또 다른 조선의 역사.

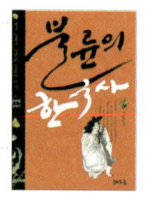

불륜의 한국사 이은식 저 / 13,000원
베개 밑에서 찾아낸 뜻밖의 한국사! 역사 속에 감춰졌던 애정 비사들의 실체가 낱낱이 드러난다.

불륜의 왕실사 이은식 저 / 14,000원
고려와 조선을 넘나들며 펼쳐지는 왕실 불륜사! 엄숙한 왕실의 장막 속에 가려진 욕망의 군상들이 적나라하게 그 모습을 드러낸다.

이야기 고려왕조실록 (상),(하)
한국인물사연구원 편저 / 각권 14,500원
고려사의 모든 것을 한눈에 살펴볼 수 있는 최고의 역사 해설서! 다양하고 풍부한 문헌 자료를 바탕으로 재미있고 쉽게 읽는 새로운 고려 왕조의 역사가 펼쳐진다.

우리가 몰랐던 한국사 이은식 저 / 16,000원
제한된 신분의 굴레 속에서도 자신의 삶을 숙명으로 받아들이지 않고 꿈을 이루기 위해 노력한 선현들의 진실된 이야기.

2009 문화체육관광부 우수교양도서 선정

모정의 한국사 이은식 저 / 14,000원
위인들의 찬란한 생애 뒤에 말없이 존재했던 큰 그림자, 어머니! 진정한 영웅이었던 역사 속 어머니들이 들려주는 시대를 뛰어넘는 교훈과 감동을 만나본다.

읽기 쉬운 고려왕 이야기
한국인물사연구원 편저 / 16,500원
쉽고 재미있게 읽히는 새로운 고려 왕조의 역사. 500여 년 동안 34명의 왕들이 지배했던 고려 왕조의 화려하고도 찬란한 기록들.

원균 그리고 이순신 이은식 저 / 18,000원
417년 동안 짓밟혔던 원균의 억울함이 벗겨진다. 이순신의 거짓 장계에서 발단한 원균의 오명과 임진왜란을 둘러싼 오해의 역사를 드디어 밝힌다.

신라 천년사 한국인물사연구원 편저 / 13,000원
고구려와 백제를 멸망시킨 작은 나라 신라! 전설과도 같은 992년 신라의 역사를 혁거세 거서간의 탄생 신화부터 제56대 마지막 왕조의 이야기까지 연대별로 풀어냈다.

풍수의 한국사 이은식 저 / 14,500원
풍수와 무관한 터는 없다. 인문학과 풍수학은 빛과 그림자와 같다. 각각의 터에서 태어난 역사적 인물들에 얽힌 사건을 통해 삶의 뿌리에 닿게 될 것이다.

기생, 작품으로 말하다 이은식 저 / 14,500원
기생은 몸을 파는 노리개가 아니었다. 기생의 연원을 통해 그들의 역사를 돌아보고, 예술성 풍부한 기생들이 남긴 작품을 통해 인간 본연의 삶을 들여다본다.

여인, 시대를 품다 이은식 저 / 13,000원
제한된 시대 환경 속에서도 자신들의 재능과 삶의 열정을 포기하거나 방관하지 않았던 여인들. 조선의 한비야 김금원과 조선의 힐러리 클린턴 동정월을 비롯한 여인들이 우리들의 삶을 북돋아 줄 것이다.

미친 나비 날아가다 이은식 저 / 13,000원
정의를 꿈꾼 혁명가 홍경래와 방랑 시인 김삿갓 탄생기. 시대마다 반복되는 위정자들의 부패, 그 결과로 폭발하는 민중의 울분, 역사 속 수많은 인간 군상들이 현재의 우리를 되돌아보게 한다.

지명이 품은 한국사 - 서울·경기도편
이은식 저 / 14,500원
국토의 심장부를 포함한 서울과 경기도의 역사가 담긴 지명의 어원 풀이. 1천여 년 역사의 현장이 도처에 남긴 독특한 고유 지명을 알아보자.

2010 문화체육관광부 우수교양도서 선정

지명이 품은 한국사 - 두번째 이야기
이은식 저 / 14,500원
서울·경기도 편에 이은 이번 권에서는 지명의 정의와 변천 과정, 지명의 소재 등 지명의 기본을 확실히 정리하고, 지명 유래 또한 전국으로 확장하였다.

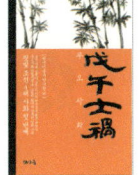

핏빛 조선 4대 사화 첫 번째 무오사화
한국인물사연구원 저 / 17,000원
사족의 이익을 추구하는 방향으로 가던 사림파와 훈구파의 대립은 부조리한 연산군 통치와 맞물리면서 수많은 희생자를 만들게 된다. 사회, 경제적 변동기의 조선과 무오사화 관련 인물들의 활약과 상세한 일화를 수록함으로써 혼란한 시대를 구체적으로 그려냈다.

핏빛 조선 4대 사화 두 번째 갑자사화
한국인물사연구원 저 / 17,000원
임사홍의 밀고로 어머니가 사사된 배경을 알게 된 연산군의 잔인한 살상. 그리고 왕의 분노를 이용해 자신들의 세력을 확고히 하려던 왕실 세력과 연산군의 사치와 횡포를 자제시키려던 훈구 사림파의 암투!